河南省高等学校重点科研项目《人口流动背景下中原地区新型城镇化与文化传承耦合性研究》（项目号：21A790004）资助

传统农区人口流动与城镇化模式研究

刘岱宁◎著

Population Mobility and Urbanization Model of Traditional Agricultural Area

中国经济出版社
CHINA ECONOMIC PUBLISHING HOUSE
·北京·

图书在版编目（CIP）数据

传统农区人口流动与城镇化模式研究 / 刘岱宁著
. --北京：中国经济出版社，2022. 8
河南基础省情系列研究成果
ISBN 978-7-5136-6993-1

Ⅰ. ①传… Ⅱ. ①刘… Ⅲ. ①农业区-人口流动-研究-河南 ②农业区-城市化-发展模式-研究-河南
Ⅳ. ①C924. 24 ②F299. 276. 1

中国版本图书馆 CIP 数据核字（2022）第 121292 号

责任编辑 牛慧珍
责任印制 马小宾
封面设计 任燕飞

出版发行 中国经济出版社
印 刷 者 北京艾普海德印刷有限公司
经 销 者 各地新华书店
开　　本 710mm×1000mm 1/16
印　　张 16. 5
字　　数 230 千字
版　　次 2022 年 8 月第 1 版
印　　次 2022 年 8 月第 1 次
定　　价 88. 00 元
广告经营许可证 京西工商广字第 8179 号

中国经济出版社 **网址** www. economyph. com **社址** 北京市东城区安定门外大街 58 号 **邮编** 100011
本版图书如存在印装质量问题，请与本社销售中心联系调换（联系电话：010-57512564）

序 言

preface

一百多年前，清末重臣李鸿章曾有“三千年未有之变局”说，如今，我们又面临百年未有之大变局。虽然两种变局的时代背景和需要解决的问题、完成的任务有根本性的差异，但底层逻辑是一样的，即都是要推进以工业化和城镇化为中心的现代化，实现传统农耕文明社会的现代化转型。一百多年前，中国面临的问题是现代化如何破题，如今，面临的是如何完成临门一脚，顺利走完现代化的全过程。

根据党中央分两阶段完成第二个百年建设任务、实现中华民族伟大复兴的部署，未来三十年内，我国人均 GDP 大体上要翻两番，进入高收入国家行列。完成这样的任务，除了要排除国际因素的干扰，最主要的是要在创新引领和经济结构持续优化升级的基础上，继续推动农业剩余劳动力非农就业转移和乡村人口城镇化迁徙，以便最终完成工业和城市对整个人口最大限度的覆盖，并实现对农业和乡村的现代化改造。城乡及区域之间的人口流动和城镇化模式是其中的一个重要观察视角，也是农耕文明现代化转型研究的重要切入点。

河南既是传统农耕文明发展历史最久、积淀最深的区域，又是户籍人口和农民人数最多的省份，现代化转型的任务最重，问题也最典型，是该项研究最好的参照系。自 20 世纪 90 年代中期开始，我就开始有意识地关注农区工业化、城镇化及农耕文明现代化转型领域的相关问题，并以河南为立足点，先后主持完成了包括国家社科重点、重大项目在内的系列研究课题，启动了“百县千村万户”入户调查项目，形成了稳定的研究团队，发表和出版了包括“传统农区工业化与社会转型丛书”在内的一批学术成果。

刘岱宁博士先后在不同省市的不同高校完成本科与硕士研究生阶段的教育，有良好的学缘背景和学科结构基础。进入河南大学经济学科攻读博士学位以后，在我的指导下，很快融入了农区工业化与社会现代化转型研究团队中，先后参与并独立完成了多个相关调查研究专题。尤其是在以人口流动为主题的"百县千村万户"年度连续实施的入户调查项目中，承担了重要的组织和资料管理任务，并因此储备了更为丰富的传统农区人口流动与城镇化发展的相关信息，也有了更多的感悟。选定《传统农区人口流动与城镇化模式研究》作为博士论文题目后，又在梳理相关文献和整理数据上下了较大功夫，经过潜心研究，最终形成了这篇结构较为完整、内容较为充实、资料翔实的博士论文。随之，又以该博士论文为基础，经反复修改打磨，更新充实相关数据，形成了即将付梓出版的这部书稿。

我认为，该书对于传统农区人口流动与城镇化发展的研究主要在三个方面进行了有益的探索：一是用2000年以来的数次人口普查数据和各类官方统计数据，结合我们自己组织的入户调查实证数据，佐证了社会各方初步形成共识的一个判断，即自2010年以来，以中西部流向东部、东南部为特点的省域之间人口流动已过峰值期，而省内从乡到城迁徙，以及从外围向中心区域流动已经成为以河南省为代表的传统农区人口流动的主旋律；二是在对工业化、城镇化背景下人口流动规律把握的基础上，突出强调了河南省内以省会郑州为核心的城市群和都市圈将成为规模最大和最密集的人口聚集中心，这一符合大多数人认知的观点，并给出了数据证据；三是研究了二元结构背景下阻碍乡村人口城镇化迁徙并融入城市的制度性因素，并提出了相关的意见和建议。

以农业剩余劳动力非农就业转移和乡村人口城镇化迁徙为主轴的现代化，是个涉及经济社会结构方方面面转变的复杂课题。除了省域之间人口流动以及省域内外围与中心之间人口流动的规律，作为乡村人口外流源头的县域现代化也有更多值得研究的问题，比如：在现有耕地使用权碎片化持有的条件下，以现有流转方式实现规模化现代农业还有哪些障碍需要排除？在人口大规模外流的背景下，县域内居住空间结构和公共服务供给体系会如何演化？在集体成员日益流失的情况下，集体土地权益结构如何处置？等等。希望作者能够在本书研究的基础上，围绕上述问题进行更为深入的探索，取得更有价值的成果。

耿明斋
2022 年 7 月 31 日
于郑州河南大学明德园

前 言

preface

人口流动与城镇化历来是经济学、人口学、地理学、社会学等学科研究的重要问题，这是因为人口流动、城镇化与经济社会发展乃至整个人类社会的进步具有密切关系。2021 年末我国流动人口总量已达 3.85 亿人。改革开放40 多年来，中国经济创造了持续高速增长的奇迹，人口流动与城镇化对此做出了重要贡献。

随着城镇化进程的不断推进与人口流动政策的放松，我国人口大规模、持续快速地在城乡间与区域间流动。在特殊的二元户籍制度背景下，我国的人口流动轨迹与西方发达国家存在很大差别，产生了中国特色的人口流动现象。从空间上看，人口流动的主要趋势一直是从中西部流向东部和东南沿海一带。但近年来，我国人口流动和城镇化空间格局发生明显变化。根据 2020 年第七次全国人口普查公布的数据发现，2010 年以来，人口流动的“爆发性”增长以“就地”或“就近”城镇化为主要形态。中西部人口向东部迁移流动的净增量已由波浪式推高转变为波浪式回落，省际的流动人口增长明显减缓。其重要原因在于中西部地区经济增长和城镇化速度加快。随着东部劳动密集型产业向中西部的转移，传统人口输出地对人口的“拉力”越来越大。因此，传统农区将会是我国推进新一轮城镇化的势能所在。因此，研究和掌握典型传统农区人口流动的特殊规律与城镇化模式，既体现了发展经济学理论研究的新要求，又是对中国特色的人口城乡流动理论的补充和完善。

国内对于城镇化路径、模式的研究多集中在全国层面，通过对我国的城镇化路径进行反思，得出城镇化的推进模式不能千篇一律，典型区域应该根据要素流动特征选择城镇化模式的结论。本书总结国外人口流动与城镇化发展的经验教训，指出对于城镇化模式的研究，应该建立在对城镇化内在规律的正确认识上，并用动态的思维分析城镇化模式选择。根据要素聚集理论，劳动力作为经济要素中最为活跃的因素，对城镇化模式的动态选择具有重要的指标意义。所以，从传统农区人口流动的角度探讨其城镇化模式，有助于丰富我国的城乡人口流动和城镇化理论。

本书利用全国“五普”“六普”“七普”人口普查数据、国家与省级统计年鉴、实地调查的抽样与定点资料数据，呈现河南省人口流动时间序列上的特征，并对河南省人口流动的现状进行深入分析，进而预测河南省人口流动的方向、规模与趋势。河南是典型的人口输出大省，但随着城镇化的推进，河南省人口的流量、流向、分布等发生了显著变化，出现了一些新的特征与趋势。本书一方面通过官方统计数据的分析，指出河南省人口流动的总体状况为流量逐渐增大，省内以郑州为中心的核心都市圈人口流动势能明显，农业转移人口主要流向中心城市，省内农村劳动力转移流量超出向省外输出流量，“80后”“90后”“00后”新生代农民工已经成为河南省内流动人口的主力军；另一方面，通过实地调查分析，发现河南省农村劳动力资源仍然很丰富，人口红利依然存在。河南省农村劳动力流动总体现状表现为农村转移劳动力逐步成为城镇常住人口的主力军，农村转移劳动力进城谋生已经成为农民不可逆转的生活方式。从宏观和微观层面得到的人口流动数据都显示，省内人口流动势能强劲，尤其以郑州为中心的核心都市圈流动汇聚势能非常强。同时，对河南省常住人口空间与层次结构的未来变动趋势进行预测，结论为：一方面人口向城镇聚集，另一方面城镇人口向中心城市聚集。河南省人口流动初步形成了从外围向中心聚集的圈层结构。人口流动的这种趋势为研究河南省城镇化模式提供了重要依据。

与此同时，调研中发现河南省城镇化过程中存在“半城镇化”以及农民工融入城市困难等诸多突出问题，“半城镇化”已经成为新型城镇化建设亟待解决的问题。未来一段时期，解决城镇化过程中农民工融入城市的障碍是河南省推进新型城镇化的重要内容。本书首先从河南省农村劳动力流动实地调研的现状出发，总结出农村劳动力“转得出”及在城市务工“进得去”并“留得下”的制约因素。经过分析得出影响河南省农村外出劳动力流动的既有农村集体产权制度的因素，也有城市基本公共服务供给的因素，又有农村外出劳动力人力资本、思想观念等个人禀赋因素，还有相关政府部门的服务意识与管理水平等因素。其次根据实地调研与相关理论选定指标，通过设定回归模型，对人口流动的影响因素进行多元线性回归分析。最后得出农村人均农业纯收入、人均外出务工收入、劳动年龄人口占比、受高中或中等教育以上的人口占比、劳均播种面积等为影响人口流动的显著性因素，其中除了劳均播种面积对人口流动是负向作用，其余因素都是正向影响因素。

城镇化是一个资源配置优化的过程。城镇化进程受到限制或城镇化道路选择不当，在某种程度上就是限制了资源的优化配置。本书根据河南省人口流动动态特点，初步判定河南省城镇规模结构朝着中心城市比重日趋增大的方向演化，城镇体系空间结构朝着以郑州为中心的核心都市圈方向演化，且规模和密度越来越大。在层次结构上，河南省城镇体系体现出圈层结构特征。河南省推动新型城镇化的机制应该以市场为主导，政府按要素流动规律合理调节和规划。最后本书从统筹城乡发展、促进农村劳动力顺利转移的角度对传统农区的新型城镇化与乡村振兴融合发展提出政策建议。

目　录
contents

第一章

引　言

一、选题背景与意义

（一）对我国人口流动现象的思考

我国人口大规模流动始于20世纪80年代，当时的流动人口主要是以农村人口流向城市，特别是以流向东部沿海地区，尤其是以流向东部沿海大城市为主。进入21世纪以来，流动人口规模急剧增长、结构日益复杂、省际交互流动剧增，人口空间分布的剧烈变动已成为我国人口形势中最引人注目的特点之一。人口流动问题是我国现阶段长期性、全局性的重大问题，随着人口城镇化进程的进一步推进，我国人口流动将长期存在，并进一步较大幅度地增长，这一人口变动趋势是非常明确的。党中央、国务院高度重视和支持人口的有序流动、合理分布，并将其看作统筹城乡协调发展的重要举措。

人口流动与城镇化历来是经济学、人口学、地理学、社会学等多学科研究的重要问题，这是因为人口流动、城镇化与经济社会发展乃至整个人类社会的进步具有密切关系（王桂新，2021）。2020年我国流动人口总量已达3.76亿人，改革开放40多年来，中国创造了经济持续高速增长的奇迹，人口流动与城镇化对此做出了重要贡献。人口流动问题的实质就是人口流到哪里去了。规模庞大的流动人口都流向了哪里？在空间分布上呈现什么特征？有哪些变动趋势？在已有研究中，大多是对省级层面、跨省流动现象进行分析，对全国城市群和省内各地区以及更微观的城市层面流动现象关注得比较少。2000—2015年历次人口普查和抽样数据统计发现我国流动人口流入地分布的整体集中趋势没有发生根本性的变化，但一定程度的分散化趋势已经开始显现，这些趋势是推进新型城镇化战略、实施基本公共服务均等化、开展特大城市人口规模调控的客观基础（段成荣，2020；WANG N，2016）。通过对历次人口普查和相关统计资料分析发现，2000—2020 年我国人口流动和城镇化空间格局已经发生转折性变化（王桂新，2021）。在此新形势下，中国的人口流动与新型城镇化是否出现新的动向，一直是学界探索的问题。根据 2020 年第七次全国人口普查公布的数据发现，自 2010 年以来，特别是“十三五”期间新型城镇化战略等一系列国家战略的密集推出，强劲地推动了中国人口流动的“爆发性”增长和城镇化的快速发展（吕利丹，2020；WANG X，2019）。人口流动的“爆发性”增长以近距离人口流动的增长为主，城镇化的快速发展以行政区划变更形成的“就地”城镇化和近距离人口流动带来的“就近”城镇化为主要形态。中西部人口向东部迁移流动的净增量已由波浪式推高转变为波浪式回落，省际的流动人口增长明显减缓，乡城转移的人口年龄红利逐渐消逝，城乡老龄化程度双双增长（吴瑞君、薛琪薪、罗志华，2021）。其重要原因在于中西部地区经济增长和城镇化速度反超东部。人口流动新格局、新变化的深入，使新型城镇化建设及区域均衡发展面临新机遇和新挑战。

城镇化是伴随着非农产业发展而发生的要素用途转换、流动与聚集的过程（耿明斋，2011）。其中最突出的表现就是农村人口向城市迁徙，以及原有城市不断扩张和新城市不断诞生成长。大量农村富余劳动力纷纷涌入城市寻找生计，并最终滞留在城市成为市民，这是世界上许多国家都有过的历程，也是城镇化的普遍规律。这种劳动力转移的过程必然导致人口流动现象的产生。国外对于人口流动的研究已经形成了理论体系并不断发展。至今，在经济问题的研究中，人口流动问题仍是主流。改革开放 40 多年来，随着我国工业化、城镇化的不断推进，大量农村剩余劳动力离开本乡本土外出务工，形成了大规模的人口流动潮。从 2000 年全国第五次人口普查到 2010 年全国第六次人口普查，再到 2020 年全国第七次人口普查，我国流动人口从 1.44 亿人增长到 2.2 亿人再到 3.76 亿人，其中绝大部分为农村进城务工人员。全国人口中，人户分离人口为4.93亿人，其中，市辖区内人户分离人口为1.17亿人，流动人口为3.76亿人。流动人口中，跨省流动人口为1.25亿人，省内流动人口为2.51亿人。与2010年第六次全国人口普查相比，人户分离人口增加2.31亿人，增长88.52%；市辖区内人户分离人口增加7.70亿人，增长192.66%；流动人口增加1.54亿人，增长69.73%。其中“80后”“90后”“00后”新生代流动人口已经成为流动人口的主力军。庞大的人口流动不仅仅是促进经济增长中的活跃因子，还促使人口城乡分布、产业构成和生活方式等发生了深刻的变化。换句话说，人口流动既是涉及区域经济发展水平提升的经济问题，也是关系到社会发展的社会问题。因此，梳理我国人口流动的历程，准确把握我国人口流动的现状与趋势对于我国经济社会发展意义重大，同时对制定相关经济社会政策具有很大的参考价值。

有学者指出流动人口已经成为城镇常住人口的重要组成部分，可以说人口流动已经成为城镇化的重要动力（Fan，2005）。首先，农村人口迁移总量与城镇化率高度相关；其次，人口城乡迁移深刻影响城镇体系的变化（BERRY，2008）。城市体系是由不同等级的城市构成的，各级城市的发展速度在很大程度上是由农村人口的流向和城市间的流动决定的，农村剩余劳动力要么“离土不离乡”，从事非农产业促进城镇的崛起，要么流向经济较发达的大中城市，扩大其城市规模，而建立合理的城市规模体系也是城镇化的主要内容之一（蔡昉，2010）。以“打工经济”为基础的大规模人口异地流动，是我国城镇化发展的特有现象。相当部分“流动人口”长期工作和居住在城镇，为国民经济和社会发展做出了巨大贡献，同时也提升了我国城镇化率的指标。因此，人口流动与城镇化过程密不可分，从人口流动角度研究城镇规模体系及城镇化模式具有重要的意义。第七次全国人口普查主要数据公报显示，全国总人口为141178万人。与2010年第六次全国人口普查相比，10年增加7206万人，增长5.38%，年平均增长率为0.53%，数据表明，我国人口10年来保持持续低速增长态势。中国社科院人口与劳动经济研究所研究员杨舸指出，和上一个10年相比，数据略有下降。中国总和生育率20世纪90年代降至更替水平，人口负增长大约5~10年后开始。少子化叠加老龄化，加速了人口负增长的到来。要想化解未来人口负增长危机，人口流动是新型城镇化和经济发展的动力源。过去人口红利时期带来的人口势能明显减弱，而人口流动势能依然明显增强，城镇化动力依然强劲，但半城镇化问题突出，以人为本解决半城镇化问题比任何时期都更重要，人口流动的质量和强度直接影响流入地的经济势能。各地区谁能吸引流动人口，谁的经济发展就有动力。那么中国人口流动格局的变动与新型城镇化的互动机制走向如何，新型城镇化如何抓住以人为本破解“半城镇化”从而吸引更多的流动人口，就成为新型城镇化建设的重中之重。这方面的研究意义在于探索中国人口流动新格局，同时探索新型城镇化与人口流动的互动机制，以及探寻新型城镇化与乡村振兴协同发展之道。从中部地区传统农区——人口典型输出地的实地调研数据入手，微观跟踪分析劳动力回流影响因素、回流人口对地方经济的影响以及回流劳动力的困境，从而为我国人口流动新格局下的新型城镇化建设提出适时建议。传统农区人口流动出现了新的特点与趋势，那么研究和掌握典型的人口输出地人口流动的新特征意义重大，典型农区的人口流动的特殊规律，既体现了发展经济学的新发展，又是对中国特色的人口城乡流动理论的补充和完善。

（二）对我国城镇化道路的反思

诺贝尔经济学奖获得者约瑟夫·斯蒂格利茨（Joseph E. Stiglitz）曾经预言，中国城镇化和美国的高科技将是21世纪带动世界经济发展的“两大引擎”。我国的城镇化是目前经济社会转型的关键点，同时也是我国改革开放体制红利、人口红利与资源红利之后最大的驱动力量。党的十八届三中全会通过的《中共中央关于全面深化改革若干重大问题的决定》第一次明确了“坚持走中国特色新型城镇化道路，推进以人为核心的城镇化”，这一总结和对未来的展望标志着我国新型城镇化进入一个新的阶段。党的十八大以来，我国积极推进以人为核心的新型城镇化、全面实施乡村振兴战略，对缩小城乡差距、提升城乡协调发展水平发挥了重要作用。国家统计局的数据显示，我国农村居民收入增长已连续11年快于城镇。2014年李克强总理在“两会”的政府工作报告中指出，推进以人为本的新型城镇化要着重解决好现有“三个1亿人”问题，即促进约1亿农业转移人口落户城镇，改造约1亿人居住的城镇棚户区和城中村，引导约1亿人在中西部地区就近城镇化。积极稳妥地推进城镇化已上升为我国国家的重大战略。推进城镇化战略，是扩大国内需求、调整经济结构和改变经济发展方式的重要抓手，是带动区域协调发展、统筹城乡发展、实现社会和谐的有效途径。2022年李克强总理在“两会”的政府工作报告中指出，要深入推进以人为核心的新型城镇化，不断提高人民生活质量。城市是人类文明发展的结晶，城镇化是国家治理现代化的必由之路。城镇化是深入巩固拓展脱贫攻坚成果同乡村振兴有效衔接的关键举措，是推进区域协调发展和促进共同富裕实现的重要着力点。当前，我国正在经历着人类历史上最大规模的城镇化过程。以人为核心的新型城镇化必须守好实现人民幸福感、获得感和安全感的底线，切实提升城镇发展质量、促进人的全面发展、保障全体居民共享城镇化发展成果，以进一步推动“十四五”时期高质量发展。改革开放以来，我国的城镇化发展迅速，2020年我国常住人口城镇化率达到63.89%，2010年第六次全国人口普查城镇化率不到50%（49.68%），2000年这一数字则为36.09%，年均增长约1个百分点，在20年间我国城镇化率保持了高速增长。我国城市数量达687个，拥有超大城市7座、特大城市14座，城市建成区面积达到6.1万平方公里。虽然我国的城镇化发展非常快，但与发达国家仍相差约30个百分点，可见我国城镇化的道路还很长。同时，我国城镇化发展滞后也说明城镇化隐含着巨大的潜力，尤其在拉动内需方面。城镇化的过程越来越趋向于成熟，大都市地区，城市群集中，这些地方的效率高，成本低，能够创造更多的社会财富，产生更多的就业机会，大中小城市和小城镇协调发展，主流集中在城镇群是趋势。因此，我国的城镇化的健康发展关系到社会转型发展及长治久安等重大问题，学界对城镇化各个方面的研究具有重要的现实意义。

国内城镇化研究的重点之一就是城镇化模式。其中争论的焦点是从城市规模结构方面探讨城镇化模式。自 20 世纪 80 年代中期著名社会学家费孝通先生提出中国应重点发展小城镇的观点以来，关于中国城镇化模式的争论从来没有停止过。在改革开放后的前 20 年中，小城镇模式确实对我国的经济社会发展起到了一定作用，但小城镇化所带来的弊端逐渐凸显。随着人口大量流入大城市，学者们对大城市效率优势的认识越来越清晰，主张发展大城市的观点得到了更多的认同（赵晓斌等，2002）。2005 年以后，人口向大城市聚集所带来的“城市病”开始显现，学界又提出了“大中小合理城镇体系”的城镇化模式（殷江滨、李郇，2012）。与此同时，许多学者就我国的城镇化路径进行反思，指出城市化规模效益中也应该将区位问题考虑进来，不同的区域城市规模效益有差异，所以城镇化的推进模式不能千篇一律。如果没有一个科学的道路模式来指导城镇化的实践，就难以保证城镇化进程的顺利进行（梁世夫、钟兴永，2003）。而中国地域的区位差异很大，不同的区域是采用大城市优先发展的模式还是采用中小城市优先发展的模式，应该由其自身状况决定。对于一个地区来说，当前究竟应该采取什么样的城镇化模式，以及城镇规模体系应该如何预测并规划，现有的研究成果没有明确的分析。本书根据要素流动聚集规律，试图通过对人口流动的现状格局与预测分析，结合新型城镇化的客观规律与现实困境、国外的经验教训和我国的特殊国情，找到一条适合传统农区以人为本的新型城镇化道路。

（三）城镇化过程中传统农区面对的机遇与挑战

传统农区是我国城乡二元社会结构最为突出的地区，可以说传统农区是整个中国社会经济发展的缩影。随着城镇化进程的不断推进，传统农区正面临着前所未有的机遇。一方面，党的十八届三中全会《中共中央关于全面深化改革若干重大问题的决定》指出：“赋予农民对承包地占有、使用、收益、流转及承包经营权抵押、担保权能……建立农村产权流转交易市场，推动农村产权流转交易公开、公正、规范运行。”在这一风向标的指引下，农民将受益于政府推进城镇化和提高农业发展水平的目标。由于其土地的安全性提升，并且有权抵押其中一些土地，农民可以把更多的资金迁移到城市，或者投资扩大农场并使之机械化。政府新一轮改革政策的实施必将释放更多的农村劳动力。他们拥有更多的资本进入城镇或留在农村。不仅能促进城镇化的步伐，还能提高农业边际生产率，使农业得到发展。那么，政府新一轮改革政策导向为传统农区迎来了前所未有的机遇。在改革开放的前40年，东部地区作为人口流入的主战场，流动人口势能是经济飞速增长的催化剂，但“七普”数据显示人口流动出现了新转折、新动向，东部地区人口拉力减弱，更多的中西部省份成为动力源，尤其是人口输出大省——河南省，流动人口势能强劲。随着东部沿海地区劳动力成本上升和劳动密集型企业向中部地区转移，这些返回式的移民和产业转移结合在一起，推动了中部传统农区的城镇化发展，使得中部传统农区城镇化迎来了快速发展的机遇。东部的“拉力”减小，而传统的人口输出省份的“拉力”增强。中部传统农区将是我国新一轮城镇化的潜力所在。因此，应该把握机调，把握整个传统农区人口流动的趋势，积极探索出符合要素流动规律的城镇化模式，从而进一步推动传统农区城镇化的发展。

与此同时，河南省这样的典型传统农区在新型城镇化浪潮中也面临着前所未有的挑战。河南省城镇化水平不仅低于全国平均水平，而且滞后于全国工业化水平。2020年，河南省城镇化率为53.21%，低于全国约10个百分点；城镇化水平偏低也影响了第二产业和第三产业的发展。城镇化水平偏低，与工业化和经济发展不协调，已成为制约河南省经济社会发展的主要障碍，成为河南省经济社会发展的突出“短板”和各种矛盾的聚集点，城镇化难以为传统工业化向新型工业化的演进积累规模效应和集聚效应，难以形成创新、人才、信息等高端要素流动平台，也难以为实现农业规模经营以及农业机械化、电气化、信息化等农业现代化发展需求提供支撑。作为中原经济区核心的河南省是典型的人口输出大省，但随着城镇化进程的推进，河南省人口流动的流量、流向、分布等发生了显著变化，出现了一些新的特征，各级政府之前做的城区规划多数和目前人口状况不符，一定程度上干扰了城镇化进程。面对人口流动的新格局，人口流动与新型城镇化互动机制如何探索？新型城镇化如何应对人口流动新格局出现的新挑战？人口流动的质量和强度直接影响流入地的经济势能，那么传统农区在人口回流形势下的新型城镇化建设如何调整？传统农区新型城镇化如何抓住机遇破解“半城镇化”从而吸引更多的流动人口，以及探寻新型城镇化与乡村振兴协同发展，即城乡融合发展之道。本研究将从全国及河南省人口流动的现状特点出发，根据近年来常住人口分布的特点及对未来常住人口分布的空间结构与层次结构的预测，对人口流动的趋势进行预测，进而推测河南省城市结构形态，并结合人口流动影响因素与新型城镇化困境问题，最终对河南省城镇结构形态及城镇化模式进行探讨，提出新型城镇化与乡村振兴协同发展的战略。

二、概念界定

（一）人口流动

1. 人口流动与人口迁移

伴随着中国城镇化的进程，“人口流动”是我国城乡二元结构下的特殊人口现象。段成荣（2006）认为在国外的研究中，流动与迁移不是分开研究的，只有“人口迁移”的概念，“人口流动”是我国的独特现象。但在中国的特殊国情下，迁移和流动是分开的。国际人口科学联盟主持编写的《多重语言人口学辞典》中将“人口迁移”定义为：在一个地区单位同另一个地区单位之间进行的地区移动或者空间移动的一种形式，通常它包括了从原住地或迁出地迁到目的地或迁入地的永久性住地变动（IUSSP，1982）。结合已有研究，本书所指的“人口流动”的含义是：人们出于经济利益原因离开户口登记地所在的乡镇、街道到另外一个地方，离开户口登记地6个月以上的社会经济现象。中国目前的人口流动主要是人口城乡流动与人口区域间的流动。

“人口流动”与“人口迁移”的区别在于移动的目的不同。“人口迁移”的主要目的是居住地的变动，是跨越一定地区的人口移动行为。而“人口流动”的目的中居住地变动只是其中之一，“人口流动”可以是既动且迁，也可以是动而不迁。从这个角度看，“人口流动”大于“人口迁移”的范畴。因此，本书在后面的论述中将“人口流动”与“人口迁移”的表述统一理解为“人口流动”的概念。

2. 人口流动与流动人口

本书的研究对象之一是“人口流动”，但对“人口流动”的研究中不得不提到“流动人口”。“流动人口”是人口学、社会学研究对象，而“人口流动”是经济学和管理学的研究对象（高洪，2003）。“流动人口”是在中国特殊户籍制度下的产物，学界对“流动人口”没有统一的定义。按照我国人口普查时下的定义，根据已有研究，本研究“流动人口”是指户口登记地与现居住地所在的乡镇、街道不一致，而且已经离开户口登记地半年以上的人口（王桂新，2012）。城镇统计这部分人口为常住人口，如果按户籍统计则归为农村人口。本研究在对人口流动预测上涉及“常住人口”，现将“常住人口”界定为包括居住在本乡镇街道、户口在本乡镇街道或户口待定的人；居住在本乡镇街道、离开户口所在的乡镇街道半年以上的人；户口在本乡镇街道、外出不满半年或在境外工作学习的人。

有研究将“流动人口”分为“经济型流动人口”和“非经济型流动人口”。“经济型流动人口”主要以从事非农生产获得经济利益为目的，如服务员、建筑工、合同工、商贩等；“非经济型流动人口”不以经济利益的获取为目的，只是短期行为，如旅游、探亲、公务、中转等。改革开放前，由于对人口流动的限制，非经济型流动人口是流动人口的主流。随着改革开放的深入，客观上作为经济要素的劳动力也以市场为配置方向，同时政府逐步对人口流动不再严格限制，在经济利益的驱使下大量的农村人口流出，形成了庞大的经济型流动人口。本研究分析改革开放后流动人口的问题，因此后文中所指的“流动人口”为“经济型流动人口”。

（二）传统农区

耿明斋教授从20世纪90年代初开始一直致力于传统农区的工业化与经济社会转型的研究。对于传统农区的界定本书借用耿明斋教授及其研究团队关于传统农区的梳理。耿明斋在1996年出版的《平原农业区工业化道路研究》中首次对“平原农业区”进行了界定，区位上包括黄淮平原、华北平原及东北平原所在的腹地，而且具有地处内陆、农业条件优、乡镇企业不发达、农本意识强等突出特点。随后耿明斋在《欠发达平原农业区工业化若干问题研究》中将这一区域表述为“欠发达平原农区”。后来王理（2006）深入研究之后，进一步精确描述这一区域的特点为“自然资源缺乏、人口基数大而产业结构落后、农业占主导的经济落后的平原”，并概括为“传统平原农业区”。运用GIS技术从行政区域上进行了划分，包括河北、河南、安徽、江苏、山东。随后王理在《制度转型与传统农区工业化》中将这一区域概括为“传统农区”。与此同时很多相关学者也提出了“传统农区”的概念，这一概念在区域经济学中被广泛使用。“传统农区”概念也在不断扩展外延，宋伟（2009）通过研究界定“传统农区”特征为人口负担大、农业在产业结构中比重高、资本与资源较为缺乏、城镇化滞后同时剩余劳动力多等。张建秋（2012）在其博士论文中对“传统农区”再次进行梳理，并分析指出河南省作为传统农区的典型特征。本书通过对上述研究的学习与借鉴，总结出“传统农区”特指：第一，这里的人思想上延续农本观念与传统思想比较严重，不容易接受新事物。第二，农业具有比较优势，工业发展起步较晚，工业没有区位优势，产业结构落后，经济不发达。第三，自然资源与资本比较缺乏，人口基数大，传统人口输出地，城镇化滞后的平原。行政范围初步划定为河南、河北、安徽、江苏、山东等省，其中包括260个行政县。河南省是大城市与大农村并存、二元结构突出的典型传统农区代表。本书对于传统农区的研究就以河南省作为典型代表。

（三）城镇化模式

国内对于城镇化模式的探讨始于20世纪80年代后期，在90年代末得到丰富发展。我国对于城镇化模式的研究归纳取得了一定的成果。但关于城镇化模式的概念一直没有统一的界定。一些学者通过对社会转变过程中城镇化的研究，指出城镇化模式是城镇化动力机制下的发展状况的特征（简新华、刘传江，2001）。姚士谋（2004）从全局出发指出城镇化模式是城镇化发展的特征、方向以及动力在长远角度上的预测。有学者认为城镇化模式应该有广义与狭义之分，广义的城镇化模式是城镇化发展所采取的政策，狭义的城镇化模式是战略上的计划安排（曹宗平，2005）。随后周英（2006）在总结前人有关城镇化模式的基础上，指出城镇化模式是在社会经济变革中，不断动态演进的城镇化表现出来的方向、内容与动力机制的总和。而赵光瑞（2007）通过对全球城镇化模式的梳理，指出城镇化模式是一个区域在城镇化的演化过程中表现出的规律、要素流动、社会体制和工业模式等。随后盛广耀（2008）在对城镇化模式的相关概念总结分析后，指出城镇化模式与一定国家或地区、一定时期的城市化发展状况和发展特征相联系，涉及城镇化规律、特征、动力机制、演变与影响因素等。有学者对于城镇化模式强调总体概念，简新华（2010）指出城镇化模式就是发展道路，而且不同的城镇化道路模式，实现城镇化的动力、原则就应该不一样。这些不同学科不同层面的城镇化模式的概述基本揭示了城镇化模式的本质。本研究基于前人的研究，将城镇化模式界定为某个区域基于特定时期要素流动聚集规律、资源禀赋、区位条件与工业发展状况分析与总结，对其城镇化发展方向的科学规划与概括。本书对城镇化模式的研究基于要素流动集聚理论，从静态和动态的角度进行预测与总结，静态方面指城镇体系的空间结构与规模结构，动态方面指城镇化要素流动聚集的趋势、市场与政府之间的互动机制。

三、研究内容与技术路线

（一）研究内容

本书将传统农区的典型区域河南省作为研究对象，围绕人口流动轨迹与城镇化模式这个核心，首先，对国内外人口流动的轨迹与城镇化模式进行梳理，总结出国内人口流动对城镇化模式的影响与我国城镇化发展方向，并结合国外典型国家的城镇化的历程总结出城镇化发展的规律与经验。人口流动的规模、速度、方向、趋势都反映了城镇化未来的规模结构、空间格局与功能内涵。说明劳动力作为经济要素中最为活跃的因素之一，对城镇化模式的动态预测具有重要的理论与现实意义。在确定了逻辑起点之后，重点用统计数据与微观调研数据分析典型传统农区河南省人口流动的现状与趋势，并结合调研资料指出河南省人口流动与城镇化的突出问题，以便破解以人为本的新型城镇化的困境。其次，对河南省人口流动的影响因素进行实证分析。最后，根据前面的研究结论对河南省未来的城镇化模式与新型城镇化建设做出合理选择与规划，并尝试性提出一些合理建议。本研究结合经济学、人口学、地理学与社会学等学科，从人口流动的角度出发，对新型城镇化模式路径进行探讨。本书的章节安排总结如下：

第二章为文献综述。本章梳理了国内外对人口流动、城镇化及城镇化模式的相关研究成果，从中探究人口流动对城镇化模式的影响。在总结前人文献的基础上，指出目前城镇化模式的探讨，多集中于概念性和设想。劳动力作为经济要素中最为活跃的因素之一，对城镇化模式的动态选择具有重要的指导价值。本书从典型农区人口流动的角度探讨区域城镇化模式，既补充和完善了我国特殊的城乡人口流动理论，也丰富了我国城镇化理论。

第三章为中国人口流动与城镇化发展的回顾与展望。在我国特殊的二元户籍制度背景下，我国的人口流动轨迹与西方发达国家存在很大差别。回顾了改革开放以来在区域经济增长下的特殊的人口流动现象与城镇化历程，梳理了我国不同阶段政策下的人口流动轨迹，分析了人口流动对城镇化及其模式产生影响的动态机制与新特点，并预测了人口流动与城镇化发展的新趋势。在全国空间层面人口流动格局发生了一些变化，且中部传统农区人口流动势能明显，中部传统农区在新一轮的城镇化中潜力很大。

第四章为国外人口流动与城镇化的发展规律与启示。从国外典型区域城镇化过程中人口流动现状着手梳理，探究城镇化过程中人口流动与城镇化之间的关系，说明人口流动对城镇化模式产生的深刻影响。经过国外典型的城镇化模式的比较，总结经验教训，并总结出城镇化发展的一系列规律与启示，为传统农区的城镇化发展提供借鉴。通过对国内外人口流动下的城镇化进程的分析，得到一个规律性认识，即城镇化是伴随着非农产业发展而发生的要素用途转换、流动与聚集的过程。其中最突出的表现就是农村人口向城市迁徙，以及原有城市不断扩张和新城市不断诞生成长。可以说人口流动方向、规模、速度与趋势等格局深刻影响着城镇化的发展方向。

第五章为河南省城镇化进程中人口流动的现状与趋势。通过对河南省人口流动统计分析与实地调研分析，得出人口流动的现状为省内人口流动势能强劲，以郑州为首的中心城市势能非常强，尤其以郑州为中心的核心都市圈流动汇聚势能最为明显。与此同时，通过对河南省常住人口空间与层次结构的变动来预测河南省人口流动的趋势，得出结论为：一方面人口向城镇聚集势能明显，另一方面城镇人口向中心城市聚集流动。空间上，人口朝着以“郑州”为中心的“郑汴洛新焦许”核心都市圈聚集流动。与此同时，调研发现河南省人口城乡流动与城镇化过程中存在“半城镇化”严重与农民工融入城市的具体困难等突出问题。未来一段时期，解决城镇化过程中农民工融入城市障碍是河南推进新型城镇化的重要内容。

第六章为河南省城镇化进程中人口流动影响因素的实证分析。本章从两个层面对河南省人口流动影响因素进行实证分析。首先从河南省农村劳动力流动实地调研的现状出发，总结出农村劳动力“转得出”及在城市务工“进得去”“留得下”的制约因素。经过分析得出影响河南省农村外出劳动力流动的既有农村集体产权制度，也有城市基本公共服务供给的因素，又有农村外出劳动力人力资本、思想观念等个人禀赋因素，还有相关政府部门的服务意识与管理水平等因素。其次，进行人口流动影响因素计量分析，运用 EViews 软件，通过相关理论与实地调研，选出 8 个指标，用外出务工人口占比代替人口流动数量作为因变量，通过建立多元线性方程对 7 个自变量进行回归分析，最后得出农村人均农业纯收入、人均务工收入、劳动年龄人口占比、受高中或中等以上教育人口占比、劳均播种面积均为人口流动的显著影响因素。

第七章为河南省人口流动下的新型城镇化模式。首先，从河南省推进新型城镇化的原因入手，分析新型城镇化的切入点与着力点。其次，结合河南各区域的工业化发展状态与趋势，得出河南省的人口流动格局与产业格局相对应，说明从人口流动的角度对城镇化模式的探讨具有一定的科学性。再次，根据上述人口流动格局分析了河南新型城镇化的模式。初步判定河南省城镇规模结构朝着中心城市比重日趋增大的方向演化，城镇体系空间结构朝着以郑州为中心的核心圈规模和密度越来越大的方向演化。又次，建议河南省新型城镇化重点应该放在省辖中心城市以上大中城市，并着重培育以郑州为中心的核心都市圈。最后，根据河南省人口流动趋势与城镇化模式的探讨，构建河南省未来新型城镇化发展战略。

第八章、第九章为政策建议、结论与展望。这两章主要对全书研究结论进行总结，并根据研究内容尝试性地提出一些合理的政策建议。并结合本书的欠缺对后续人口流动与城镇化模式的研究做出展望。

（二）技术路线

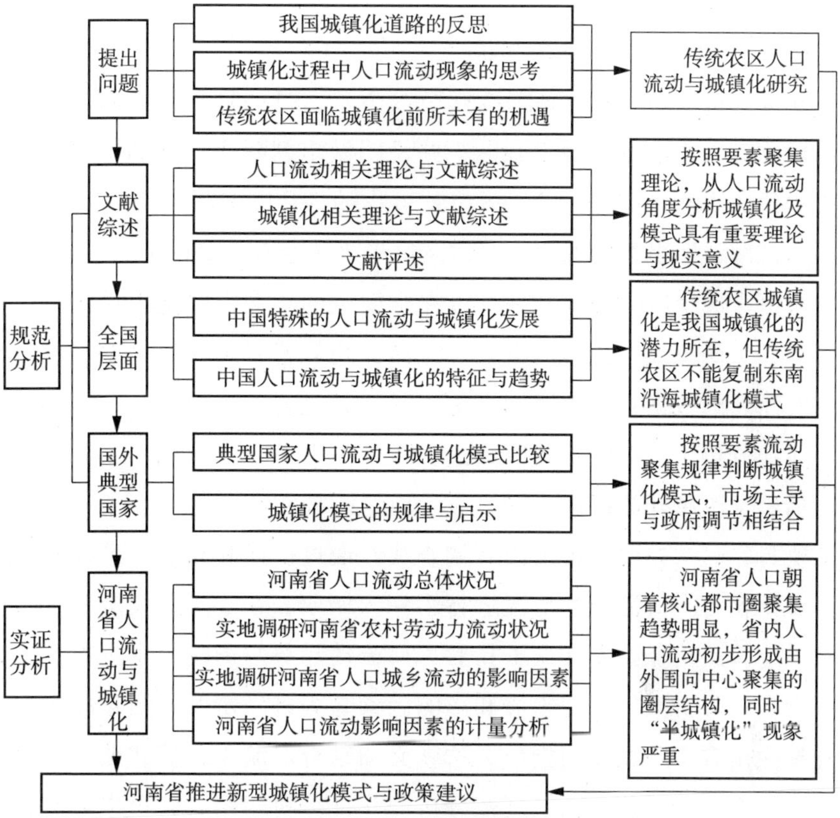

图 1-1　技术路线

四、研究方法与创新

（一）研究方法

研究方法的选取都是为了研究理论与实践中的问题服务的，可以依据具体研究的问题综合运用各学科知识并选取各种技术、手段，实现自己的研究目的。本书在梳理了人口流动与城镇化国内外的相关研究后，综合运用经济学、人口学、社会学等学科理论与方法。将实证与规范分析相结合、定量与定性分析相结合，对人口流动与城镇化进行了全方位的分析，具体用到了典型案例法、问卷法、访谈法与比较分析法。

1. 规范分析和实证分析相结合

规范分析法是研究“该怎么样”的方法，是一种价值判断，根据事物的性质对事物的发展做出判断，并说明做出判断或选择的依据。实证分析法研究事物“是什么”，不涉及事物的性质，只针对事物的外在特征，并试图说明事物的发展情况以及结果（宋嘉革，2006）。

城镇化最突出的表现就是人口在空间上的集聚，因此人口流动是社会活动，想研究人口流动的规模、方向、趋势就必须收集足够多的素材与时间序列的数据，进而运用计量工具对其进行深入分析，所以本书采用了实证分析法。在资料的收集过程中，本书一方面运用了文献法，查阅与借鉴了改革开放以后全国、省、市层面公布和其他学者总结的人口流动资料，另一方面运用了田野调查法，通过访谈和问卷的形式对传统农区城镇化与人口流动的情况进行了深入调研。在收集相关资料与数据的基础上，运用经济学计量工具对人口流动趋势与影响因素进行了实证分析。实证分析人口流动趋势和影响因素是为进一步对城镇化模式路径的选择做出有实践意义的指导，这就必须结合对城镇化模式路径的理论政策进行充分的规范分析。规范分析与实证分析相结合，可以使分析更加全面，结论更有说服力。

2. 定量分析法和定性分析法相结合

定量分析法是为了了解事物的本质特征而运用数据或模型等进行分析的方法。定性分析法是描述事物的性质特征的分析方法。二者结合才能准确展现事物的本质，使我们对事物的进一步分析更加准确。本书对人口流动的规模、速度、方向与趋势的预测与影响因素的研究更多使用的是定量分析法，对城镇化历程使用的是定性分析法，在城镇化模式路径的研究中运用了定性分析方法，而人口流动是我国城镇化进程的特殊现象，这样论文既有定量分析又结合定性分析，使论述更准确。

3. 调查法

为了实现对河南省人口流动现状与突出问题的准确把握，本书在统计资料的基础上，对河南省农村劳动力外出务工情况进行了实地调查研究，本书的调查研究基于河南大学中原发展研究院“百县—千村—万户”工程（Ⅶ期与“河南新型城镇化”调研①）。两项大型调研，都是针对农村人口流动的调查工作，一方面弄清楚人口流动的格局，另一方面试图探寻河南省城镇化过程中的问题与障碍。问卷涉及流动人口的年龄结构、时间结构、职业结构、教育结构、收入结构、未来迁移方向等，对河南省推进新型城镇化所涉及的相关问题给出合理解释。调研具体采用调查问卷与调查访谈相结合的方式。其中，“百县—千村—万户”工程数据库②，是以抽样问卷调查为方法的全省大型调研。问卷有效率接近 98%。问卷选取了河南省具有代表性的 208 个村镇，这些村镇分布于全部 18 个地市下辖的 63 个县（市），共调查了 7699 户家庭 9774 口人。其中子项目为全省随机整村调研③，整村调研涉及河南省 17 个地市（除鹤壁市），34 个县，54 个行政村，其中有效访户 7479 户，覆盖率达 36.31%。“新型城镇化”调研从 2013 年 5 月中旬开始，是以问卷及访谈为手段的小规模重点调查。主要针对河南省新型城镇化过程中，“城镇基本公共服务常住人口全覆盖”“深化农村改革、建立农业转移人口市民化的促进机制”和“城市体系、形态与布局”等相关问题进行调研。调查有针对性地选择了河南信阳市商城县（劳动力外出打工典型区）、

① 本书作者是“百县—千村—万户”工程全省随机整村调研问卷的设计者，“新型城镇化调研”郑州“城中村”调研的总负责人。

② “百县—千村—万户”工程数据库是河南大学中原发展研究院、经济学院与黄河文明中心联合开发的河南省农村数据库，数据库有 7 年全省调研数据。

③ 全省随机整村调研的计划是：在全省 18 个地市随机抽取一个村，每个村选派 1~2 名本科生或研究生，按照统一设计的问卷逐户询问并当场填写问卷，计划每年采集一次，分为村情访问问卷与户情访问问卷，村情由村干部填写，户情由每户户主填写，数据涉及家庭人口总量及结构、受教育程度、外出务工时间长短、工业行业、工作地点、收入状况、未来迁移计划等指标，通过采集处理建立数据库，试图弄清楚农村人口流动的规模、方向、结构等基本情况。“百县—千村—万户”工程从 2012 年开始，在 2013 年加入了全省随机整村调研。

河南省安阳市滑县（典型农区）、河南省许昌市长葛市（制造业比较典型区域），调查了3镇4村408户家庭的1211口人。在郑州选择了农民工居住较为集中的两个都市村庄和7个与农民工进城关系密切的政府部门进行城市农民工融入障碍调研。其中选择了郑州宇通和开封新大新材两家对农民工进城安家定居愿望迫切的企业。在数据处理上，运用计量分析软件对数据采用了标准化处理、描述性统计、相关性分析等科学的方法，处理了两个调查共计63个县（市）212个村（镇）8096户家庭10985口人的相关数据①。

（二）创新点

本书的创新点总结如下：

第一，城镇化就是农业人口及其他要素向非农人口及其他要素的转化过程。其中最突出的表现就是人口流动集聚。人口流动的动态变化必然影响城镇化发展的路径。本书从人口流动的动态视角探索城镇化模式，一方面是尊重市场中要素流动的规律，充分考虑了市场的主导作用；另一方面，人口往往是在产业支撑下流动。所以从人口流动的角度对城镇化模式进行分析，充分考虑了市场的选择和工业发展的因素。本书结合了经济学、人口学与社会学等学科，依据传统农区人口流动动态特点来探讨传统农区新型城镇化的模式，积极寻找传统农区新型城镇化的新思路。

第二，传统农区城乡二元结构最为突出，是中国社会经济发展的一个缩影。而目前国内学者较多关注东部地区的城镇化，对于传统农区的研究甚少。研究和掌握典型传统农区的城乡二元结构下的人口流动特殊规律，就抓住了城镇化的本质。对于传统农区人口流动特点趋势的探索，既体现了发展经济学的新视野，又是对中国特色的人口流动理论的补充和完善。

---

① 耿明斋．人口流动、制度壁垒与新型城镇化——基于实地调查的报告［M］．北京：社会科学文献出版社，2013.

第三，国内对城镇化研究多集中于发展较快的东南沿海地区，但东南沿海地区如珠三角、长三角是在没有了解城镇化规律的情况下形成的城镇化，这种城镇化模式不适用于传统农区。对于城镇化模式的研究，应该建立在对城镇化内在规律的正确认识上，并用动态的思维分析城镇化模式选择。而劳动力作为经济要素中最为活跃的因素之一，对城镇化模式的动态选择具有重要的指导价值。本书基于对传统农区要素流动规律与城镇化规律的充分分析，从人口流动的角度探讨区域城镇化模式，既补充和完善了我国特殊的城乡人口流动理论，也丰富了我国城镇化理论。

第二章

文献综述

“理论是灰色的，而生命之树是长青的。”任何研究都需要建立在理论指导的基础之上，再根据实践进行检验并创新发展出新的理论。本章在对国内外人口流动与城镇化相关理论的借鉴与学习基础之上，通过对已有研究的评述，寻找本研究在学理上的新角度与新方法。

一、人口流动文献综述

国外对人口流动的研究时间比较早，多学科关注人口流动，形成了成熟的理论体系。本节首先介绍人口流动的产生与发展，接下来从经济学视角，对人口流动的规律、人口流动的动因、人口流动与经济发展的关系以及人口流动延伸理论进行梳理，并对国外人口流动的相关研究进行评述。

（一）国外人口流动相关理论

1. 人口流动理论的产生与发展

人类从诞生之日起就在地球上留下了不断迁徙的轨迹，也正是因为这种迁徙使得人类社会得到发展。有学者指出人口流动是继生育率、死亡率之后人类社会发展的第三个关键因素。有研究表明，1676 年威廉·配第（William Petty）首先从经济发展的角度对人口流动进行了研究，他认为劳动力由农业部门向非农业部门转移是因为比较利益的存在（王亚南，1979）。著名经济学家 E. G. 列文斯坦（E. G. Ravenstain）在 1889 年发表的《人口迁移规律》一文中，首次将人口流动上升为理论研究，对人口迁移距离、方向及规律等进行了较为详细的论述，提出了人口迁移的“推—拉”理论，影响深远。

从20世纪五六十年代开始，经济地理学及其他人文社会科学等学科均对人口流动进行了多方面的研究，形成了人口流动的宏观理论基础。其中，区域经济学、发展经济学与劳动经济学对人口流动中农村劳动力向城市的迁移尤其重视，并形成了一系列研究成果。20世纪70年代许多学者在分析和预测人口流动的规律及趋势时，大量运用了实证研究的方法，在人口迁移流动的微观研究领域做了大量有意义的研究。泽林斯坦（Wilbur Zelinsky，1971）提出了经典的人口迁移流动转变理论。迁移流动转变理论强调随着经济的发展以及现代化进程的推进，人口的迁移也会发生转变。由此可见，人口流动理论的形成是多学科共同研究形成的理论体系。

2. 人口流动的规律

列文斯坦最先对人口流动规律的研究给出了结论，他从人口学角度探究人口流动原因，提出“人口迁移规律”。这一规律的主要内容为：人口迁移是分步进行的，其中以短距离迁移为主，存在的长距离都是迁移到发达商贸中心。农村居民比城市居民更易于迁移，其中男性比女性更易于远距离迁移。大城市中人口的迁移增长速度大于人口自然增长。人口迁移的方向主要由农业地区趋向商贸中心，人口迁移的动因以经济利益为主（丁金宏，1996）。其总结对于一个世纪后的发展中国家仍有重要的启示意义。

1971年，美国泽林斯坦发表了“人口流动转变假说”，总结出人口流动转变的五个阶段：工业化未发生阶段，其人口流动很少发生；工业化萌芽阶段，人口自然增长加快，开始有了人口的城乡流动；工业化快速阶段，出现大规模的人口城乡流动；工业化高级阶段，人口城乡流动变慢，人口城市间与城市内流动变强；未来超发达社会，大多数居民将在城市内部和城市之间移动，信息技术的发展代替了一部分人口流动，整个人口迁移减少。他是以西方发达国家所经历的人口流动的经验进行的总结。目前发达国家处于第四个阶段，而发展中国家大都处于第三阶段。所以发展中国家可以在考虑自身国情的情况下，总结与借鉴西方发达国家的经验。

3. 人口流动的动因

人口流动的动因一直是经济学家、人口学家关注的重点，同时对于人口流动原因的分析是相关政策制定的基础。早期从相对收入角度分析人口流动原因的是刘易斯（W. A. Lewis，1969）的二元经济理论与托达罗（M. P. Todaro，1969）的流动模型。伊斯特林（Easterlin，1991）在探究人口流动的原因时，用相对经济变化对其解释。他认为农业部门的剩余是否流动，取决于农业劳动者与非农业劳动者间的预期收入是否有差别。E. G. 列文斯坦（E. G. Ravenstein，1889）总结的人口迁移规律中有关于人口流动“推”与“拉”的论述，但20世纪末唐纳德·博格（Donald Bogue，1959）等最明确提出人口流动的“推—拉”理论。他从运动学视角将人口流动看作是两种相反的力作用的结果。“推”指由于自然资源枯竭、劳动力过剩等原因，流出地将过剩劳动力推出当地；“拉”指流入地的高工资、好生活和就业机会等将外来人口吸引到当地（钟水印，2000）。此模型不能回答“推”与“拉”的力终止后，与其相关的人口流动是否立即终止的问题。随后，E. S. 李（Everett S. Lee，1966）详细总结了能够影响人口流动趋势的因素，在《人口迁移理论》中，他将影响因素分为迁出地因素、迁入地因素、个人原因、介入阻碍因素。其中的介入阻碍因素使得人口流动原因的论述更加完善。迁出地因素包含排斥，而迁入地因素包含吸引。最后这两个因素作用于个人，个人根据选择权衡做决定。因此，呈现的结果也不一样。美国芝加哥经济学派代表西奥多·W. 舒尔茨（T. W. Schults）用计量经济学模型对人口流动原因进行了实证分析，得出了“成本—效益迁移理论”。他认为，人口迁移和流动应该被看作是类似于经济投资的一种活动，迁移者会倾向于投资回报率高的地区。人口流动理论主要就是从影响城乡人口流动的因素角度出发，阐述城乡人口流动的基本原理。

4. 人口流动与经济发展

对于人口流动与经济发展的关系，国外学者普遍认为人口的有序合理流动能够对经济发展产生积极影响，同时经济发展推动人口流动，二者是互动关系。人口流动的基本动力是社会经济因素，人口流动也推动了社会经济环境的变革。英国著名发展经济学家刘易斯（W. A. Lewis）建立了人口两部门流动模型，在《无限劳动力供给下的经济发展》中，他提出劳动力会从农业部门向城市工业部门流动，并以此建立了第一个人口流动模型。其中农业部门以农业经济为主导，城市工业部门以现代经济为主导，农业部门与城市工业部门在经济上的差异使得劳动力出现转移。他的理论假设前提是农业产生剩余与城市不存在失业（Gustav，2004）。美国经济学家托达罗（M. P. Todaro）通过对发展中国家的长期观察，在前人研究的基础上解释了现实中农业部门剩余人口流向城市工业部门与城市工业部门的人口失业之间的矛盾现象，进而建立了托达罗人口流动模型。通过研究他指出虽然迁移的原因有很多种，但预期收入仍是其迁移的标准。新古典主义经济学派着重定量研究，提出了对人口流动行为动因的相关理论，特别是拉里·萨斯塔（Larry Sjaastad）、迈克尔·托达罗（Michael Todaro）等学者，用大量的数据统计作为基础对迁移者的投资与回报做出分析。以奥迪·斯塔克（Oded Stark）、爱德华·泰勒（Edward Taylor）等为代表的新经济移民理论学者，引入了“绝对收入”的概念对人口流动动因进行研究。新经济移民理论比新古典理论改进了很多，不仅强调移民家庭的作用，同时把国家之间工资差距作为重要影响因素。以迈克尔·皮奥雷（Michael Piore）为代表的劳动市场分层理论，1985年分析指出在发达国家存在“双重市场理论”，并未纠结于跨国移民一般原因，而着重强调跨国移民的重要原因（Doeringer，1985）。

5. 人口流动的延伸理论

有学者从“全球化”的角度对移民跨境迁移总结出了世界体系理论，其认为人口在国际间的流动源于资本与信息的国际间流动，归根结底是市场经济全球化导致了国际移民潮（Friedmann，1986）。后来又出现了移民网络理论，网络被看作是一种社会资本，介于个人决策的微观层面与社会结构的宏观层面之间。网络学说填补了人口流动研究中的空白（华金，2001）。

（二）国内人口流动相关研究

国内学者对人口流动的研究比国外晚，主要借鉴国外相对成熟的人口流动理论体系进行分析与构架。我国对人口流动的研究正式开始于改革开放后，从新中国成立到改革开放这段时间，我国一直实行严格的计划经济与户籍制度，限制人口的流动。随着改革开放后我国经济与社会迅速发展，出现了庞大的人口流动现象，并引起了学界的广泛关注。国内学者实证我国出现的人口流动现象和问题。

《中国人口的迁移转变》（段成荣等，2019）以农地关系转变和经济体制改革为切入点，阐述了新时代我国已从乡土中国转变为迁徙中国。经过梳理总结出国内比较有影响力的相关研究，其中关于人口流动经济特征与人口特征的研究有：《中国人口地理》（胡焕庸，1983）、《中国人口迁移新探》（田方、张东亮，1989）、《中国人口迁移》（沈益民、童乘珠，1992）、《中国城镇人口迁移》（马侠、王维志，1994）、《改革开放中出现的最新人口问题》（张志良，1996）。关于人口流动的规律的研究有：《人口迁移的规律——不同条件下人口迁移模型研究》（王振营，1993）、《中国人口迁移研究原理和方法》（段成荣，1998）、《中国历史上的流民与今日流动人口的比较分析》（钟水映，1999）、《2019年中国人口的迁移转变》（段成荣，2019）。关于人口流动与城镇化的研究有：《中国人口迁移与城市化研究》（王桂新，2005），从人口学的视角分析了人口流动的趋势在城镇化的过程中会出现的问题。关于人口流动与经济发展的研究有：《迁移与发展——中国改革开放以来的实证》与《中国人口迁移与区域经济发展关系之分析》（王桂新，2005），通过对我国省际人口流动数据的计量分析，指出人口流动的主要影响因素为经济，其中经济规模影响人口流出，经济收入影响人口流入。还有《区域经济中的人口流动现象》（倪英，2006）、《现阶段中国农村劳动力流动的基本特征与宏观背景分析》（杜鹰，2006）、《农村劳动力向城市的迁移：国际经验》（都阳、2006）、《城市化与农民工的贡献——后危机时期中国经济增长潜力的思考》（蔡昉，2010）、《中国人口流动与城镇化新动向的考察》（王桂新，2020）。关于人口流动家庭迁移与人力资本的研究有：《人口集聚能够提升地区个体人力资本水平吗?》（王晓璐等，2020），通过知识溢出与就业竞争两个机制在理论上证明了流动人口的定向集聚能够显著提高个体人力资本水平，从而为地区经济增长提供持续动力。《家庭为中心的迁移及提高迁移者家庭福利的政策分析》（任远，2020），提出新经济迁徙理论将个体迁移流动事件放置于家庭情境之中，突出家庭作为决策主体的重要性，强调个人迁移决策机制立足于劳动力资源的最优配置以实现家庭整体利益最大化和风险最小化。《中国流动人口家庭化迁居》（盛亦男，2013），认为迁徙行为受到社会资本的重要影响即先迁徙者在迁入地的境况对待迁徙者基于血缘、乡缘、情缘等关系产生吸引或阻碍作用。关于人口流动政策建议的研究有：《加快改革我国二元户籍制度，顺应人口流动趋势，使城镇化以市场为导向加快发展》（赵明、朱志军，1998）。还有《城乡收入差距与制度变革的临界点》（蔡昉，2003）、《中国户籍制度改革和城乡人口迁移》（陈金永，2009）、《关于农村劳动力流动的政策问题分析》（宋洪远，2002）、《中国人口流动政策的演进、特点与建议》（张希，2019）。关于人口流动的计量分析的研究有：李树茁（1994）根据20世纪80年代后的人口流动数据，对全国层面的人口流动做了计量分析，证明了经济水平与迁移率呈正相关关系。段成荣（2000）运用时序数据，建立Logistic模型回归分析了我国人口流动影响因素，并指出年龄、性别、受教育等个人因素是人口省际迁移的显著影响因素。从2010年以来，流动人口在东、中、西、东北四大区域的流动比例基本稳定，东部地区依然是流动人口流入的主要地区，与此同时流向中部和西部的流动人口逐渐增多，说明我国人口流动存在内陆化的倾向（赵云，2019）。

根据改革开放后我国学者对不同阶段人口流动的研究，笔者总结划分出三个阶段，如表 2-1 所示。

表 2-1　我国人口流动研究的阶段及重点

阶段	1979—1989 年 起步阶段	1990—1999 年 发展阶段	2000—2007 年 快速发展阶段	2008 年至今 丰富与反思阶段
背景	改革开放，经济以市场为中心导向开展，要素开始流动，人口流动的统计数据开始增多	经济与社会改革加快，要素流动开始引起社会广泛关注，尤其是人口流动的相关研究开始增多	人口流动成为我国经济社会转型的缩影，随着人口大量向城市流动，我国大城市“城市病”显现	金融危机后，在全球经济下滑的背景下，我国东部出现“民工荒”，中西部出现“回流”现象
研究重点	农业剩余劳动力转移的现象、城乡人口迁移、流动人口的社会经济特征等	人口流动的影响因素、空间格局、与经济发展的相互关系、对地区发展的影响等	新生代农民工流动现象、如何正确引导人口流动，城镇化背景下的人口流动模式，城镇化与人口流动等	“回流”与“民工荒”现象及背后原因、刘易斯拐点、农民工“市民化”、户籍制度改革、人口流动与城镇化等
研究方法	定性描述为主，少量定量研究，小规模调查	结合国外的成熟理论体系进行定量研究	遥感技术等定量研究与定性研究相结合	多学科方法结合，既注重定量研究也注重定性研究

国内关于人口流动的研究主要集中在以下几个方面：

1. 人口流动的空间格局

我国地理学者从宏观与微观层面对人口流动空间格局进行了分析，宏观层面主要是从区域的角度考察人口在区域之间的空间变化，并得到了一些认识。阎蓓（1999）对省际人口流动进行了深入分析，指出我国在改革开放前，人口主要由沿海流向内地、边疆。改革开放后人口流动方向完全相反。改革开放前人口流向人口稀疏的北方等，改革开放后人口转为流向城市与人口稠密的东南沿海（辜胜阻，1994；杨云彦，1992）；1990 年的普查资料显示，北京、上海、广州是人口流动的聚集地（丁金宏，1994）；全国的流动人口主要是农村剩余劳动力，迁入地主要是城镇（严善平，1997）；东部人口流入多而流出少，中部恰恰相反（杨云彦，2004）；王桂新（1999）将全国分为东、中、西三个区域，通过观察其 90 年代以后人口流动的流向，发现东部地区明显对人口有聚集作用；朱传耿（2001）通过统计 1996 年后的流动人口数据，运用断裂点法分析得出我国人口流动形成了三大人口聚集圈，分别为京津唐、沪宁杭与广深厦；全国人口流动主要流向东部地区，东部地区聚集了全国 50%左右的流动人口，其中主要的人口流出地是中部地区（刘玉，2008）；邹湘江（2012）通过对全国第六次人口普查数据的分析，指出十年来我国人口流动方向与人口地区分布变化是一致的，人口流动对我国城镇化人口增长的贡献率达到了 65.36%，人口流动是我国城镇化的主要驱动力。《从离散到聚合：中国流动人口家庭化分析》，通过全国流动人口动态监测调查数据得出当前中国流动人口家庭呈现出从离散化向聚合化演进趋势的结论（扈新强、赵玉峰，2021）。宏观上对人口流动格局研究的主要观点是我国人口流动主要是从农村劳动力富余地区向城镇流动，大部分从中西部流向东部。微观上主要从城市内部观测人口流动的格局。宋迎昌（2008）通过分析城市内部流动人口的分布，发现外来流动人口主要分布在城市边缘的城乡接合部；刘海泳等（1999）通过对北京市外来人口的调研发现，流入北京的外来人口大都分布于近郊区，而且外来务工人员呈现出以地缘关系聚集的现象；杜鹰（2006）通过对四川、安徽的调查，分析了农村劳动力的各种特征，包括个体特征与就业分布；进入 21 世纪后，我国流动人口空间分布格局为以东部为主、中西部地区增速较快，迁移距离由近邻流动为主转变为近邻流动、中程流动、远程流动并重（陈丙欣，2013）。罗仁朝（2008）通过“聚集指数”对上海外来务工人员分布的统计，指出上海外来务工人员分布呈现“环状”与“放射状”相叠合的现象。通过分析城市内部流动人口的分布情况发现外来人口居住空间分布特征受社区类型影响，形成了以社区类型为界的居住分异，即外来流动人口主要分布在城市边缘的城乡社区（于璐璐，2020）。

而在最近几年中，城乡流动人口转移增速开始放缓，而城城流动人口转移增速逐渐加快，多表现为中小型城市人口逐渐向区域中心级城市转移。全国共形成 20 多个城市群，其中京津冀、长三角、珠三角和成渝城市群内部人口流动联系最为紧密（宋崴，2021）。微观上对流动人口分布研究的主要观点是城市近郊区是人口流动的聚集地。中国人口流动新动向考察——基于第七次全国人口普查公布的数据初步解读，研究显示人口流动的“爆发性”增长以近距离人口流动的增长为主，人口城镇化的快速发展以行政区划变更形成的“就地”城镇化和近距离人口流动带来的“就近”城镇化为主要形态。中西部人口向东部迁移流动的净增量已由波浪式推高转变为波浪式回落，省际的流动人口增长明显减缓，乡城转移的人口年龄红利逐渐消失，城乡老龄化程度双双增长。其重要原因在于中西部地区经济增长和城镇化速度反超东部（王桂新，2021）。

2. 人口流动的影响因素

在关于人口流动的影响因素上，我国学者借鉴了国外关于人口流动动因的研究成果，追求经济利益是人口流动最大的影响因素，研究成果也比较丰富。影响因素的研究涉及从迁移决策的制定到迁移结束整个过程，包括社会、经济、空间地域、制度、个人特征等。有关个体特征因素的研究有：张善余（1995）通过对第四次人口普查资料的分析，指出在发生迁移的人口中，男性比女性多，受教育层次越高越容易迁移；李树茁（1994）通过对流动人口运用计量分析方法，证明了距离与迁移率成负相关关系，两地的经济差异与迁移率呈正相关关系；段成荣（2000）运用计量回归模型分析，得出年龄、受教育程度与性别在人口流动的影响因素回归分析中影响显著。有关空间地域因素的研究有：王桂新（1997）通过计量分析认为我国人口流动的主要影响因素是区域之间的收入差距。有关制度因素的研究有：农村剩余劳动力的城乡流动的主要影响因素是二元经济结构与城乡收入差距（蔡昉，2003）。户籍制度是影响劳动力流动的制度因素中的最大障碍（林毅夫，2003）。有关经济因素的研究有：杨云彦（1999）通过对第四次人口普查资料的分析，指出经济变量是人口流动因素中的显著因素；我国二元户籍制度以及户籍制度下城乡二元社会保障制度造成了农民工无法市民化的障碍（蔡昉，2003）；张志伟（2005）通过计量分析，指出农民纯收入、城市工资、人均耕地面积是人口流动的显著影响因素；地区经济差异、城市化进程与市场化进程等是人口流动的动因（俞宪忠，2005）。李小建、姚静等（2008）通过实地调研计量分析了河南省农村剩余劳动力外出务工的影响因素，指出经济因素与家庭因素共同对农村外出劳动力流动起作用。高更和、李小建（2008）对中部农村劳动力打工距离做了研究，指出影响其距离选择的因素是年龄、家庭类型、家庭人数和上学人数等。王晓璐等（2020）通过知识溢出与就业竞争两个机制在理论上证明了流动人口的定向集聚能够显著提高个体人力资本水平，从而为地区经济增长提供持续动力。于潇、徐英东（2021）提出住房可负担性的挤出效应与公共服务水平的引力效应对流动人口居留意愿的影响在流动人口的不同生命阶段中产生不同强度的异质性。

3. 人口流动与经济发展

学术界大部分学者指出人口流动促进了经济的增长，既有利于农村经济的发展又促进了城镇经济的发展。王桂新（2005）通过对人口流动与经济发展的探讨，认为人口从农村地区流入城镇地区是经济发展的需要，具有即时效应和异时累计效应，并且异时累计效应大于即时效应，说明未来人口流动对我国的经济影响更加明显；杨子慧和萧振禹（1996）指出城镇中的流动人口是城镇与农村文化经济的桥梁，我国人口流动促进了社会进步；王小鲁、夏小林（2000）通过合理预测得出未来10年城镇化对经济增长的贡献率为5%，其中劳动力流动的贡献率为2%。马忠东（2004）指出农村外出务工人员通过汇款等形式将收入的一部分回流到农村，人口流动更有利于资本向农村的流动。翟振武（2006）指出人口流动既集约了农村土地的发展，也为城市带来了劳动力的供给，使资源的配置更加合理。

人口流动也会有消极影响，相关研究有：段成荣（1997）指出人口流入城镇有利于繁荣市场与保障城镇劳动力的供应，但消极影响也同时存在，比如城市公共资源的过度消耗、城市交通的拥堵等；李荣时（2002）指出大量外来务工人员涌入城市，城市目前面临教育卫生等基础设施不足的隐患；张爱华（2003）指出农村人口的大量流出使得农村出现农业劳动力严重不足、土地撂荒等现象，人口的城乡流动不利于农村发展。《经济发展中的人口回旋空间：存在性和理论架构》通过定义人口回旋空间为在一定人口结构变动和人力资本水平下，人口规模所规定的经济增长和发展的可选择集边界的拓展或收缩幅度，阐述了我国在新的人口特征下人口与经济增长之间的关系（王金营，2020）。《区域间劳动力流动、人口红利与全要素生产率增长》提出中国人口红利需要从劳动力数量红利向劳动力配置效率红利转型（王婷等，2020）。综合来看，我国学者关注人口流动对经济发展所带来的积极影响，也关注人口流动对经济发展所带来的负面效应。但学界一致认为总体上人口流动促进经济增长，目前的研究重点是如何消除消极影响。

4. 人口流动对于流入地和流出地的影响

关于人口流动对流入地的影响：邓建清（2000）指出人口流入城市缓解了劳动力不足，增加了消费市场和消费需求，人口流动与流入地经济正相关；原新（2005）利用最早的三次人口普查资料分析指出从近期预测来看人口流入对城市好处多，比如弥补了城市劳动力不足等；宋健（2005）通过对广东这样的人口输入大省的分析，指出改革开放后广东省的流动人口对当地的经济贡献率为20%；叶香丽（2007）指出人口流动潮为城市提供了源源不断的廉价劳动力，进而推动城市经济的快速增长；卓云霞等（2021）基于2017年中国流动人口动态监测调查数据，采用嵌套Logit模型分析了地理、制度、信息和知识等多维邻近性对城城流动人口流入地选择的影响。结果显示城城流动人口倾向于流入与户籍地地理相邻、制度相似、信息联系密切以及与自身知识水平相匹配的城市，这在一定程度上缓解了人口向工资水平高、就业机会多和公共服务水平好的大城市集聚的趋势；不同维度的邻近性之间存在替代效应，省内流动能够降低距离对流入地选择的负面影响；多维邻近性的影响强度存在群体差异，女性对知识邻近性更加敏感；新生代流动人口对正式制度和信息邻近的城市有更强的偏好，但受知识邻近性的影响较弱；高学历群体更能远距离、跨省迁移并受到城市间互联网信息联系更强的影响；而有过流动经历的劳动力再流动时更能克服地理、文化和知识距离的限制。目前我国城城流动人口倾向于向发达地区和大城市流动，同时在流动过程中会考虑空间的邻近；地区间经济发展水平、就业机会以及高水平教育医疗设施的差距是诱发城城人口流动的内在动力，而在实际的流动过程中会综合考虑由于空间摩擦而产生的金钱成本、心理压力等障碍；同时，已有城城流动人口存量会通过减少适应流入地的成本、提供相应的生活和就业信息等方式降低流动成本，刺激城城流动人口按照已有路径流动（马志飞等，2019）。周皓、刘文博（2022）从流动人口的流入地选择机制方面得到流动者个体所能切身感受到的社会经济回报在流入地选择机制中起重要作用的结论；地级特征变量和个体特征变量的交互作用表明地区层级特征对流入地选择机制有异质性影响。

关于人口流动对流出地的影响：李实（1999）通过对农村流出人口后农村的经济变化的分析，指出农村输出劳动力最终有利于边际生产率；薛军民（2003）通过建立农村家庭收入模型证明了农村人口输出促进农村地区经济增长；朱乾宇（2004）通过对 2000 年与 2001 年流出人口与农村人均收入等的相关性分析，指出农村人口输出促进农村人均纯收入增长；陈晨（2019）从我国人口流动作用下主要流入地和流出地城镇体系的特征演变（1987—2010）进行分析，得到流动人口高度集中在城镇体系的“首末两端”，并呈现出高度的本地化特征的结论。同时，人口流动确实使得主要流入、流出地的城镇体系都在一定程度上更趋于符合“位序—规模”分布，但是，在人口流动作用下，主要流入地省份的“首位度”不断下降，而主要流出地省份的“首位度”却处于上升通道中，显示出显著的“对偶性差异”。

关于“回流”对经济发展的影响有两种不同的观点，一种观点指出农村外出务工人员在城镇得到的收入与技术在返乡建设中起到了积极的作用，有利于推动农村经济的发展（秦德文，1999）；另外一种观点指出“回流”人口大部分回到了农业部门，从事的仍是农业生产，其对农村地区经济发展影响较小（白南生、何宇鹏，2002）；张华等（2021）通过中部地区回流人口研究城镇化道路。

5. 人口流动与经济增长极

我国关于经济增长极的论述与著作很多，增长极的研究借鉴了法国经济学家 F. 佩鲁（Francois Perroux）的“发展极”理论，但目前学界研究的增长极已经与佩鲁的增长极有很大不同。现在的增长极赋予了更多地理特性，是地理上的“极化区域”。经济增长极分为产业增长极与区域增长极。本书所要研究的经济增长极是指吸引人口、资本、资源等要素流入的区域中心，它对周围地区有辐射带动作用，它涵盖了区域和空间上的概念。本书涉及河南省增长极时，将河南省具有增长极特性的区域作为研究对象进行分析。

有关于人口流动与增长极关系的研究，如何景熙、吴强等（2003）通过调查绵阳市经过分析指出，绵阳以电子产业为主导产业成为城市增长极，进而吸引农村外出务工人员，导致人口城市化的进一步推进。樊明方、王涛（2007）指出发展乡镇企业形成产业增长极，吸纳农村剩余人口，从而形成小城镇。刘朝明（2006）研究指出增长极中的城镇人口是城镇总就业人口的增函数，因此，区域增长极对流动人口就业有很大的作用。王桂新、毛新雅等（2006）通过对我国东部三大都市圈进行研究，指出人口向三大都市圈聚集促进其经济增长极的形成，同时形成的经济增长极吸引了更多的人口流入；孙军、高彦彦（2014）指出劳动力流动是地区间资源配置的重要途径，劳动力跨地区流动对流入地的“乘数效应”与对流出地的“扩散效应”之间存在着效率差异，这种差异是区域差距不断扩大的重要原因。本书通过构建模型对劳动力流动与增长极培育之间的关系进行了研究，结合江苏区域差距的现实指出，必须建立劳动力流动与区域经济协调发展的协同机制，以江苏沿海大开发的战略机遇为抓手，以培育区域增长极为核心，吸引劳动力尤其是高级劳动力的流入，以推动江苏区域协调发展。王婷等（2020）通过区域间劳动力流动、人口红利与全要素生产率增长的研究，提出中国人口红利需要从劳动力数量红利向劳动力配置效率红利转型。

（三）国内外文献评述

1. 国外文献的评述

国外人口流动的研究主要从发展经济学、政治经济学与经济社会学视角出发，在人口流动的相关问题上，将人口流动规律的总结、人口流动动因的分析以及人口流动与经济发展的关系等作为研究的重点。流动的经济机制，发展中国家的现实情况与模型的前提假设有很大差距（高帆，2004）。因为我国的特殊国情和西方不尽相同，使得我国人口流动问题用二元经济理论进行解释有局限性，模型也不能解决工业自然分布于城市的问题。而聚集经济理论与二元经济模型结合可以解决这个难题。根据聚集经济理论，城市比农村有更好的基础设施，可以为人口提供便捷的生活和庞大的就业机会（唐文进、李峰峰，2004）。也就是说，城市有集聚效应。综上所述，国外学者对人口流动的分析已经形成了经典理论体系，并在不断地检验完善。如今，在国外，人口流动问题仍是经济发展研究的主流。这些理论对于国内学者研究人口流动具有重要的参考价值。但是我国的基本国情与西方发达国家有部分差别，所以我们在借鉴西方发达国家的理论与经验的同时，必须结合我国的发展程度与制度特征。

2. 国内文献的评述

（1）国内研究的成果

国内学者对人口流动的研究起步较晚，在理论体系的分析与构建方面受到国外的影响较大，在经济学、社会学、人口学、地理学、管理学等领域取得了颇为丰富的成果，主要表现在以下几点：第一，对我国人口流动的基本问题多方位分析。包括移民属性（个体特征与经济特征）、迁移原因、主要流向迁入地与迁出地的基本情况及对其的影响。这有利于我们对于人口流动相关问题的整体把握。第二，对人口流动影响因素的多角度分析并得到了一些重要结论，有利于我们进一步分析迁移的原因，同时也解释了我国城乡差异的根本原因。第三，改革开放后我国人口流动分布的格局基本已被摸清。对现象的准确把握有助于对本质的探寻，人口流动格局的整体掌握有利于下一步对人口政策的制定。第四，认识了城镇化的规律，并明确了我国的城镇化与经济发展的关系，很好地把握我国城镇化发展的影响因素，以及城镇化未来的发展方向。第五，国内对人口流动的相关研究形成了多学科、多角度共同研究的态势。其中计量方法的运用以及 GIS 和遥感技术等现代地理技术已经被广泛应用。纵观国内文献关于人口流动的研究十分丰富，但面对人口流动新格局，尚未对人口流动与新型城镇化建设做出新的探索。已有文献中对于流动人口流动集聚的探讨主要基于全国层面或者单一城市群或省份等进行分析，对于中国人口流动各区域的具体新变化，尤其是传统农区人口回流现象深入研究、对各区域城市群进行比较性研究、总结城市群人口流动聚集格局规律的研究相对较少。这些趋势是推进新型城镇化战略、实施基本公共服务均等化、开展特大城市人口规模调控的客观基础。

（2）国内研究的改进方向

我国学界对人口流动的研究基于西方发达国家成熟的理论体系，并结合我国国情特点，取得了一定的成就。但在研究方面还存在着一些不足：第一，基础性的研究亟待加强。如统计口径的不一致、基础概念尚没有权威的定义，对城镇化的认识与统计造成了一定的影响。其中对于常住人口、流动人口、人口迁移、人口流动等没有清晰的界定，有待进一步统一。第二，对于个人、家庭等人口流动微观层面的全国或区域调查统计数据比较缺乏，这给人口流动研究造成了很大的困难。虽然我国每 10 年进行一次全国人口普查，中间年份有部分抽查，但全国系统性的人口流动数据只能从这两类人口调查中获得，各个省份也没有统一的人口流动数据收集出版材料，也就不能准确看到人口在各个区域流入、流出的情况，进而也就不能探究人口流动的过程。另外，随着全球化的程度日益加深，国际人口的迁移日趋频繁，但在这方面的统计与研究却十分薄弱。第三，较缺乏我国及我国某个区域人口流动趋势的预测。一方面对人口流动进行预测的研究比较少，仅从宏观的截面数据进行粗略预测的较多，欠缺历史的时间序列上的观察；另一方面人口流动的预测模型的探讨与人口流动预测分析的研究脱节。第四，在人口流动对城镇化的影响机制方面比较薄弱。一方面人口流动对流出地的影响研究较少，其中“回流”对流出地的影响研究更为缺乏；另一方面，人口流动对流入地的影响定量分析不足。第五，人口流动影响因素的研究仍需要进一步完善。一方面，学者们的总结大多数给出的人口流动的影响因素包括经济收入、就业机会、文化传统、年龄、受教育程度、户籍管理制度等，并未说明这些因素以何种强度影响着人口流动发生的量和质，还未得到很好的解决；另一方面，对于人口流动影响因素的探讨不仅需要宏观数据更需要大量微观数据的支持，目前这方面数据比较缺乏。第六，学界对人口流动的系列研究，较多关注全国的整体人口流动情况，尤其偏重人口的输入地东部地区，而对人口输出地的关注不够。作为典型人口输出地的河南省是一个大城市、大农村并存的典型传统农区，城乡二元社会结构突出，是中国社会经济发展的一个缩影。目前河南省人口流动出现了新的特点与趋势，那么研究和掌握河南省这样的典型农区的人口流动的特殊规律，既体现了发展经济学的新发展，又是对中国特色的人口城乡流动理论的补充和完善。

与西方发达国家相比，我国经济学界仍未将人口流动作为经济学的主流来研究。缺乏对人口流动问题的科学深入分析，使得对转轨时期的经济社会发展不能准确把握，从而造成了中国经济学研究效应的短期化、世俗化（蔡昉，2006）。人口学虽然较为关注人口流动现象，但是没有将人口流动与经济发展、社会变革有机联系到一起进行研究，仅仅研究流动人口，使得其研究没有说服力。本书综合了经济学、人口学、社会学、地理学等学科，对人口流动、人口迁移与流动人口进行了界定。利用全国历次人口普查、国家与省级统计年鉴与实地田野调查的资料与数据，根据人口流动时间序列上的特征，对人口流动的现状进行深入分析，并对人口流动进行了科学预测。从调研总结出农村劳动力“转得出”及在城市务工“进得去”“留得下”的影响因素，再根据实地调研与相关理论选定指标，通过设定回归模型，对人口流动的影响因素进行多元线性回归分析。最后总结出河南省人口流动的影响因素，即城镇化发展的影响因素。最后预判人口流动下的传统农区城镇化模式路径，从统筹城乡发展、促进农村劳动力顺利转移的角度对传统农区的城镇化提出政策建议。

二、城镇化文献综述

（一）国外城镇化相关研究

1. 城镇化基本理论

（1）区位理论

在区位理论中，城市表现为空间上社会生产的物质要素和物质的聚集。各种城镇和子系统构成社会和经济的大系统，其中城市的集聚效应是城市化的动因。区位理论分析了城市的分布形态和城市效应，其中包括了农业区位论、工业区位论和城市区位论。冯·杜能（Von Thünen）是农业区位论的代表学者，他在1826年发表的《孤立国》中通过地租、农产品与运输成本之间的差异建立了空间圈层布局。工业区位论的代表韦伯（Weber）在《工业区位论》（1909）中论述了如何选择与布局工业区位。克里斯塔勒（Christaller）是城市区位论的代表学者，他在《南部德国的中心地原理》（1933）中论述了城市作为中心地区对于周围的影响。区域城市等级分布等特点可以用中心地理论来说明。

（2）结构理论

结构理论是在分析城市就业与经济结构等方面建立起来的理论。刘易斯（W. A. Lewis，1954）建立了发展中国家两部门（传统部门与现代部门）经济发展模型。随后费景汉（John C. H. Fei）和拉尼斯（Ranis）对两部门模型做了修正得到“刘易斯—拉尼斯—费景汉”模型（Gustav，2004）。乔根森（Jorgenson）延续古典经济学，用了新的假定建立了人口城乡迁移模型，指出消费结构才是城市化的根本原因，等等。

（3）人口流动理论

人口流动相关理论已经在第一节中详细梳理。国外学者们从各个领域提出了一系列假说，如"推—拉"理论、人口迁移转变假说等都是城镇化的基本理论。

（4）非均衡增长理论

首次提出"增长极"理论的是法国经济学家佩鲁（Perroux）。他指出一些主导产业发展有聚集经济活动的功能，并能够辐射带动周边产业和地区。后来美国的经济学家弗里德曼（Friedmann）延续了佩鲁的研究视角，提出"中心—边缘"理论。目前学界研究的增长极已经与佩鲁的增长极有很大不同。现在的增长极赋予了更多地理特性，是地理上的"极化区域"。经济增长极分为产业增长极与区域增长极。

2. 国外城镇化模式相关研究

城镇化模式是在社会、经济结构转变过程中，随着城市化动态演进表现出的相对静止稳定状态和连续变动状态的系统结构、动力机制、内容特征的总和。布赖恩·贝利（Berry Brain J. L.）的《比较城市化：20世纪的不同道路》通过对世界各国的城市化道路的对比观察，指出由于各国的国情不一样，城市化道路都各有特点。

（1）静态城镇化模式

在对国外城镇化模式的归纳中，将着重从城市结构功能角度研究城镇化模式的归为静态城镇化模式。静态城镇化模式往往忽视对城市化动因的探讨。其中包括六种具体模式：第一，同心圆模式，代表人物是 E. W. 伯吉斯（Burgess）与巴布科克（Babcock），他们认为城市发展模式是以圆心向外围扩散的过程；城市主要沿交通主干线分布；第二，扇形模式，代表人物是 H. 霍伊特（Hoyt），他认为城市的模式总是从市中心向外沿、从主要交通干线或沿阻碍最小的路线向外延伸；第三，多核心模式，代表人物是 C. D. 哈里斯（Harris），他认为越是大城市其核心就越多、越专门化；行业区位、地价房租、集聚利益和扩散利益是导致城市地域模式分异的因素；第四，理想城市模式，代表人物是 E. J. 塔佛（Taffe）、B. J. 加纳（Gaener），他们认为城市由中央商务区、中心边缘区、中间带、外缘带和近郊区组成；第五，区域城市模式，代表人物是 L. H. 洛斯乌姆（Russwurm），他认为城市由城市核心区、城市边缘区、城市影响区和外缘带组成；第六，大都市模式，代表人物是穆勒（Muller），他认为城市由衰落的中心城市、内郊区、外郊区和城市边缘区组成。

（2）动态城镇化模式

在各种城镇化模式中，注重从城市动力机制方面探讨的归为动态城镇化模式。动态城镇化模式主要有四种：第一，周期性模式，代表人物是科曾（Cozen），他认为城市化呈现为加速期、减速期和静止期三阶段的特征；第二，要素运动模式，代表人物是埃里克森（Erickson），他认为城市结构模式的扩散分为三个阶段：外溢——专业化阶段、分散——多样化阶段、填充——多核化阶段；第三，差异化城市模式，代表人物是盖伊尔（H. S. Geyer）、康图利（T. M. Kontuly），他们将城市分为大中小三类，城市的净迁移量随着时间不断变化；第四，城市发展阶段模式，代表人物是霍尔（P. Hall），他指出城市的发展规律为从兴起到稳定发展到衰落，然后再次进入新的周期。

（二）国内城镇化相关研究

1. 国内城镇化研究综述

由于我国的城镇化较西方国家起步晚，学界关于我国城镇化的相关问题的研究始于新中国成立后，随着我国经济的迅猛发展与城镇化的快速推进，国内外学者对我国的城镇化问题越来越关注。从吴友仁 1979 年发表的“关于中国社会主义城市化问题”开始，我国的城市化相关研究进入快速发展时期。学界对我国城镇化研究的主要成果集中在中国城镇化动力机制、城镇化进程、城镇体系、城镇化与经济发展、城镇化模式等领域。

（1）中国城镇化动力机制

对于中国城镇化动力机制的探讨，我国学者借鉴了国外经典的人口流动动力机制的理论，并结合新自由主义经济学、新制度经济学、新经济地理学等学科的研究进展。①我国产业结构变革促进了城市化发展，而城市化的发展对某个区域的产业结构起到了支撑、拉动的作用，二者是互动关系（李诚固、郑文升等，2004）。我国城镇化的动力机制是城市工业化、农村工业化以及人口城乡迁移（苗长虹，1998；樊杰，1998；崔功豪、马润潮，1999）。从改革开放开始，我国的城镇化是在城乡二元结构背景下与工业化相伴而生的（顾朝林，2004）。②人口流动迁移推动了城市化的进程（蔡建明，1990；顾朝林，1999），“民工潮”现象动摇了我国长期存在的二元结构，进一步促进了城市化进程（张索兰，1997）。人口的大量流动使得就业结构转换也成为促进我国城市化的因素（李诚固，2009）。③多元城市化动力机制，如内因与外因、要素流动、制度政策、教育等方面（张文新，2003；许抄军等，2007）。④探究黄河流域新型城镇化协调发展水平及动力因素。黄河流域新型城镇化协调发展水平较低；黄河流域新型城镇化协调发展水平时空分异特征明显，全流域新型城镇化协调发展水平具有空间相关性，呈现“高—高”集聚和“低—低”集聚的特征；外源动力、内源动力、政府动力和市场动力共同推动了黄河流域新型城镇化协调发展（李豫新，2022）。

（2）中国城镇化进程

学者们结合城市化水平、经济社会等因素对我国城镇化进程进行研究，将城镇化进程划为几个阶段。虽然划分标准与阶段数量不同，但转折点都为改革开放，其中1990年是又一个转折点（周一星，1999；叶嘉安，2006）。1949—1978年，我国的城市化发展缓慢（王嗣均、韩常先，1986）。1964—1978年，我国的城镇化建设主要在中小城市，大城市控制人口（周一星，1986）。改革开放后，我国的城镇化开始加速发展（赵士修，1996）。但陆大道和姚士谋（2007）认为1996—2005年我国的城市化没有遵循市场发展的规律，出现了“冒进”现象。

（3）中国城镇体系研究

国内学者对我国城镇化研究的一个重要方向就是城镇体系。关于城镇体系的研究有以下几个方面：城镇体系的空间结构、城镇体系的规模结构（宋家泰，1988；王力，1991；陈皓峰，1990；丁烈云，1989）。地理学广泛进行了关于一个区域城镇体系的实证研究。顾朝林（1992）对我国的城镇体系的起源、发展组织形式结构、空间特征和职能结构等问题进行了详细的科学论述。孙盘寿等针对我国发达沿海地区的城镇体系进行了分析，指出了这些地域城镇体系的特征（孙盘寿，1984；刘继生，1998）。

（4）中外城镇化比较

20世纪90年代后，随着我国城市化研究的不断推进，通过对中外城市化的比较寻求经验并指导我国城市化发展的文献越来越多。表现为：一方面深入探讨城市化理论。结合城市社会学、城市地理学等学科对城市化进行全方位研究。另一方面，借鉴国外的城市化进程（李玲，1986）、逆城市化（黄小花，1997）、发展趋势（沈建国，2000）等与中国进行对比，总结经验，其中有对于美国城市化的相关问题的总结探究（赵十修，1993；徐和平，2006），对于日本城市化发展、趋势的研究（吴继武，1992；王德，2004），加拿大城市化问题总结（翰笋生，1995），法国城市化问题研究（黄序，1997），韩国城市化研究（简新华，1997），郊区化研究（唐晓阳，1994）等。

（5）区域城镇化

区域城镇化研究一直是国内学者关注的重点，但主要集中在对东部发达地区的城镇化的相关研究，对中西部地区的研究比较少。珠三角地区城镇化相关研究涉及城镇化的动力（钟逢干，1993；陈德宁，2004）、战略（沈建法，2006）、城市边缘地带（郑艳婷，2003）等；长三角区域城镇相关研究涉及城市化推进中土地征集（李加林、徐继琴，2007）、战略（段进军，2002）、区域城镇化区别（王志宪，2003；朱传耿，2006）等。西部地区的城镇化研究在西部大开发的指引下开始活跃，如西部城镇化战略与政策建议（官卫华等，2002）、制度（高云虹，2006）等问题。中部地区的城镇化研究有山西（张复明，2000）、江西（章定富，2003）、安徽（予世伟，1988）、河南（耿明斋，2013）等。对于中部地区的分析仍仅局限在城市化的特征、水平及影响因素等方面，对其城镇化模式的研究尚空缺。

2. 国内城镇化模式相关研究

模式研究旨在从事物复杂运动方式上总结规律，进而对事物进行分析。通过总结模式进而分析城镇化，已经在学界被广泛关注。一大批学者将模式的研究运用到城镇化的研究中，通过城镇化模式的探寻把握城镇化的规律与特点，以期能以城镇化模式为基准指导城镇化的建设。城镇化模式的探讨开始于世界各地区城镇化道路的比较分析。通过对发达国家和地区经历的城镇化道路的总结，发现共性规律与特异性特征，进而提炼对城镇化模式的探讨。

（1）城镇化模式类型

自从20世纪80年代中期著名社会学家费孝通先生提出中国应重点发展小城镇的观点以来，关于中国城镇化模式选择的争论从来没有停止过。我国学者们分别从各个角度、不同标准对城镇化模式做了不同类型的划分。一方面，通过总结西方发达国家城镇化进程的规律，按城镇化与工业化的关系，将城镇化模式分为滞后、同步、过度城镇化（简新华、黄锟，2010）。按城镇化在空间分布上的特征，分为集中型与分散型城镇化。按资源利用的效率，分为集约型与粗放型城镇化。根据城镇化主导的主体，划分为以市场为主导的城镇化模式和以政府为主导的城镇化模式。另一方面，通过总结我国城镇发展的实践与探索，按城镇规模，分为小城镇模式，大城市、超大城市模式，中等城市模式与“大、中、小”共同发展的城市化模式。根据城镇化推动力的主体，划分为自上而下的城镇化模式与自下而上的城镇化模式（辜胜阻、易善策等，2009）。按区域城镇化发展的特色，分为珠三角模式（以外资推动、外向型经济发展为主动力的城镇化模式）、苏南模式（以政府推动的公有制经济为主体，乡镇工业发展为主导的城市化模式）、温州模式（以分散的个体经济和民营经济为主导的小城镇发展的模式）、天津模式（乡政府组织的用宅基地换房，并集中居住，然后利用土地集中集约产生的产业为农民就业提供保障）、成渝模式（大城市带动大农村，城乡一体化）等（吴盛汉，2008）。

与国外学者对城镇化模式的研究相比，国内学者更加注重对中国不同时期城镇化发展模式的研究。我国的城镇化模式研究主要集中在两个方面。一是静态城镇化模式，包括：集中块状结构类型、连片放射结构类型、连片带状结构类型、双城或多城结构类型、分散型模式、一城多镇结构类型、带卫星城的大城市结构类型、圈层模式、飞地模式、轴向填充模式、带状扩展模式等。二是从城市规模结构的模式探讨，这也是我国学者一直关注的动态城镇化模式，分为小城镇优先发展模式、大城市优先发展模式、中等城市模式与“大、中、小”共同发展的城镇化模式。基于本书对于城镇化模式的关注角度，下面主要集中介绍规模结构角度的城镇化模式，这种模式主要从城镇化与经济增长、人口流动的角度对城镇化战略进行分析（周振华，1995）。

第一，小城镇优先发展模式。小城镇模式是基于“推—拉”理论提出来的，意在优先发展小城镇。20 世纪 80 年代中期著名社会学家费孝通先生提出中国应重点发展小城镇。中国的大城市容纳不了农业部门剩余的全部的劳动力，人口转移应先流向小城镇，小城镇应被集中发展（周民良，2005）。我国也在 80 年代实行了一系列小城镇模式的政策，学界开始集中讨论如何发展小城镇。张雷声（2003）指出小城镇的规划和布局应该与乡镇产业发展结构结合。其中选择小城镇道路的理由是“大城市饱和说”（国风，1998）和“发展小城镇是必然”（胡少维，1999）。

第二，大城市、超大城市（城市群）优先发展模式。大城市、超大城市模式与城市群模式是基于集聚经济理论提出的，意在优先发展大城市、超大城市和城市群。在改革开放后的前 20 年中，小城镇模式确实对我国的经济社会发展起到了一定作用，但小城镇化所带来的弊端逐渐凸显（何景熙，2003；李富田，2010）。随着人口大量向城镇涌入，大城市模式被广泛接受。大城市、超大城市对经济要素的集聚效应促进了城市经济的高度发展，与此同时大量的外来人口也为城市提供了更大消费市场和劳动力供给。大城市、超大城市的发展辐射带动周围的卫星城镇，进而推动整个地区的经济发展。王小鲁（1999）认为城市的规模越大带来的经济集聚效应越高，随之带来的科教文卫等的机会就越多，外部效应也越大。他后续研究指出城市人口为100万~400万时，其城市规模效益最优越；于晓明（1999）认为就规模效益角度来说，大城市优于小城镇，中国应该走大城市之路（王小鲁，2010）；程必定（2012）从人口流动和结构转换的角度分析了城市化经历的不同阶段。杨波（2006）通过分析我国城市化所处的阶段，认为我国区域差异很大，除了北上广进入城市化后期之外，我国大部分地区都处于城市化初期或中期阶段，应走大城市模式。一些学者从城市空间角度出发，提出区域一体化应采用城市群或城市连绵带模式发展（安虎森、陈明，2005；段禄峰，2009；周民良，2010）；何景熙（2005）从西南地区的特点出发，指出建立西安—咸阳—宝鸡、成都—德阳—绵阳都市圈；吴福象等（2013）通过分析指出城市群对长三角地区的经济起到了越来越重要的作用；针对“城市病”质疑大城市模式，张秉忱（2010）研究指出“城市病”与城市规模大小无关。

第三，中等城市模式。在优先发展大城市与小城镇都出现了现实中的弊端后，一些学者提出了优先发展中等城市模式。他们认为我国中等城市模式既不会浪费耕地，同时也不会造成社会资源的浪费和环境污染，所以中国应重点发展中等城市（刘纯彬，1998；宋书伟，1998）。

第四，“大、中、小”共同发展的城镇化模式。2005年之后，随着人口大量流入大城市，大城市出现了城市基础设施不足、环境污染等“城市病”。李梦白（1994）指出“大、中、小”共同发展的城市模式适应了我国的基本国情，既是对我国城市建设过程的经验总结，又是在总结世界发达国家城市化的情况后得出的科学发展道路。我国应从国情出发采取多元化发展模式，即大、中、小城市协调发展模式（周复多，2010）。

近年来，学界提出了新型城镇化模式以及从统筹城乡发展角度对城镇化模式探讨。一些学者提出“就地城镇化”（潘海生、曹小峰，2010）。张艳明等（2009）通过对浙江省发展比较好的村庄进行调研，得出城市郊区城镇模式有“产业集聚型”“商贸市场型”“旅游特色型”。仇保兴（2008）指出我国应发展新型城镇化模式，即注重效率与质量的“C模式”。目前多集中城镇化模式的设想与概念描述，尤其是新型城镇化模式的探讨，动力机制与模式选择的依据的分析研究不足。考虑到城镇化区位理论，学界也有一部分针对不同区域的城镇化模式的探讨。一些学者通过经验分析，指出在我国的经济社会转型时期，中国的东部与中西部的城镇化模式应该不同（蔡昉、都阳，2003；辜胜阻，2010）。

（2）城镇化模式的影响因素

城镇化的模式道路不是人为选择的结果，而是在一定条件影响下自然形成的，影响因素包括自然地理、人口、经济与政策制度。城镇化模式与特定区域条件、特定时期下的经济水平和文化历史相关（毛蒋新、薛德升，2006）。也有学者指出，宏观的城镇化模式受一个国家或地区经济、政治与历史文化影响，微观的城镇化模式受资源、区位、个体偏好等影响；一部分学者还将城镇化模式形成的因素做了专项研究，指出城镇化模式的主要力量是经济发展，内在力量是产业升级，自然力量是城市的效应，政策和市场共同形成了制度力量（周英，2006）。安虎森（2007）用函数分析了经济发展对城镇化模式的影响。有学者则认为自然地理因素往往决定着城市化模式到底选择大城市还是小城镇模式（尚启军，2007）。陈升军（2003）指出制度因素最终影响着城镇化模式。这些影响因素决定了城镇化模式的动力机制，形成了不同的城镇化模式。而在不同时期，这些影响因素对城镇化的影响程度也不一样。

通过前人的研究总结出影响城镇化模式的因素主要有区位、产业结构、人口和经济发展水平。第一，区位。区位因素对于城镇化模式的影响表现在其地理形态、自然资源、气候、交通等。纵观世界城市发展历史，大城市或城市密集区一般都产生于区位条件好的地区。第二，产业结构。产业结构对城镇规模的影响非常大。一般大城市的产业结构更加合理，并且第三产业占比较高。另外我们可以看到，工业产业的不同部门对城市规模影响不一样。就制造业而言，制造业比重大的城市一般规模都较大。第三，人口。人口向某个城市的集聚情况，决定着这个城市的规模。可以说城市未来的人口存量是城市规模的一个决定性因素。人口向某个城市移动体现了这个城市的经济实力和产业结构合理。劳动力作为经济要素中最为活跃的因素之一，其流向也从侧面反映了经济要素的各个方面在某个地区聚集的情况。人口流动中的特点与制约因素也深刻影响城镇化模式的选择。第四，经济发展水平。经济发展水平从根本上决定着城市的现有规模与未来发展，与此同时，城镇化的发展也会对经济发展发生影响。随着经济增长，城市中第二、第三产业的增加和聚集使城市能够吸引更多农业剩余劳动力，从而城市的规模不断扩大。大城市更有利于发挥规模效益并促进分工等，从而进一步推动经济发展。

因此，一个国家或地区的城镇化模式应该根据不同的情况选择不同的模式，而不能照抄他地的经验，否则造成的后果就是城镇体系和规模与实际情况出现断层，城镇化也不能顺利进行。不同地区的发展条件不一样，城镇化模式也有差异。城镇化模式不能一成不变，必须根据实际情况适时调整。对于城镇化模式的研究，应该建立在对城镇化内在规律的正确认识上，并用动态的思维分析城镇化模式选择。城镇化模式基于要素流动集聚理论，从动态和静态的角度进行总结，静态方面指人口与城镇体系空间结构与层次结构，动态方面指城镇化的动力机制。空间结构指各个城市之间的各自方位、规模的关系，层次结构指各个城市之间的规模格局。

（3）城镇化模式的选择

有的学者认为城镇化涉及诸多问题，必须全面分析各个因素才能确定具体城镇化模式的选择（曹宗平，2005）。也有学者建议各个区域城镇化模式应该根据自身地理区位、产业结构与历史文化的因素选择不同的城镇化模式，城镇化模式不是一成不变的（金丽国、侯远志，2002）。赵光瑞（2007）全面分析了日本城镇化的规律与中国的差异，指出城镇化模式的选择需考虑内在动力和影响因素，城镇化模式必须符合基本规律，但形式不用固定。曹宗平（2005）通过分析指出不同区域的特质造成城镇化模式的差异性。盛广耀（2008）指出在评价城镇化模式是否合理方面，主要看城镇化模式与经济发展规律和条件是否适应。同时，他指出城镇化模式的选择是动态的，一个阶段的经济社会特征下选择的城镇化模式要随着经济社会发展而改变。

从全世界城镇化历程来看，城镇化模式都是基于自身背景并遵循城镇化发展规律而形成的。选择城镇化模式要根据自身具体情况：首先，让市场充分发挥作用。杨小凯、霍宾（1990）通过一个城市分层模型证实如果不以市场规律为指导，将会受到惩罚，其中我国20世纪六七十年代所选的城镇化模式就是明显的例证。其次，选择的城镇化模式应与工业化相适应。城镇化与工业化互动中，工业化为城镇化的发展提供经济支撑，城镇化为工业化发展创造良好空间依托。其中产业结构的递次升级和企业的规模化专业化发展起着决定性作用（叶裕民等，2004）。工业规模扩大推动城市的发展，在工业化的基础上，第三产业的形成和发展也极大地推动了城市规模与生产方式的扩大。没有发达的工业做基础，城镇化的发展是畸形的。因此选择城镇化模式应该考虑工业化发展状况，选择适合的工业化发展模式。再次，选择与人口流动特点相适应的城镇化模式。根据要素流动集聚理论，劳动力作为经济要素中最为活跃的因素之一。从人口流动角度分析城镇化模式，一方面是尊重市场中要素流动的规律，充分考虑了市场的主导作用；另一方面在工业化有一定基础的地区，人口往往在产业支撑下流动。因此，从人口流动的角度对城镇化模式的选择，可以说是尊重了市场的选择与工业发展的因素。所以从人口流动的角度对城镇化模式进行探讨具有重要的现实与理论意义。

（三）国内外研究的评述

1. 国外研究评述

城镇化相关理论主要源自国外，关于静态与动态城镇化模式的研究比较成熟，但也存在一些不足。第一，国外学者多从城市的变化规律及动力方面研究城镇化模式，那么这样的研究对于城市结构没有足够的重视。第二，国外学者对于城镇化影响因素中的制度因素关注不够。尤其在发展中国家城镇化模式选择的关键因素比较偏重其制度原因。第三，国外研究城乡城镇化问题，很少关注发展中国家的特殊城乡结合问题。

2. 国内研究评述

（1）国内研究成果

国内学者对城镇化及城镇化模式的研究取得了一些重要成果，对推动我国城镇化建设起到了积极的作用，首先，很好地梳理了国外不同国家或地域的城市化发展历程与特征；其次，总结了不同国家或地域城市化模式的差异；再次，揭示了不同城镇化模式的动因及影响因素；最后，根据我国的历史进程，结合制度政策初步探讨了我国的城镇化模式的类型及选择。

（2）国内研究改进方向与本研究的视角

国内学者对于城镇化及其模式的研究也存在许多缺陷。第一，对于城镇化模式的比较与定性分析比较多，但对于城镇化模式的定量分析比较薄弱。第二，对于中国特色的城乡人口流动下的城镇化理论的创新比较少。第三，城镇化的外在特征分析比较全面，而对于城镇化模式的动因及理论研究不足。第四，对城镇化模式选择的依据和影响条件研究不够深入。国内学者关注我国该采取什么样的城镇化模式，而对于选择依据与影响城镇化模式选择的条件的研究不够深入。第五，对我国城镇化相关问题的研究，大多偏重人口输入地即经济与城镇化发展较快的区域，而对人口输出地的研究比较少。第六，对于城镇化模式的静态研究偏多，忽视了城镇化模式的动态性。第七，在城镇化模式的影响因素分析中，偏重于经济因素、产业因素对城镇化道路选择的影响，对于人口流动在城镇化模式选择中的重要作用研究不足。

三、小结

城镇化就是不断的资源优化配置的过程，如果走了错误的城镇化道路，社会资源就不能实现优化配置。目前我国城镇化与世界城镇化发展的差距侧面显示了我国要素流动与配置存在巨大的潜力。如果能顺应城乡部门间经济要素流动的合理配置，必然能使经济快速增长，进而推动城镇化的快速发展。其中城镇化的重要内容和表现就是推进人口流动，人口流动不仅改变城镇化率，也调整了城乡的劳动力配置，这有利于分工与技术进步，最后促进经济的发展。各领域对于人口流动问题的研究主要包括流动人口的人口属性、人口流动的影响因素、人口流动对经济发展的影响等。但将人口流动作为切入点，通过对区域人口流动的动态分析，将人口流动的结果作为依据探讨城镇化道路与模式的研究极少。而中国的人口流动现象将长期延续，对于人口流动视角下城镇化发展的研究具有重要的实践意义。

城镇化是推动经济增长的主导力量，西方经济学关于城市演进的理论主要有分工演进、推—拉作用和集聚经济理论。国内学者在这三个主要理论的指导下，对不同国家和地区城镇化过程进行了总结和理论提炼，进而演化为对城镇化模式的研究（盛广耀，2011），其中多关注于城市规模与城市体系建设（陈晓梅，2012）。自从 20 世纪 80 年代中期著名社会学家费孝通先生提出中国应重点发展小城镇的观点以来，关于中国城镇化模式的争论从来没有停止过。新世纪以来，随着人口大量流入大城市，学者们对大城市效率优势的认识越来越清晰，主张发展大城市的观点得到了更多的认同（王小鲁，1999；赵晓斌等，2002）。2005 年以后，人口向大城市集聚所带来的“城市病”开始显现，学界又提出了“大、中、小合理城镇体系”的城镇化模式（Wang，2006；殷江滨、李郇，2012）。有学者通过分析指出中国城镇化应该因地制宜，不能千篇一律，东部与中西部的城镇化模式必然产生显著差别（蔡昉等，2003；杨波等，2006；辜胜阻等，2010）。也有学者通过分析进一步指出中部地区城市集聚效应的潜力高于东部地区，中部通过承接产业转移及增大城市规模来发挥城市的集聚效应，中部地区将会是我国推进新一轮新型城镇化的巨大势能所在（WU et al.，2011）。但目前这种城镇化模式的探讨，多集中于概念性和设想。对于城镇化模式的研究，应该建立在对城镇化内在规律的正确认识上，并用动态的思维分析城镇化模式选择（王小鲁，2010）。而劳动力作为经济要素中最为活跃的因素之一，对城镇化模式的动态选择具有重要的指导价值。本书从典型农区人口流动的角度探讨区域城镇化模式，既补充和完善了我国特殊的城乡人口流动理论，也丰富了我国城镇化理论。

综合以上城镇化模式的研究，研究城镇化应该建立在对城镇化内在规律的正确认识上，并且用动态的思维分析城镇化模式选择。必须适时地根据发展状况调整城镇化模式。城镇化模式受多种复杂因素影响，对其选择具有很大的复杂性。基于本书的研究，城镇化模式基于要素流动集聚理论，从动态和静态的角度进行总结，静态方面指人口与城镇体系空间结构与层次结构，动态方面指城镇化的动力机制。空间结构指各个城市之间的各自方位、规模的关系，层次结构指各个城市之间的规模格局。本书将传统农区作为中国一个城镇化的潜力点进行独特性研究，根据要素流动规律，尝试性地从河南省人口流动的现状特点出发，根据近年来常住人口分布的特点及对未来常住人口分布的空间结构与层次结构的预测，对人口流动的趋势进行预测，并对人口流动的影响因素进行计量分析，进而推测河南省城市结构形态，并最终对未来河南省城镇化模式及城镇化的战略对策进行探讨。

第三章

中国人口流动与城镇化发展的回顾与展望

在我国特殊的二元户籍制度背景下，我国的人口流动轨迹与西方发达国家存在很大差别，产生了中国特色的人口城乡与区域流动现象。也正是由于我国特殊的人口流动现象，在我国的工业化与城市化的发展中形成了具有中国特色的城镇化模式。新中国成立是我国城镇化的起点，但我国的城镇化开始迈入初级阶段是改革开放后。改革开放以来，随着向市场经济体制的转变，我国人口流动日趋活跃，流动人口规模呈持续增长态势。本章回顾了改革开放以来在区域经济增长下的我国人口流动与城镇化历程，梳理了我国不同阶段政策下的人口流动轨迹，分析了人口流动对城镇化及其模式产生影响的动态机制与新特点，并预测了人口流动与城镇化发展的新趋势。

一、中国人口流动的规模与流向

2020 年我国流动人口已达 3.76 亿人。人口流动给我国经济带来了巨大的活力，同时也加快了城镇化的进程。改革开放以来，中国快速增长的经济加速了人口的流动，流动的主要方向是从农村向城市、从欠发达地区向经济发达地区。其原因主要有：第一，政策和制度逐渐放开了对农民到城镇务工的限制，降低了农民向城市流动的风险；第二，随着我国经济的转型和工业化的发展，以及沿海劳动密集型产业在经济全球化背景下迅速发展，创造了旺盛的劳动力需求；第三，农业现代化提高了农业生产率，降低了农业对劳动力的需求；第四，人口转变在 20 世纪 90 年代首先在沿海地区和大城市完成，新生劳动人口因为长期的低生育率而逐渐减少，不能满足快速增长的经济发展需要。以上这些因素都使得人口大规模流动现象产生。

改革开放以来，我国城镇化率与城镇人口变动情况如图 3-1 所示，1978—2020 年我国的城镇化率从 17.92%提高到了 63.89%，每年提高约 1.1 个百分点，增长速度非常快。随着城镇化的快速推进，我国城镇人口也快速增长，由 1978 年的 17245 万人增长到了 2020 年的 90220 万人，年均增长率为 4.12%。但与世界发达国家相比差距仍然很大。我国的城镇化远落后于工业化，目前相当于日本 20 世纪 70 年代、美国 20 世纪 50 年代的城镇化水平。图 3-2 为改革开放以来我国城乡人口构成变动情况，可以看出，随着城镇化的不断推进，我国城镇人口不断增长，农村人口呈下降趋势，即我国城镇化中人口流动模式主要为人口城乡迁移。

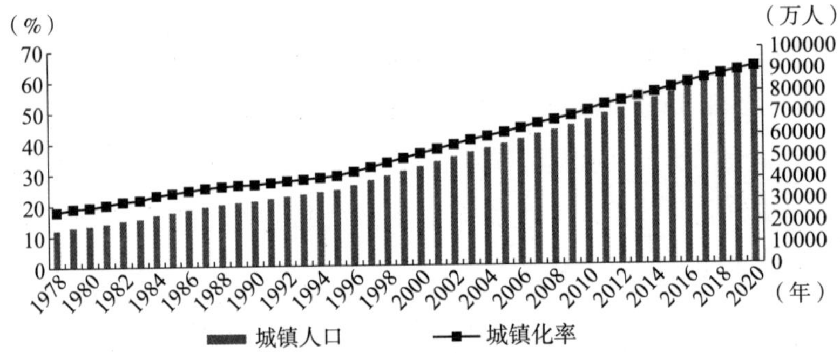

图 3-1 1978—2020 年中国城镇化发展历程

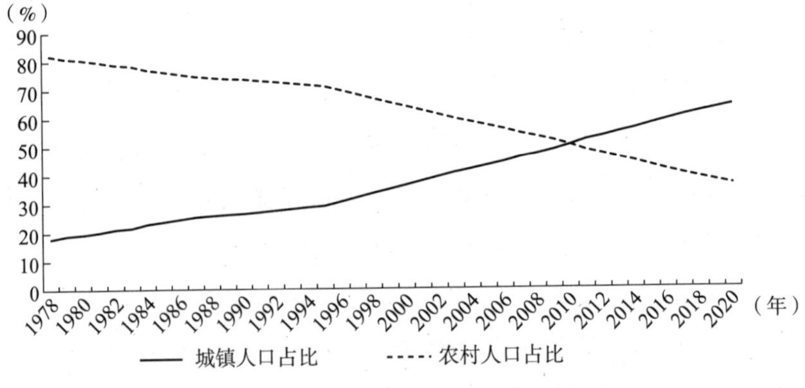

图 3-2 1978—2020 年中国城乡人口构成

（一）中国人口流动的规模变化

改革开放后的40多年中国流动人口规模持续增长。1982—2010年，我国流动人口从0.07亿人激增到2.21亿人，流动人口占比（占全国总人口）达到16.5%。2012—2019年，我国流动人口保持在2.4亿人左右。值得注意的是2020年根据第七次全国人口普查，流动人口增长特别迅猛，同2010年第六次全国人口普查数据相比，增加了1.55亿人。而在2015—2019年流动人口甚至出现了连续的负增长，却在2020年第七次全国人口普查时有一个反向跳跃，此时流动人口占比（占全国总人口）达到26.63%。特大城市诸如上海、广州和北京等地的常住人口中，大约有40%的流动人口。流动人口的主力是年轻劳动力，他们从农村流动到城市。

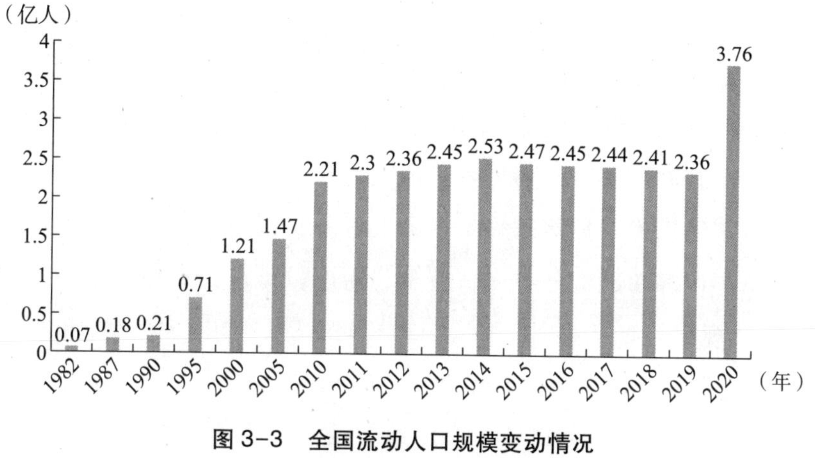

图3-3 全国流动人口规模变动情况

数据来源：根据1982年第三次全国人口普查、1987年全国1%人口抽样普查、1990年第四次全国人口普查、1995年全国1%人口抽样调查、2000年第五次全国人口普查、2005年全国1%人口抽样调查、2010年全国第六次全国普查、2020年全国第七次普查数据等计算。

（二）中国人口流动的空间分布

人口流动的根本驱动力是区域之间的经济差异，随着我国改革开放后经济格局的改变，中国人口流动的主要方向一直是从中部、西部向东部流动，从三大区域各个时期的流动人口规模就可以看出。表 3-1 为三大区域[①]分布的流动人口情况，全国大部分劳动力流动在 20 世纪 80 年代和 90 年代前期，主要发生在珠三角地区。流入人口规模至今仍在全国居首位的是广东省，其中东莞、深圳、中山等其他东部城市的流动人口数量占比 50%以上。人口流动的地域特征也随着各地经济形势的变化正在发生变化。长三角地区（包括上海、江苏、浙江）在 90 年代以后吸纳了越来越多的流动人口，与珠三角和京津冀一起跻身于人口输入地前三位。20 世纪末期开始，珠三角地区流入人口增长速度已经落后于长三角地区，长三角地区以浙江省最为明显，流入人口增长幅度最大。在 2010 年进行的全国第六次人口普查中珠三角、长三角、京津冀三大都市圈集中了主要的流入人口。尽管目前来看，广东省仍保持流入人口最多，但吸引流动人口的能力已明显减弱。

人口流动的主要动力源于区域自然环境条件的优劣及经济社会发展的不平衡，中国自然环境结构的区域差异及区域经济社会发展的不平衡，决定了改革开放以来中西部欠发达地区人口主要向东部发达地区迁移流动的基本区域模式。长期以来，中国人口分布以东部地带规模最大、密度最高，中西部两地带分布人口较少、密度较低。人口流动的空间分布也呈同样规律。如表 3-1 所示，2000 年以来，东、中、西部三大地带[②]跨省流入人口以东部地带最多，占全国跨省流入人口 75%以上；西部地带居中，占 13%～15%；中部地带最少，占全国跨省流入人口的 10%以下。与全国人口流动规模日趋增大一样，东、中、西部三大地带跨省流入人口规模亦均呈明显增大趋势，如 2010 年比 2000 年分别增长

---

① 三大区域是指东部、中部、西部。东部包括北京、天津、河北、辽宁、上海、江苏、浙江、福建、山东、广东、广西；中部包括山西、内蒙古、吉林、黑龙江、安徽、江西、河南、湖北、湖南；西部包括四川、贵州、云南、西藏、陕西、甘肃、青海、宁夏、新疆。

② 根据中国“七五”规划时对东、中、西三大地带的划分，东部地带包括辽宁、北京、天津、上海、河北、山东、江苏、浙江、福建、广东、广西、海南 12 个省（市、自治区），中部地带包括黑龙江、吉林、山西、内蒙古、安徽、河南、湖北、湖南、江西 9 个省（自治区），西部地带包括重庆、四川、云南、贵州、西藏、陕西、甘肃、青海、宁夏、新疆 10 个省（市、自治区）。

了2.11倍、1.69倍和1.86倍，东部地带跨省流入人口增长最快，西部地带次之；2020年比2010年分别增长了0.35倍、1.05倍和0.69倍，又以中部地带增长最快，西部地带仍居第二位。总体来看，在2000—2020年的20年间，东、中、西部三大地带的跨省流入人口规模比2000年分别增长了1.85倍、2.47倍和2.14倍，以中、西部地带增长较快，东部地带增长最慢。考察三大地带跨省流入人口所占比重的变化可知，在2000—2020年，东部地带占比由小增大，之后又减小；中、西部地带占比则由大减小，之后又增大。三大地带跨省流入人口的分布，以2010年差异最大，2020年差异最小。这意味着在一定程度上，2000年以来随着西部大开发战略和中部崛起战略的实施，东、中、西部三大地带经济社会发展的差异，以及受其影响的流动人口的分布均呈渐趋相对均衡的态势。

表3-1 全国流动人口在三大区域的分布

地带	跨省流入人口规模（万人）			跨省流入人口占全国比重（%）		
	2000年	2010年	2020年	2000年	2010年	2020年
全国	4241.86	8675.75	12483.70	100.00	100.00	100.00
东部	3315.96	7008.97	9465.97	78.17	80.79	75.82
中部	328.06	554.27	1138.15	7.73	6.39	9.12
西部	597.83	1112.52	1879.60	14.10	12.82	15.06

数据来源：根据2000年第五次全国人口普查和2005年全国1%人口抽样调查、2010年全国第六次全国普查、2020年全国第七次全国普查整理所得。

中国流动人口的主体是我国广大的农民工，农民工的空间分布也可以反映出我国人口流动的空间分布。为准确反映全国农民工规模、流向、分布、就业、收支、生活和社会保障等情况，国家统计局2008年建立农民工监测调查制度，在农民工输出地开展监测调查。调查范围是全国31个省（自治区、直辖市）的农村地域，在1527个调查县（区）抽选了8930个村和23.5万名农村劳动力作为调查样本。采用入户访问调查的形式，按季度进行调查。那么就从历年农民工的监测调研报告总结出近年来我国农民工的增长与流动趋势，如表3-2所示。

表 3-2 全国农民工在三大区域的分布（万人）①

年份	东部地区	中部地区	西部地区	东北地区	其他地区
2016	15960	5746	5484	904	77
2017	15993	5912	5754	914	79
2018	15808	6051	5993	905	79
2019	15700	6223	6173	895	86
2020	15132	6227	6279	853	69

数据来源：根据 2016—2020 年国家统计局公布的《全国农民工监测调查报告》整理所得。

从历年《中国农民工监测调查》的输入地看，2017 年在东部地区务工农民工 15993 万人，比上年增加 33 万人，增长 0.2%，占农民工总量的 55.8%；在中部地区务工农民工 5912 万人，比上年增加 166 万人，增长 2.9%，占农民工总量的 20.6%；在西部地区务工农民工 5754 万人，比上年增加 270 万人，增长 4.9%，占农民工总量的 20.1%；在东北地区务工农民工 914 万人，比上年增加 10 万人，增长 1.1%，占农民工总量的 3.2%。2018 年在东部地区务工的农民工 15808 万人，比上年减少 185 万人，下降 1.2%，占农民工总量的 54.8%。在中部地区务工的农民工 6051 万人，比上年增加 139 万人，增长 2.4%，占农民工总量的 21.0%。在西部地区务工的农民工 5993 万人，比上年增加 239 万人，增长 4.2%，占农民工总量的 20.8%。在东北地区务工的农民工 905 万人，比上年减少 9 万人，下降 1.0%，占农民工总量的 3.1%。2019 年在东部地区务工的农民工 15700 万人，比上年减少 108 万人，下降 0.7%，占农民工总量的 54%。在中部地区务工农民工 6223 万人，比上年增加 172 万人，增长 2.8%，占农民工总量的 21.4%。在西部地区务工农民工 6173 万

① 农民工指户籍仍在农村，在本地从事非农产业或外出从业 6 个月及以上的劳动者；外出农民工指在户籍所在乡镇地域外从业的农民工；本地农民工指在户籍所在乡镇地域内从业的农民工。

中国农民工监测调查区域划分如下：东部地区包括北京、天津、河北、上海、江苏、浙江、福建、山东、广东、海南 10 个省（直辖市）。中部地区包括山西、安徽、江西、河南、湖北、湖南 6 个省。西部地区包括内蒙古、广西、重庆、四川、贵州、云南、西藏、陕西、甘肃、青海、宁夏、新疆 12 个省（自治区、直辖市）。东北地区包括辽宁、吉林、黑龙江 3 个省。

人，比上年增加 180 万人，增长 3.0%，占农民工总量的 21.2%。在东北地区务工农民工 895 万人，比上年减少 10 万人，下降 1.1%，占农民工总量的 3.1%。2020 年在东部地区务工的农民工 15132 万人，比上年减少 568 万人，下降 3.6%，占农民工总量的 53%。在中部地区务工农民工 6227 万人，比上年增加 4 万人，与上年基本持平，占农民工总量的 21.8%。在西部地区务工农民工 6279 万人，比上年增加 106 万人，增长 1.7%，占农民工总量的 22.0%。在东北地区务工农民工 853 万人，比上年减少 42 万人，下降 4.7%，占农民工总量的 3.0%。通过上述数据可以发现，中、西部地区农民工人数逐年增加而东部和东北部地区农民工人数逐年下滑，进一步说明中、西部地区对人口的吸纳汇聚作用在不断加强。

二、中国人口流动阶段性与城镇化模式

我国是一个典型的农业大国，表现为农村人口规模大，而土地有限。改革开放之前我国对人口城乡流动有所限制。随着改革开放的深入，农村剩余劳动力向城市流动成为不可阻挡的浪潮。我国不同时期的政策导向使得人口流动方向上不仅仅选择大城市，同时农村和乡镇企业聚集的乡镇也是农村剩余劳动力选择的地方。从新中国成立到 1962 年我国人口处于自由迁移阶段，但迁移的原因是自然资源匮乏。1962—1980 年我国出台的政策限制人口自由迁徙，是限制人口迁移阶段。这两个阶段均属于计划经济的产物，这里不详细分析。本书主要分析改革开放以后人口流动阶段性与城镇化模式的特点，总结各个阶段的人口流动与城镇化模式如表 3-3 所示。

表 3-3 改革开放后我国各个时期人口流动与城镇化模式

时期	人口流动	城镇化模式
1978—1990 年	附近短距离流动为主	小城镇主导下的“自上而下”的城镇化模式
1991—2000 年	长距离跨省迁移为主，主要流向大城市	大城市为主导的城镇化模式
2001 年至今	长距离跨省迁移为主，主要流向大城市，同时出现“民工荒”“回流”现象	统筹城乡关系下的“大中小合理城镇化体系”城镇化模式

（一）1978—1990 年，人口短距离迁移，小城镇模式为主

改革开放以来，我国确立了充满活力的市场经济制度，经济也随之进入了快速增长的时期。改革开放初期我国大城市的发展存在很多不确定性，因此发展农村工业和乡镇企业成为改革初期的重点。我国的一系列农业改革政策大大提高了农业的生产率，如家庭联产承包制在农村地区的实践。从 1978 年到 1988 年，我国粮食总产量增加了 1 亿吨，而与之相对应的粮食播种面积锐减 1.5 亿亩，每亩平均增产 75 斤。而且我国农业生产率的提高一方面为城镇提供更多农产品，另一方面为城镇提供更多的农业剩余劳动力。1978 年全国总人口数约为 96259 万，到 1992 年总人口数约为 117171 万，其年均增长 1.5%，其中城镇人口从 17245 万人增加到了 32175 万人，年均增长 4.9%。城镇化率由 1978 年的 17.9%升高到了 1992 年的 27.5%，年均增长 3.4%。1978—1990 年为我国城镇化的起步阶段。

1. 人口流动模式

人口短距离分散式迁移。随着农村工业化的快速发展，农村剩余劳动力开始了“离土不离乡”“进厂不进城”短距离迁移模式，主要流向附近小城镇。因为乡镇企业的大量涌现，乡镇成为农村剩余人口的流入地。改革开放以来中国人口迁移的变化态势主要表现为明显加快的人口迁移速度，不断增大的人口迁移规模。依据 1990 年人口普查和 1987 年、1995 年两次 1%人口抽样调查资料，中国人口迁移规模在经济体制改革以来的三个时期（1982—1987 年、1985—1990 年、1990—1995 年）分别达 305313 万、341218 万和 364216 万人，年均规模为 61017 万人、68216 万人和 72815 万人，其中省际人口流动年均规模约分别为 12613 万人、22113 万人和 23917 万人，这两个指标都呈现出人口流动激增的趋势。与此同时，对三个年份农村流出人口的统计显示，农村流出人口分别为 207610 万人、213011 万人和 217612 万人，年均规模为 41512 万人、42610 万人和 43512 万人。同样显示出了人口流动的强大势能（王

桂新，1998)。

2. 城镇化模式

小城镇模式为主。由于我国人口流动模式以短距离迁移为主，主要流向小城镇。促使我国的城镇化模式以小城镇为主，形成了“自上而下”的农村城镇模式。在这个时期的人口流动模式下我国城镇体系也发生了改变，学术界也开始大力提倡小城镇模式。小城镇道路成为我国城镇化战略政策体系中的重要内容。小城镇接收大量的农村剩余劳动力，很多地方出现了“农民城”。随着这一时期城镇化的发展，我国的新建镇迅速增加。1978—1996 年我国乡镇数量从 2173 个增加到了 18171 个。与此同时，我国东西部城镇化发展也开始拉开差距。东部地区的城镇化发展明显高于中西部地区，其根本原因在于农村工业化的发展程度。这个时期，我国优先发展小城镇模式下产生了许多农村工业化模式，典型的如：苏南模式，特点为集体经济是主导；珠江模式，特点为外向型经济是主导；温州模式，特点为家庭和专业市场为主导。

（二）1991—2000 年，人口长距离迁移，大城市模式为主

在改革开放后的 20 年间，小城镇模式为主的城镇化模式对我国的经济社会发展起到了重要的作用。但随着城镇化进程的进一步推进，小城镇为主导的城镇化模式产生了众多弊端。如，农村工业化导致产业集聚效应低下（崔功豪，1999）；农村粗放发展致使耕地严重流失，城镇化进程远落后于工业化进程，职业转移超前于人口流动转移（田明，2003）。小城镇模式下我国的乡镇企业资本快速积累，在资本密集度快速提高的影响下，乡镇企业吸纳农村剩余劳动力的能力不断下降。与此同时，从 90 年代开始，随着经济全球化的浪潮，我国全面开放格局形成。邓小平南方谈话及“十四大”后，我国进入全面建设社会主义市场经济体制时期。随着我国国营企业体制改革不断深化，一方面城市需要劳动力供给，另一方面农村剩余劳动力希望在经济收入高的地方就业。我国出现了庞大的“人口流动潮”，空间上表现为人口跨省、跨地区迁

移。随着人口大量流入大城市，学者们对大城市效率优势的认识越来越清晰，主张发展大城市的观点得到了更多的认同（赵晓斌等，2002）。我国的东南沿海地区，在其区位与经济基础的双重作用下，经济得到了快速发展。具有集聚效应的大城市成为吸引经济要素的主体。东南沿海地区在吸引外资的同时，也吸引了大量的农村剩余人口涌入。我国的人口流动格局表现为农村剩余劳动力流向城市，空间上主要流动格局为中西部农村剩余劳动力流向东南沿海大城市，从而形成了珠三角、长三角、京津冀等人口聚集的城市群。1991—2000 年为我国城镇化的稳步前进阶段。

1. 人口流动模式

人口长距离迁移。小城镇模式主导的农村工业与乡镇企业对人口的吸引能力有限，而城市尤其是东南沿海城市有更多的就业机会，所以城市成为这个时期农村剩余劳动力的主要选择。这个时期我国人口流动以长距离为主，由主要流向农村转为流向东南沿海大城市。我国的人口流动格局表现为农村剩余劳动力流向城市，空间上主要流动格局为中西部农村剩余劳动力流向东南沿海大城市。1982 年，10 个规模最大的城市吸纳了 11.86%的全国流动人口，1990 年这个比例上升为 17.04%，2005 年比例上升为 23.65%，大城市成为主要的人口流动流入地（段成荣，2009）。中小城市汇聚人口的能力减弱，尤其是中西部地区。人口流向大城市不仅为大城市提供了丰富的劳动力资源，还为大城市提供了庞大的消费市场。

2. 城镇化模式

大城市模式为主。大城市尤其是我国的东南沿海城市在新的人口流动模式下得到了快速发展，优先发展大城市成为我国主导的城镇化模式。我国的人口流动格局表现为中西部农村剩余劳动力流向东南沿海大城市，从而形成了珠三角、长三角、京津冀等人口聚集的城市群。1998—2008 年的 10 年间，人口数量为 100 万~200 万人的城市增加了约 2 倍，人口数量在 50 万~100 万人的城市增加了约 40%，而人口数量在 50 万人以下的中小城市则显著减少（王小鲁，2010）。流入城市的农村人口往往居住在城市的近郊区，因为这里的生活成本比较低，这样导致了城市郊区扩展，更加速了大城市的形成。庞大的流动人口穿梭于各个城市，成为区域之间的纽带，使得区域一体化格局化的城市群出现。人口流动极大地促进了城镇化水平的提高。

（三）2001 年至今，大、中、小城镇协调发展模式

在我国特殊的二元户籍制度下，大规模的人口涌入城市，在促进城镇化的同时也出现了一些弊端，一方面农村剩余人口转入城市不能享受同等的社会福利和公共服务，很难成为真正的市民，另一方面城市呈现的是“城中村”的半城市化状态（刘世锦，2010）。2005 年以后，人口向大城市聚集所带来的“城市病”开始显现，与此同时，我国的人口流动格局也出现了一些新的变化，如东南沿海地区在 2003 年后愈演愈烈的“民工荒”与中部农民工“回流”现象。进入 21 世纪我国人口流动与城镇化出现上述情况的原因：首先，我国的二元户籍制度制约着城镇化进程；其次，随着全球科技创新下经济变革，我国东部沿海地区产业升级中劳动力成本上升。“民工荒”现象频繁在“珠三角”“长三角”出现，这预示着东部沿海地区“拉力”逐渐减弱。东部的“拉力”减小，而传统的人口输出省份的“拉力”增强。人口“回流”预示着传统的人口输出省份在新一轮的人口城镇化中有更大的潜能。另有学者指出我国刘易斯拐点的到来使得我国人口红利逐渐消失（蔡昉，2003）。我国在人口流动格局出现新变化下实行了统筹城乡协调发展的“大、中、小”城市合理发展的城镇化模式。1995—2010 年，我国的城镇化率提高了 20.91%，年平均增加幅度为 1.39%，年平均新增城市人口 2120.27 万人。进入 21 世纪之后我国进入城镇化快速发展阶段。

1. 人口流动模式

人口长距离迁移与“回流”并存。我国大规模的人口城乡迁移在 21 世纪继续延续，我国的人口流动格局仍以农村剩余劳动力流向城市为主，

空间上主要特点是中西部农村剩余劳动力流向东南沿海大城市。同时人口流动格局也出现了一些新的变化，如东南沿海地区在2003年后愈演愈烈的“民工荒”与中部农民工“回流”现象。2000年全国第五次人口普查显示我国跨省净迁移人口约为2300万人，相当于全国总人口的1.74%~1.82%。第六次人口普查资料显示，2010年我国跨省净迁移暂住人口约为3900万人，约相当于全国总人口的2.9%。

2. 城镇化模式

大中小城镇合理城镇体系。面对人口流动格局变动与城镇化进程中的问题，一些学者又提出了统筹城乡发展的“大、中、小合理城镇体系”的城镇化模式（殷江滨、李郇，2012）。面对城镇化进程中的各种问题，我国走统筹城乡发展的“大、中、小”城市协调发展的城镇化模式。

综上所述，改革开放以后，随着我国经济社会的转型，我国人口流动形成了从农业部门到非农业部门、从东向西的格局。20世纪90年代以前人口短距离迁移为主，我国的城镇化模式为小城镇模式。90年代随着我国城市的发展，城市成为人口主要的流入地，大城市模式就成为这个时期的城镇化模式。近几年人口流动格局出现了一些新的变化，东部地区产业升级中对人口的“拉力”不足，而中部在新一轮承接转移的过程中对人口的“拉力”凸显。目前我国的人口流动格局不再是以前的单向度模式，而是中部和东部非均等的双向模式。与此同时，人口迁移中心向着多极化发展。

三、中国人口流动与城镇化的新特点与趋势

（一）中国人口流动与城镇化的新特点

2021年我国的流动人口为3.85亿人，是全国总人口的27.3%，城镇化率为64.72%，其中流动人口的贡献率超过1/4。全国人户分离人口为49276万人，其中，市辖区内人户分离人口为11694万人，流动人口

为37582万人，人口流动依然活跃，其中，跨省流动人口为12484万人。所以正确认知人口流动的现状、规律与趋势对于城镇化路径选择具有非常重要的意义。本节分析近年来我国人口流动与城镇化出现的新特点、新问题，意在预测我国未来人口流动与城镇化路径的趋势。

1. 人口大规模城乡流动仍为我国城镇化的主要推动力量，短距离人口流动性显著增强，市辖区内人户分离人口增长最快

2000年我国的城镇人口为4.6亿人，到2010年增加到了6.7亿人，到2020年增加到9.02亿人，同时城镇化率也从36.5%提升到63.89%。城镇化率的提高主要来自城乡人口流动。其中我国的东南沿海部分城市，常住人口中流动人口超过了户籍人口。我国流动人口已经成为城镇常住人口中的主要组成部分。短距离人口流动性显著增强，市辖区内人户分离人口增长最快。2020年省内流动人口规模约为2.51亿人，比2010年增加了约1.24亿人，增长近乎翻倍，远高于2000年至2010年增长的0.17亿人。2020年市辖区内人户分离人口规模约为1.17亿，比2010年增加了约0.77亿，增长192.66%，同样远高于2000年至2010年增长的0.17亿，市辖区内人户分离人口已占总人口的8.86%。这显示省内流动人口和市辖区内人户分离人口规模均呈现“爆炸式”增长，短距离人口流动性显著增强。

2. 中国不同区域人口流动格局与城镇化各具特点

进入21世纪，我国的人口流动格局仍以农村剩余劳动力流向城市为主，空间上主要特点是中西部农村剩余劳动力流向东南沿海大城市。与此同时，各个区域在不同的人口流动格局与历史背景下也形成特色迥异的城镇化发展历程。第一，特大城市以北京、上海、天津为代表的典型人口输入地。这些特大城市典型特征为以人口迁入为主，而人口的输出比例极小，其中流动人口中主要是中小城镇的非农业人口。人口的集聚效应明显，进而形成了超大规模城市增长的城镇化模式。第二，东部地区以浙江、福建、广东为代表的典型人口输入地。东部地区人口的集聚效应明显，城镇化推进较快。其典型特征为城市流动人口中主要是中西

部农村剩余人口。第三，中西部地区以河南、安徽、湖北、湖南、广西为代表的典型人口输出地。中西部地区以人口的输出为主，省外流入很少，同时省内流动人口对其城镇化率的贡献很大。近年来中西部地区城镇化率快速提高，不仅仅是依靠大量的农业人口输出变相提高城镇化率，还来自省内人口向着中等城市和大城市聚集。随着东部地区对劳动力“拉力”的减弱以及中部地区承接产业转移的推进，中部地区尤其是传统农区对人口的吸引能力加强，进而推动了城镇化率的提高。第四，东北、华北地区以黑龙江、吉林为代表，其人口流动的特点是人口的输出与输入都比较少，同时省内人口流动也较少。所以这些地区的实际城镇化进程相对缓慢。此外，还有以乡镇企业为特点的苏南地区城镇化模式，以家庭工业、个体经济与专门化市场为特点的温州城镇化模式。我国已经初步形成了不同的地域下城镇化发展各自的特点。因此，不同的区域其理论区位、经济发展与人口流动格局各具特点，其城镇化模式应因地制宜，而不是千篇一律。

3. 人口流动格局开始出现新变化

2000—2015 年历次人口普查和抽样数据统计发现我国流动人口流入地分布的整体集中趋势没有发生根本性的变化，但一定程度的分散化趋势已经开始显现，这些趋势是推进新型城镇化战略、实施基本公共服务均等化、开展特大城市人口规模调控的客观基础（段成荣，2020；WANG N，2016）。通过历次人口普查和相关统计资料分析发现，2000—2020 年我国人口流动和城镇化空间格局已经发生转折性变化（王桂新，2021）。在此新形势下，中国的人口流动与新型城镇化是否出现新的动向，一直是学界探索的问题。根据 2020 年第七次全国人口普查公布的数据，初步考察了 2000 年以来中国人口流动与城镇化的新动向，发现自 2010 年以来，特别是“十三五”期间新型城镇化战略等一系列国家战略的密集推出，强劲地推动了中国人口流动的“爆发性”增长和城镇化的快速发展（吕利丹，2020；WANG X，2019）。但据课题负责人前期研究人口流动的“爆发性”增长以近距离人口流动的增长为主，人口城镇化的快速发展以行政区划变更形成的“就地”城镇化和近距离人口流动带来的“就近”城镇化为主要形态。中西部人口向东部迁移流动的净增量已由波浪式推高转变为波浪式回落，省际的流动人口增长明显减缓，乡城转移的人口年龄红利逐渐消失，城乡老龄化程度双双增长（吴瑞君、薛琪薪、罗志华，2021）。其重要原因在于中西部地区经济增长和城镇化速度反超东部。与此同时，不管是“创新驱动”还是“资本密集”的战略，“高增长、低就业”模式更符合东部地区的“转型发展”。新兴产业要求劳动者拥有更高的劳动素质和教育背景，因此农村一般的剩余劳动力进入东部城市就不能满足东部地区经济转型的需要。在这种情况下东南沿海对人口的“拉力”明显减弱，而中西部对人口的吸引集聚能力加强，其中传统农区对人口的集聚势能明显。

4. 乡城流动占比进一步上升，城城流动大规模增加，新生代流动人口占主导

与2010年相比，2020年流动人口规模增长了1.548亿人，比2000年至2010年的增量多了0.55亿，当前我国总人口中有1/4是流动人口，这表明在2010年到2020年，中国人口流动仍然活跃。由“五普”和“六普”数据及“七普”主要数据结果新闻发布会的内容可知，2000年、2010年、2020年，乡城流动人口分别占流动人口的52.2%、63.2%、66.3%，这表明乡城流动人口依然是流动人口的主要驱动力。尽管如此，由于流动人口规模增长迅猛，城城流动人口规模水涨船高至8200万人，比2010年多出3500万人，由于城城流动的作用机制与乡城流动有非常大的差异，是何种原因驱动了这么高比例的城城流动，在乡村人口规模萎缩至无法再向城镇提供人口之时，人口迁移的动力机制可能将要发生深刻的变化。经历了长时间的人口大规模城乡流动后，我国的流动人口群体内部开始出现分化，“80后”“90后”“00后”农民工——新生代农民工开始规模变大逐渐成为主体。首先，新生代农民工务农经历比较少，受教育程度更高；其次，老一辈农民工迁移动机中经济利益占主要因素，属于“生存性”迁移，新生代农民工更看重自身的

发展与技能的积累，属于“发展型迁移”；最后，老一辈农民工大多从事建筑行业，新生代农民工多从事制造业、服务业等行业。新生代农民工更希望能够融入城市，对于平等与维权的自我意识更强。当前，新生代农民工逐渐成为流动人口的主体，无论其选择“回流”家乡务农，还是选择继续融入城市，都深刻影响着我国新一轮城镇化建设。

（二）中国人口流动与城镇化的发展趋势

1. 人力资本已经成为我国城镇化发展的新动力

未来我国的城镇化不再是数量上的城镇化而是朝着质量型的城镇化发展。蔡昉（2003）等学者从2003年就开始预测刘易斯拐点即将到来，换句话说就是中国持续了30多年的人口红利将逐渐消失。近几年我国东部的“民工荒”“回流”等现象愈演愈烈，说明我国一直以来靠大量农村剩余劳动力推动的城镇化发生了新的变化，一方面是因为东部地区产业升级对流动人口人力资本的要求更高，受教育水平越高的流动人口流动越容易，另一方面是源于我国持续的人口红利可能迎来刘易斯拐点。所以未来我国城镇化发展由劳动力数量推动转向劳动力人口资本推动。由此可见，城镇化进程中一个重要的课题就是提高流动人口的人力资本。教育培训是人力资本的重要内容，因此，加强对流动人口的教育培训，才能适应我国新时期的城镇化战略。

2. 新生代农民工的城市融入是实现城镇化的关键

国际欧亚科学院中国科学中心对2020年中国城市与社会发展状况报告指出，我国有84.5%的新生代农民工没有务过农，92.3%的人不愿意回到农村。新生代农民工大多具有较高的人力资本，他们进入城市不仅仅是追求经济利益，更多的是为了获得更好的发展机会。他们的自我意识与竞争意识更强，要求融入城市的意愿也更强。但目前农民工“市民化”存在众多制度与现实困境。农民工转市民的国家方面成本为每人约8万元，那么农民工转市民国家所需要的成本就为20多万亿元。所以，新生代农民工的城市融入问题就是摆在我国城镇化建设中的重要内容。

逐步破除制度和现实障碍，推进新生代农民工“市民化”，是我国未来城镇化发展的重要议题。

3. 传统农区可能迎来流动人口的“返乡潮”，其城镇化潜力巨大

随着城镇化进程的推进，传统农区城镇化势能明显，对人口的吸引能力进一步加强，可能迎来流动人口的“返乡潮”。第一，世界经济新格局下，随着土地、劳动力成本上升，尤其在2008年金融危机之后，东部面临产业升级，劳动密集型产业向中西部地区转移，中部在新一轮承接产业转移中优势明显（陈浩，2012）。中部流出的人口在东部地区多从事建筑业、制造业等，在新的产业结构下，中部尤其是传统农区流动人口的吸纳能力必然增强，外出人员“回流”也成为必然趋势。第二，东部地区的流动人口很难真正融入城市。《中国流动人口发展报告2020》显示，我国流动人口参保五险一金比例分别为30%、48.7%、22.7%、6.5%、3.2%和2.6%。东部外来务工人员很难在城市稳定下来，心理上缺乏归属感，也是外来务工人员“回流”的原因。第三，传统农区的中原城市群的逐渐兴起，必然发挥其集聚资本与人口的能力，也逐渐成为引领中部发展的增长极。中原城市群的经济集聚能力吸引了更多具有一定人口资本和创业资本的外出打工人员“回流”。第四，我国政府实行的“三农”政策等一系列对传统农区倾斜的政策，在统筹城乡发展的引领下，中部对流出人口的吸引力加强。第五，中部地区城乡之间的阻碍相对东部而言比较小，人口流动更为顺畅。第六，党的十八届三中全会《中共中央关于全面深化改革若干重大问题的决定》指出：“赋予农民对承包地占有、使用、收益、流转及承包经营权抵押、担保权能……建立农村产权流转交易市场，推动农村产权流转交易公开、公正、规范运行。”在这一变革之下，农民将受益于政府推进城镇化和提高农业发展水平的目标。由于其土地的安全性提升，并且有权抵押其中一些土地，农民可以拥有更多的资金迁移到城市，或者投资扩大农场并使之机械化。政府新一轮改革政策的实施可以释放更多的农民劳动力。尤其是传统农区会有更多农业剩余劳动力流出。他们拥有更多的资本进入城镇或留在

农村。不仅能加快城镇化的步伐，还能提高农业边际生产率，使农业得到发展。周一星（2012）就城市规模与集聚效应，对我国东部与中部的地级市数据进行两两检验，指出我国城市在规模方面较为均匀，可以发挥更大的集聚效应。他进一步指出中部地区城市集聚效应的潜力高于东部地区，中部通过承接产业转移及增大城市规模来发挥城市的集聚效应。中部地区尤其是传统农区将会是我国推进新一轮新型城镇化的巨大势能所在。未来传统农区将摆脱过去的被动城镇化，走向主动城镇化之路。

4. 传统农区必须走新型城镇化之路

我国的城镇化发展呈现了区域的巨大差距，东南沿海地区的城镇化走在我国的前端，并取得了很大的成效，而中西部地区的城镇化发展较落后。但东部沿海地区的城镇化发展是在没有了解城镇化规律下自然形成的城镇化模式，其城镇化的发展是有偏差的、没有规划的。传统农区的经济社会演进过程与东部地区存在较大差异，因此传统农区不可能再复制东部地区的工业化模式，所以城镇化模式也必然具有自身的特点。我国新一轮城镇化中，传统农区存在巨大潜能，未来传统农区城镇化成为我国城镇化的一大亮点。新型城镇化的两大特点就是效率与集约，而东部地区工业化以分散、“自上而下”为特征的模式，传统农区很难复制。具体来说，传统农区乡镇大部分是农村地区，承载不了工业化的发展。即乡镇工业模式不适合中部地区。第一，中部多数区域“自上而下”内生力低下，中原发展研究院对河南省“千村百县”调查显示，发展较好的县或地级市仍在向乡镇要资金和建设用地等，导致乡镇发展动力不足，吸收农业剩余人口的能力极弱；第二，我国产业与经济环境已经发生了深刻变化，乡镇一级的低级产业在市场竞争中没有竞争力；第三，中部传统农区是我国粮食的主产区。中原经济区发展前提就是保证粮食安全。东部地区那种分散的、粗放的工业结构不能再次复制。总之，传统农区新型城镇化与工业化必须走高效与集约之路，这也是市场的要求。传统农区必须走规模与集聚效应发挥作用的新型工业化与新型城镇化之路。

5. *以大城市为龙头的城市群将成为带动新型城镇化的主要形态*

城市群是指“一个特定地域内，分布有若干规模不等、类型各异的城市，依托便利的交通条件，在市场力量的作用下，经济联系越来越密切，逐渐发展成为功能互补的具有一体化趋势的城市综合体”（黄荣清，2014）。我国目前已经形成了19个城市群，2个规划建设的城市群，从数据上来看，19个城市群承载了我国78%的人口，贡献了超过80%的国内生产总值。“19+2”城市群未来将是集聚资源能量、人口等要素的重要平台，也是我国重要的经济增长点。通过中心城市、城市群的发展，可以使产业发展效率最大化、最优化。首先，城市群更能发挥经济的规模与集聚效应，城市规模大承载产业能力就强，进而对于劳动力、资本等经济要素的聚集能力就更强，其经济增长速度就比中小城市高。其次，城市群能解决我国区域差异问题。城市群用全国1/3的人口创造了全国2/3的GDP，那么城市群之外的区域用全国2/3的人口创造了仅1/3的GDP，可见区域差异之大。要平衡区域之间的差异，需要将产业从城市群向外转移的同时使人口继续向城市群流入。其中人口向城市群聚集的成本更低，加之目前我国的城市群内有很大的产业与就业空间，所以我国的城镇化模式应该由城市群引领。西方发达国家城镇化经验说明城市群是城镇化发展到一定阶段的产物，同时城市群推动城镇化高速发展。中国在珠三角、长三角与京津冀三个都市圈也已经有所验证。那么，在按照经济规律又考虑到现实问题的情况下，优先发展以大城市、特大城市为龙头的城市群是我国未来城镇化模式。其中二元社会结构尤为突出的传统农区是中国社会经济发展的缩影。传统农区初步发展起来的城市群也正是这个区域城镇化发展的重要潜力所在。中原城市群是承接发达国家及中国东部地区产业转移、西部资源输出的枢纽和核心区域之一，并将成为促进中部崛起、辐射带动中西部地区发展的重要增长极。

四、小结

党的十九届五中全会强调“推进以人为核心的新型城镇化”，并着眼于到2035年基本实现新型城镇化做出了重大战略部署，明确了城镇化发展的方向和目标。“十四五”时期是推动新型城镇化实现更高质量发展的关键时期。近年来随着国际和国内经济形势的变化，我国人口流动格局发生了一些新的变化。根据2020年第七次全国人口普查数据，流动人口增长特别迅猛，同2010年第六次全国人口普查相比，增加了1.54亿人。中、西部地区农民工人数逐年增加而东部和东北部地区农民工人数逐年减少，这进一步说明中、西部地区对人口的吸纳汇聚作用在不断加强。在人口仍将长期流动的背景下，由于东部地区产业升级、传统农区承接产业转移步伐的加快，我国东部地区对人口的“拉力”越来越弱，而传统农区对人口的吸引与吸纳能力越来越强。河南省作为传统农区，人口流动以内部城城流动与流动人口的“返乡潮”为主要特征，工业化与城镇化存在重大潜力。可以预测，未来中部地区尤其是传统农区将会发挥巨大的人口聚集力，同时传统农区城镇化必将成为中国新一轮城镇化的主导。但是传统农区不能再复制东部地区政府主导的“分散”“粗放”的城镇化模式，而是应该在注重要素流动规律下，按照要素流动聚集理论，形成具有传统农区特色的新型城镇化之路。

新一轮城镇化面临一个困境，即在我国二元户籍制度下，我国人口流动体现的“半城镇化”现象严重制约着“以人为本”的城镇化之路。在未来10到15年，适应人口迁移流动和城镇化新阶段的特点、使人口迁移流动与不断发展的城镇化过程相协调的新型城镇化模式，将为中国经济社会发展带来巨大和持续的推动力。

第四章

国外人口流动与城镇化的发展规律与启示

自第一次工业革命开始，英国在全世界掀起了城镇化的浪潮已有200多年的历史。城镇化发展演变过程，既是从农业社会向工业社会转变的过程，也是从农业文明向城市文明转化的过程。由于经济、自然、政治等条件的不同，西方发达国家与发展中国家的城镇化模式各具特点，梳理其人口流动与城镇化历程，其中既有成功经验也有失败教训。我国在面对复杂的国际形势与经济社会既有结构下，能从国外的城镇化经验中获得什么样的启示已然成为目前一个重要课题。本章沿着世界典型国家人口流动变迁的脉络，阐述人口流动与城镇化之间的关系，在总结国外城镇化发展经验的基础上，梳理出城镇化发展的基本规律，进而为我国的城镇化建设提供借鉴与启示，指导传统农区城镇化模式。

一、国外典型国家人口流动与城镇化发展

（一）典型发达国家人口流动与城镇化发展

自工业革命开始，工业化带动下的城镇化开始在西方发达国家掀起浪潮。这些典型发达国家已进入高度城镇化时期，基本完成了城镇化的前期发展过程（仇保兴，2005）。但由于发展条件不同，城镇化模式也不尽相同，本节将沿着人口流动的不同阶段探讨城镇化的不同模式。

1. 英国人口流动与城镇化发展

英国是工业化与城镇化的原生地。英国的城镇化起步最早可追溯到18世纪后期。英国城镇化发展划分为3个阶段。①1750—1850年，英国城镇化的基本完成阶段。表现为工业化快速发展，农村人口大量地向城

市聚集，进而城市规模不断扩大，并产生了许多新的城镇（张卫良，2013）。世界上第一次城镇化浪潮从英国开始。1750年城镇化率为17%，到1801年城镇化率为33.8%，并进入高速城镇化阶段，在1851年已经基本实现了城镇化，城镇化率为54%。1750—1851年城市人口从130.3万人增长到了1124.1万人。这个时期，随着英国城市人口不断增长，城市数目和规模也在不断壮大，并且出现了城市连绵体、城市群，城市功能也随之发生了变化。②1850—1950年，英国高度城镇化阶段。随着城镇化的完成，集聚效应不断体现，导致农村与城市的经济结构已经稳定，劳动力必须进行流动才能转移职业（高德步，1994）。因此，城市人口进一步增加。1850—1950年英国城镇化率提高了22个百分点，人口增加了1.26倍，城镇化率为77%，进入高度城镇化阶段。其中形成的6个城市群人口占全国总人口的52.8%。③20世纪至今，英国城镇化完善阶段。这个时期的城镇化表现为城市人口由聚集向分散发展，其中小城镇人口比重开始上升，但总体上仍然表现为聚集趋势，城乡差距逐渐变小（王秀玲，2006）。

2. 美国人口流动与城镇化发展

美国是典型的以市场为导向、以科技创新推动城镇化的国家。美国城镇化发展萌芽于19世纪末期工业化的快速发展。美国城镇化发展的速度是空前的，其中以制造业为基础的大规模生产、外国移民、国外大量投资都是显著影响因素。根据城市人口比重的阶段性特点，将美国城镇化分为下面几个阶段（高强等，2002）。①1790—1870年，这个时期是美国城镇化的起步阶段。数据显示，1790年美国城市人口在8000人以上的只有8个，仍是一个以农业为主导的国家。开始工业化发展之后，农村人口大量向城市聚集。1800—1860年城镇人口由6.1%提升为19.8%，1870年城市人口占比已经高达25%。但此时美国的城镇化发展是非均衡发展，地区差异非常大（Mohl，1985）。②1870—1950年，这个时期美国完成了城镇化阶段。1920年第二次工业革命后，美国工业化与城镇化高速发展。美国城市人口从1870年的990万人增长到了1949

年的8650万人，1949年美国城镇人口占总人口的63.6%。现代城市网络逐渐形成，美国的区域差距逐渐缩小。[①] ③1950年至今，这个时期是美国高度城镇化阶段。经济结构的变革使得第二、第三产业约占总产值的95%，其中从业人口中50%都集中在第三产业。科技与服务行业为主导的经济深刻影响着人口在空间上的分布。2005年城市人口比重为80.8%，比1960年上升了约10个百分点，但其增长率只有1.5%。此时的城镇化模式以“大城市化”与“郊区化”（“逆城市化”）并存为特征，人口由过去的高度集中向分散发展，但并不是回归农村地区，而是城市不断向周边辐射。目前美国的城镇化又体现出“再城市化”的趋势，人口再次向核心地区聚集（李圣军，2013）。

3. 日本人口流动与城镇化发展

日本的城镇化始于明治维新，地理区位优势与工业先导带动了城镇化的发展。图4-1展示了日本人口转移的规模。

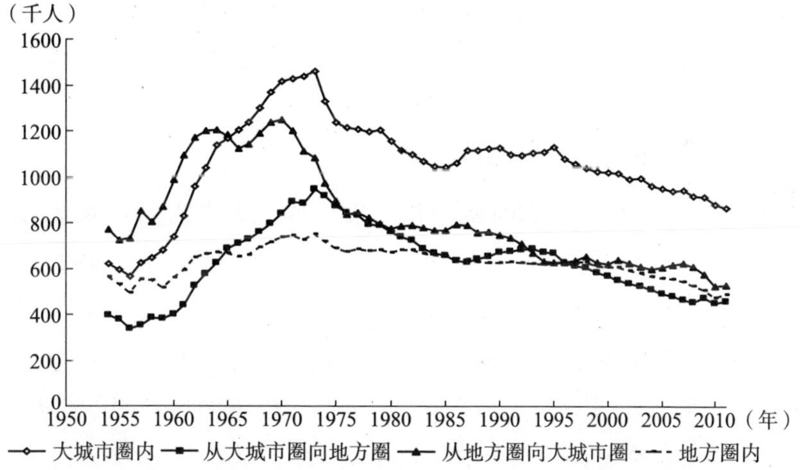

图4-1 日本都道府县间的人口转移规模（1954—2011年）

资料来源：根据日本总务省统计局《居民基本总账人口移动报告年报》整理所得。

① 国家发展和改革委员会产业发展研究所，美国、巴西城镇化考察团．美国、巴西城市化和小城镇发展的经验及启示［J］．中国农村经济，2004（1）．

日本城镇化的特点是起步晚、发展快，在“二战”之后经历了高增长时期。

（1）明治维新到20世纪20年代

这个时期日本主要靠农业发展，农业人数占总人口的87.9%，第二产业、第三产业就业人口分别占总人口的4.1%、8%。到1920年，日本城市人口只有1000万人左右，占总人口的18%。明治维新后，日本走上了推动工业化与城镇化发展的道路。这个时期日本以电力和电动化为特征的工业化快速发展，全国出现了人口空间上的聚集趋势，例如东京、大阪、名古屋这些工业基础较好的城市。1913—1920年，大阪市人口从99万人增长到了125万人，名古屋人口从32万人增长到43万人。这些城市不仅在规模上逐渐变大，而且城市功能也随之不断完善。日本通过将部分町村改建为新城以及旧城改造等措施推动了这个趋势，致使城镇化得到进一步发展。随着城镇化的快速发展，日本人口开始有了向城市聚集的趋势，1920年城市人口占总人口的18.04%，比1898年上升了6个百分点，其城市数量为85个，比1888年增加了48个，但村的数量由58433个锐减为10796个。这个时期属于日本城市化的准备阶段。1880—1920年，日本城镇化率从10%提高到了18%（孙波，2010）。

（2）20世纪30年代到40年代末

20世纪30年代，日本的城镇化发展较快，表现为农业剩余劳动力大量向第二、三产业转移，导致城市人口突增。数据显示，1920—1935年，外出打工的人口中65%流向了城市，其中东京、大阪、名古屋、神户、横滨、京都吸纳了46%的流动人口，人口规模在10万人以上的城市吸纳了28%的流动人口，人口规模在10万人以下的城市吸纳了约20%的流动人口。这个时期城市人口年均增长120万人，到1940年总人口中35%为城市人口（郝寿义，2007）。在1920年之前，新增人口中约30%流向大城市，但在1930—1950年新增人口中70%都流向了大城市。1920—1940年，城镇化率从18%增加到了38%。由于日本发动侵华战争等特殊的历史原因，日本经济在这一时期以重工业为导向，致使这个时期的经济受到了一定限制。

（3）20 世纪 50 年代到 70 年代

这个时期是日本城镇化的高速增长期。高度增长时期的人口转移的特点是大量人口从地方圈（主要是农村地区）流入大城市。在经济高速增长期内，大城市圈内的流动也有大幅度增加。特别是 1967 年以后，该类型在四个类型中居首位。原因之一就是在经济高速增长期的前半期只身一人来到东京、大阪等大城市的年轻人，结婚之后搬迁至（大城市圈内的）近邻诸县（土山，2007）。在朝鲜战争中发的军火财与国内局势稳定的情况下，日本经济发展突飞猛进，日本 GDP 年均增长率为 13.6%。这个时期的农村剩余劳动力大规模向城市转移。人口向三大都市圈的聚集趋势尤为明显，在 1960—1964 年就有 300 万农村人口转入三大都市圈。三大都市圈的城镇化率在 1960—1970 年年均增长率高达 2.51%，是全国年均增长率的 2 倍。日本城镇化率也由 1950 年的 37%跃升至 70 年代的 76%，年均增长率高达 1.5%，城市聚集了超过 72%的人口，日本已经成为世界第三大经济体。

（4）20 世纪 70 年代到 20 世纪末

这个时期是日本城镇化的平稳阶段。大城市圈向地方圈的人口流动，尽管在规模上比逆向流动要小得多，但在经济高速增长期内也呈不断上升的趋势。但在高速增长期结束后，地方圈向大城市圈的人口流动就大幅度减少了，尤其是在 20 世纪 70 年代末到 80 年代初这一段时间内，大城市圈的流出人口超过流入人口（即纯流入人口为负数），出现了“U 形转弯”（从农村来到大城市的人又回到老家）和“J 形转弯”（从农村来到大城市的人回到老家附近的地方中小城市）的现象。① “地方的时代”这句话曾流行一时。一方面，由于在 1970 年后出现的两次石油危机对日本经济的影响，原有的城市工业企业转移到了周边或国外，这些城市对人口的“拉力”开始变弱，城镇化速度也减慢。1970—1996 年城镇化率增长了 2 个百分点，1996 年、2000 年日本城镇化率分别为 78%、78.68%。另一方面，日本大城市的“城市病”也开始显现，典型的几

① 汪冬梅．日本、美国城市化比较及其对我国的启示［J］．中国农村经济，2003（9）．

个大城市被迫向周边发展，形成了大都市圈现象。

（5）20 世纪末至今

这个时期是日本城镇化的停滞时期。“地方的时代”没有持续。除了泡沫经济破灭后的一段时期以外，在大城市圈又出现人口流入超过流出，特别是进入经济停滞期之后，人口集中在东京的倾向变得明显了。原因是在政府舍弃地方的政策之下地方经济出现衰退，国际化、信息化、服务产业化等结构变化提高了东京的聚集效应等。东京 1970—1995 年人口聚集率为负，但是 2000 年以后变成很大的正数，这显示了东京一极集中现象（杨仪清，2013）。另外，从三大城市圈的比较来看，东京圈基本上保持流入超过流出状态；而大阪圈，高速增长时期结束后，人口流出超过流入这一现象变得明显了。

（二）典型发展中国家人口流动与城镇化发展

发展中国家的城镇化总体起步比较晚，在 20 世纪 50 年代西方典型发达国家基本实现了城镇化，发展中国家城镇化仍处于初期。目前西方发达国家城镇化进入高度阶段，发展中国家才迎来城镇化的高度阶段。

1. 印度人口流动与城镇化发展

印度是典型的发展中国家，是世界第二人口大国，国土面积只有中国的 1/3，人口已经超过了 10 亿。印度城镇化进程中城市人口增长的主要来源是自然增长。从人口流动的角度梳理印度的城镇化，可以分为以下几个阶段（刘培林，2010）：①1947 年之前。这个时期印度还没有独立，由于长期被殖民，城镇化发展缓慢。1871—1941 年，印度城市人口由 1789 万人增加到了 4415 万人，但城镇化率仍非常低，仅有 13.9%。②1947 年至今。这个时期印度城镇化实质进展比较慢，人口却迅速增加。有研究指出，印度城镇化进程中城市人口增长的主要来源是自然增长，根据印度 1991 年人口普查资料，1971—1981 年印度人口增长中有 41%源于人口的自然增长，城乡迁移人口占 36%。而在 1981—1991 年，两个比例变为 60%与 22%。可以看出，印度城镇化靠的是人口爆炸式增长。

2. 巴西人口流动与城镇化发展

巴西是拉美地区的典型代表，国土广阔、人口庞大，经济发展比较好。从城市人口增加的角度将巴西的城镇化分为下面几个阶段（吴国平，2014）：①1930年之前。这个时期是巴西城镇化的初期。基于巴西长期作为殖民地的原因，其工业发展比较落后。这个时期的城镇化发展得益于移民，但发展比较缓慢。②1930年至今，巴西进入城镇化的快速发展时期。20世纪50年代后巴西工业加速发展，重点城市聚集大量人口。在1970年城镇化率已经比1950年增长了30个百分点，达到了67.6%，其人均GDP也增加了0.5倍。城镇化率如此高速增长，发达国家用了50年。但是巴西人均GDP却远远没有同步于城镇化水平，因为西方发达国家城镇化水平达到70%时，人均GDP已经翻了2.5倍。可见，其城镇化发展水平与经济发展水平严重不协调。2010年巴西的城市总人口约88%汇集在大城市。由于城镇化与经济发展的差异，巴西出现了许多负面的社会现象，如失业、贫民窟等。学界将巴西这样的拉美国家的城镇化模式称为"过度城镇化"。

二、国外城镇化模式比较与经验教训

（一）发达国家城镇化模式比较

表4-1为发达国家城镇化的基本特征。

表4-1 发达国家城镇化特征

基本情况	西欧	美国	日本
经济条件	市场经济发达	市场经济高度发达	市场经济发达
城市与农村格局	城乡一体化发展	城乡一体化发展	重点发展城市，农业衰败
主导机制	市场主导，政府调控	市场"自由蔓延"式	政府主导
城市规模体系	以中小城市为主导	低密度"郊区化"与大城市群并存	大城市为主，城市密度大，空间上集中为主
人口聚集程度	聚集与分散并存	高度聚集与分散并存	城市聚集为主

1. 西欧：市场为主导，政府负责调控，中小城市优先发展的城镇化模式

西欧的城镇化起步比较早，其中英国最早，这些国家率先形成的发达市场机制在城镇化的演进中起到了重要作用，除此之外，政府还运用法律等行政手段对城镇化的发展进行调节。其工业化与城镇化属于同步发展。第一，工业化与城镇化是互相促进关系。工业化是城镇化发展的基础，以英国为例，制造业的兴盛吸引了人口聚集，而人口在城市汇聚为工业发展提供了大量的劳动力供应，同时规模经济和规模效益进一步强化了城市的聚集作用。第二，设立配套的法律制度。英国因城镇化高速增长面临严重的“城市病”[①] 问题（王秀玲，2006），因此出台了一系列法律，对城镇化和城市建设进行强制性的规划、引导。第三，在城镇化过程中强化对农业的保护。第四，政府在城镇化过程中的作用不可替代。西欧各国在市场主导下仍然非常重视政府对于市场与社会保障的国家干预。

2. 美国：“自由蔓延”式与低密度郊区化的城镇化模式

西方发达国家的典型——美国是全球第一经济体，也是典型的市场经济代表。在美国城市发展与城镇化演进的过程中，市场自始至终发挥着主导作用。造成美国自由蔓延式发展的主要原因是美国的政治体制，在美国的政治体制下地方规划属于地方管理，联邦政府在其中作用很小。所以政府无法合理引导城镇化应该以资本为导向，使得美国的城镇化模式属于自由蔓延式（高强，2002）。第一，城镇化、工业化和农业现代化同步进行。城镇化与工业化都基于农业发展而起步。美国城镇化的起步也是工业发展加快影响的，但没有削弱农业的作用，城镇化与农业现代化协调发展。美国的工业化发展适合国情。美国城镇化起始阶段选择了棉纺织业作为消费品工业的主导。19 世纪 60 年代工业化发展达到了高速状态后，采取了重工业为主导的工业化模式。第二，郊区低密度蔓

① “城市病”是指由于城市人口、工业、交通运输过度集中而造成的种种弊端。表现为人口急剧膨胀、住房短缺、资源短缺、贫民窟密布、公共卫生设施不足、环境污染、犯罪率居高不下等。

延式扩张。1950年美国进入城镇化的高速发展期，城市中心交通拥挤、环境恶化等问题出现，经济条件好的家庭到城市近郊居住，汽车的普及也推动了这个过程。1970年美国郊区人口超过了中心城市。第三，加强政府干预与规划。自20世纪90年代以来，面对郊区化无节制蔓延带来的种种问题，美国政府提出并实施了“精明增长”运动，平衡城郊发展。

3. 日本：政府调控下的大城市为主的城镇化模式

日本的城镇化始于明治维新，地理区位优势与工业先导带动了城镇化的发展。纵观日本城镇化与伴随而生的人口流动演变都在空间上表现出向大城市聚集的趋势。日本城镇化的特征：第一，以大城市为主的城镇化模式。由于明治维新后，工业化的发展，承载工业的城市成为人口的聚集地。日本城镇形态是以大城市主导下的城镇带为特色，分为东京、大阪、名古屋三个都市圈。三大都市圈区域面积共3.5万平方公里，占日本国土面积的6%，人口将近7000万人，占日本全国总人口的61%。① 第二，政府主导型城镇化。在日本的城镇化中，政府起着极其重要的作用。在工业发展时期，日本政府就积极出台一系列政策促进工业发展，并推动城镇化的发展。在城镇化高速发展时期，日本政府积极规划国土，新建与改造了很多城市，顺应了城镇化规律。日本政府也不断推出政策支持城镇化发展。第三，日本城镇化在空间上表现为“聚集—扩散—聚集”的规律。在初期以大城市优先发展为主要城镇化模式，充分发挥城镇化的集聚效应。在城镇化达到一定高度后，利用了城镇化的扩散效应，特别是三大都市圈的辐射带动作用。但总体上，核心区域的极化效应与集聚效应越来越强。

日本政府主导大城市优先发展的城镇化模式，人口高度集中在三大都市圈，中小城市严重退化，乡村被边缘化，其城镇化发展是非均衡发展。首先，对农业的忽视，导致农田严重缩减，粮食产量下降。20世纪

---

① 耿明斋，曹青．河南省城市结构及城市形态的演进与预判［J］．河南科学，2014（32）．

50年代到70年代是日本城镇化的高度增长期，大量的农业人口从农村流向城市，致使农业人口锐减，农业生产率低下。其次，城市过度扩张使得土地价格猛增，产生了经济泡沫。城镇化表现为人口城乡迁移，新城镇的不断涌现与原有城镇的扩张。这样的城镇化中土地更为稀缺，土地价格飞涨。1955—1972年，日本土地价格增长了约18倍（孙执中，1998）。土地价格猛增带来的泡沫经济严重影响了日本城镇化的进程，1991年日本经济危机后，日本经济一直不能完全恢复。而且对城镇化过程中出现的“城市病”政府调控不力。日本政府从1962年开始出台一系列政策平衡地区之间、城乡之间的发展。但这些政策只在短时间内起作用，根本无法阻挡人口向大城市聚集的趋势。尤其在80年代中期日本经济增速放缓，人口向大城市汇集的趋势更为明显。说明政府必须根据要素流动聚集规律进行规划，而不能盲目行事。这给我们的启示是：城镇化模式一定要符合人口流动的趋势，违背人口流动趋势搞城镇化是盲目的。

（二）发展中国家城镇化模式比较

表4-2为发展中国家城镇化发展基本特征。

表4-2 发展中国家城镇化发展基本特征

基本情况	拉美	南亚
经济条件	殖民经济，落后农业与传统工业化并存	经济基础薄弱
城市与乡村关系	城乡差距很大	城乡差距巨大
主导机制	市场主导	市场主导
城镇规模体系结构	城市首位度高	城市首位度高，但城市化水平低
人口聚集	城市人口集中度高	“人口爆炸式”在城市增长

1. 拉美：国家殖民地经济为主导型的过度城镇化模式

巴西代表了拉美、加勒比和非洲地区众多拉非国家，其城镇化与长期为殖民地的历史相联系，产生了特殊的城镇化模式。其特点为，农业发展落后，工业发展由外来资本主导，城镇化畸形发展，政府调控不得力，城镇化超前于工业化，是“过度城镇化”。其城镇化水平逼近发达国家，但经济总量却只有发达国家的1/20到1/10。几十年过去了，拉美大部分国家人均GDP还在1000~3000美元徘徊（孙鸿志，2007）。城市发展质量很低，“城市病”蔓延，危害经济和社会的健康发展。

2. 南亚：“人口爆炸式”的城镇化模式

以印度为代表的南亚城镇化模式，基于总人口短时间的“爆炸式”增长，以至于大大超越同期的综合承载能力，典型特征为城镇化率增长飞速。印度城镇化率的高增长主要是源自城市人口的自然增长，并且爆炸式增长的结果造成大都市及其周边的城镇和村落形成连绵不断的空间聚集形态。印度有别于其他国家以人口迁移为主的城镇化特征。第一，农村贫困推动城镇化。印度城镇化与许多国家城镇化不同的另一个特点是，农村人口向城市的迁移不是由于城市繁荣的拉动，而是由于农村贫困落后的推动。第二，缺乏产业支撑。由于国民经济的体系和门类欠缺，产业结构失调，制造业等劳动密集型产业比较落后，服务业缺乏升级支撑。第三，畸形的城镇化道路。在大量人口涌入城市，城市基础设施承载不了的情况下，政府采取了提高城市生活成本的办法，使得大批人口回到了“贫民窟”（万宇艳，2014）。

（三）国外城镇化模式的经验与教训

1. 国外城镇化模式的经验

西方发达国家城镇化道路虽然各有特点，但也存在共同的特征（施子海等，2013）。首先，总体来看，西方发达国家的城镇化与工业化基本都是同步进行的。工业革命后，人口等经济要素不断向工业条件好的地区集中，导致了城市的兴起与规模增大，进而城镇化得以发展。城镇化的发展又推动了工业化与经济的发展，二者互动协调发展。其次，不同的国家在历史原因、经济条件下形成了城市体系构架各不相同的城镇化模式。最后，城乡协调发展的城镇化模式。这些发达国家在城镇化早期，城乡差距较大，这时利大于弊，城乡差距使经济要素集聚效应与规模效应得以充分发挥。在城镇化与工业化中期阶段，西方发达国家在市场的指引下开始调整城乡协调发展，使得后期城乡差别逐渐缩小。其中西欧国家政府调控下的市场主导型城市化，为世界城镇化发展提供了基本思路和模式，即在城镇化的发展中，要积极促进市场机制的主导作用，确保与城镇化息息相关的土地、人口、资本等经济要素能够顺利流动并合理配置。与此同时，政府要通过制定法律、完善基础设施、制定政策等手段引导和调控，为工业化与城镇化协调发展提供保障。

发展中国家的城镇化模式与西方发达国家有很大差别。西方发达国家人口向工业转移与工业产值同步，发展中国家工业产值结构转换普遍大于就业结构转换，即工业化快于城镇化进程。这是因为发展中国家工业技术的借鉴，农业品价格低于工业品价格，第三产业带动的城镇化，往往导致“滞后城镇化”或“被动城镇化”（高强，2013）。西方发达国家的城镇化发展是建立在工业快速发展基础之上的，是内生的“主动城镇化”。虽然城镇化中出现了许多弊端，但发达国家在高度城镇化阶段着重解决这些问题，所以发展中国家不能完全照搬发达国家的城镇化模式。目前发展中国家的城镇化很多是“被动城镇化”。首先，城镇化与工业化不同步。发展中国家的城镇化远远落后于工业化与经济发展水平，属于“滞后城镇化”。其次，大城市人口集中度过高。由于政府对城市的基础设施等投入能力较低，大城市爆发的“城市病”严重阻碍了城镇化的发展。再次，城市与农村、工业化与农业没有形成协调发展的格局。在西方发达国家遇到的城乡差距问题，发展中国家已经显现。最后，市场与政府失灵。一方面发展中国家没有完善的市场机制，市场调节经常失灵；另一方面，发展中国家的政策往往不能顺应市场的特征与规律，导致城镇化道路的选择存在偏差。

2. 国外城镇化模式的教训

典型发达国家城镇化发展的教训。美国自由蔓延式城市化，虽然一方面推动了城乡更好地融合，另一方面却造成了土地浪费严重、资源粗放式消耗、生态破坏严重、公共服务基础设施投入过大等问题，特别是在美国的城镇化过程中，一些大城市逐渐衰落（例如，底特律破产）；日本城镇化进程非常快，城市形态主要以大城市为主导，人口高度集中在三大都市圈，中小城市严重退化，乡村被边缘化，其城镇化发展是非均衡发展。日本政府先后出台一系列政策平衡地区之间、城乡之间的发展。但这些政策根本无法阻挡人口向大城市聚集的趋势。事实证明政府违背要素流动聚集规律推进城镇化是行不通的（朱红根，2005）。

典型发展中国家城镇化发展的教训。拉非国家在畸形城镇化下，既没能为城市经济发展增加动力，也没有为农村地区的农业发展创造条件。阻碍了这些国家城乡发展。因此，发展中国家在发展城镇化的过程中，都必须防范出现“拉美陷阱”[①]；以印度为代表的滞后型城镇化，给予我们一个重要的启示，就是在推进新型城镇化的过程中，既要强化城镇化的产业支撑，发挥城市规划的引导调控的作用，加强城市基础设施和公共服务设施的建设，同时又要避免在城市中形成贫困聚集区。

三、城镇化发展的规律与启示

（一）城镇化发展的规律

世界各国城镇化发展实践表明，尽管各国的经济基础、政治制度、地域条件、历史文化等迥然不同，但城镇化不受人们的主观意志左右，是在一定经济规律的作用和影响下不断推进的。

1. 人口流动是城镇化的驱动力

城镇化发展演进的一个根本表征就是农村人口向城镇的不断转移聚集，而这一过程中的迁移驱动作用遵循“推—拉”理论。在拉力方面，

① “拉美陷阱”也被称为“中等收入陷阱”，20世纪70年代拉美国家经历了高增长，人均GDP在达到1000美元后，收入分配差距两极分化趋势越来越明显，城乡差距拉大，社会陷入危机、政局动荡、失业严重等，经济掉入陷阱中爬不出来，经过几十年，拉美的人均GDP仍然徘徊在1000~3000美元。

城镇经济发展、工业增长和服务业发展带来越来越多的劳动力需求，城镇的现代生活方式吸引着农村人口向城镇转移。在推力方面，随着城镇化发展，先进生产技术、机械装备和管理方式向农村扩散，农业生产的规模化、机械化、产业化程度不断升级，农村产生大量的农业剩余劳动力，并进入城市从事非农行业。城镇化的发展演进，是推力和拉力共同作用的结果。

2. 城镇化表现为在一个空间上“聚集—扩散—聚集”的动态过程

在城镇化的过程中，聚集、扩散往往同时、交互起作用，只不过在不同的阶段，二者的作用力、影响力是不同的。通常，在城镇化发展的初期阶段和快速发展阶段，集聚效应突出显现，劳动力、资源以及资金、技术等生产要素不断向城镇汇集，城镇成为经济社会发展的核心增长极。而在城镇化发展进入中后期阶段后，城镇开始向周边扩散释放能量，扩散现象开始成为主流。此时，城镇化处于量变向质变的过渡时期。扩散到一定程度后，城镇化达到成熟阶段，聚集又成为主流。与此相联系，城镇规模结构的演变规律是大城市人口及其比重增长速度较快，大城市率先增长，然后中小城市、郊区人口的比重开始增长，最后城市群、城市带开始形成。

3. 城镇化有动态阶段性特点

城市化“S”型曲线，又称为“诺瑟姆曲线”，1975 年诺瑟姆在总结欧美城市化发展历程的基础上，把城市化的轨迹概括为拉长的“S”型曲线。他把城市化进程分为三个阶段：城镇化初期阶段，城镇化率在30%以下；城镇化中期阶段，城镇化率在 30%~70%；城镇化后期阶段，城镇化率高于 70%。在初期阶段，农业经济占主导地位，城镇化进程缓慢；在中期阶段，工业规模迅速扩大，农业生产率大幅提高，农业人口迅速向城镇转移，城镇化快速发展；进入高级阶段，城镇化的快速发展模式逐渐放慢，城乡差距明显缩小，城乡之间人口迁移出现动态平衡，城镇化呈高级成熟稳定状态。城镇化阶段性规律反映了一国城镇化与经济发展水平相适应的、双向互促的关系。人为提升或阻滞城镇化的过程，出现所谓的过度城镇化或滞后城镇化都是不符合城镇化阶段性规律的。

4. 城镇化与经济发展的互促共进规律

城镇化是经济发展的必然结果和重要标志，同时又极大地推进了经济社会的发展。经济发展和城镇化相互影响、相互推动，是正相关关系。城镇化正相关于人均 GDP、工业化、产业结构。同时，城镇化率与人均 GDP 的正相关关系最为强烈。随着经济发展水平的不断提高，当达到一定的程度后，城镇化水平的提高速度会放缓。工业化的发展带动城镇化的水平不断提高，世界各国城镇化与工业化都呈现出这种发展态势。著名的经济学家霍利斯·钱纳里等人通过对世界各国工业化、城镇化的比较分析，得出了一个重要结论：随着国家和地区的经济结构的变化，随着产业结构的高级化，城镇化水平也不断提高，简而言之，城镇化与第二、三产业呈现正相关关系，而与第一产业呈现负相关关系。

5. 大城市超先增长规律

大城市超先增长规律是指大城市由于在资金、人才、信息、交通、市场、管理和效率等方面的优势，比小城市发展的速度快、质量高。大城市超先增长的主要表现形式有：首先，单个大城市人口的增加。即原市区范围内迁入的人口增加，或者使原来的小城市或中等城市因人口增长成为大城市，或者使本来就是大城市的人口规模进一步扩大。如从 1900 年到 1980 年，世界大城市人口增加速度等于总人口增加速度的 3 倍，等于城市人口增加速度的 1.5 倍。其次，大城市总数量的增加。1900—1980 年，全世界大城市的数量激增，其中人口规模在 50 万人以上的大城市增加了 8.7 倍，而人口规模在 250 万人至 1000 万人的大城市增加了 20 倍。再如 1980 年，中国只有 51 个城市人口超过 50 万人，到 2010 年，超过 50 万人口的城市达到 185 个。再次，大城市总人口的增加，如从 1900 年至 1980 年，全世界总人口 50 万人以上的城市数量增加了 13.9 倍。根据城镇化的一般规律，城镇化发展到加速的阶段，大城市超先增长，与此同时大城市的超先增长又对城镇化的加速发展起到重要的推动作用。

6. 城镇化过程中城市规模与数量呈现小、少—大、多—小、多的动态演化趋势

城镇化的初期，经济原因决定了城镇化过程中城市规模与数量的演化。城镇化初期，工业处于初期阶段，经济发展缓慢，城市规模与数量都小。工业化加速发展后，农村剩余劳动力大规模向城镇聚集，这样城市规模越来越大，新的城镇也越来越多。而到城镇化的后期阶段，随着城市产业的外扩与城市病的显现，流动人口纷纷流入周边城镇，城市规模和数量呈现出小和多的特点。

（二）国外城镇化发展的启示

1. 人口流动是城镇化发展的风向标

通过对国外人口流动与城镇化历程的梳理，得出城镇化是伴随着非农产业发展而发生的要素用途转换、流动与聚集的过程。其中最突出的表现就是农村人口向城市迁徙，以及原有城市不断扩张和新城市不断诞生成长。城镇化过程中农村剩余劳动力向城镇转移，不仅代表了人口的空间趋向，也代表了资本和消费市场等社会资本的转移。由于城镇化过程中最突出的现象就是城镇人口的变化，所以人口在城乡之间流动必然对城市化的进程和模式路径产生深刻的影响，是研究城镇化模式不可忽视的关键因素。尤其在我国特殊的城乡二元结构与户籍制度下，人口流动在一定程度上决定了城镇化水平，也决定了城市空间格局与功能。从人口流动的角度出发探究城镇化模式，能够在城镇化的表象下触及深层次的制度及结构问题。根据要素流动集聚理论，劳动力作为经济要素中最为活跃的因素之一，对城镇化模式的动态选择具有重要的指导价值。

2. 城镇化的初始动力是农业的发展，根本动力是工业发展，后续动力是服务业

①从自然经济和落后社会发展为商品经济和先进现代社会的过程就是城镇化的进程。观察世界城镇化发展轨迹，可以看出，一个共同点就

是在农业发展好的地区首先崛起。因为农业发展能够为工业提供市场、产品、外汇和要素（刘传江，1999）。②工业化是城镇化的根本动力，城镇化是工业化的必然结果。工业化发展不仅为农村剩余劳动力提供流动就业岗位，还为农业发展提供更好的机器和技术，从而促进农业现代化发展。工业革命冲破了农村自给自足的自然经济，在机器大生产中资本和人口高度集中，进而使得城市规模不断变大、城市数量激增。工业化与城镇化是正相关的关系。观察世界城镇化历程，工业化极大地推动了城镇化发展。目前发展中国家大都处于工业化起步阶段或中期阶段，这个时期工业化对城镇化的作用巨大。③随着工业化的发展，服务业开始崛起，并逐渐取代工业成为城镇发展的最为重要的推动力量。主要表现在：首先，服务业为城镇化提供了生产配套的服务，在商品经济高度发达的社会环境下进行生产活动，对城市配套服务性设施提出了更高的要求。其次，服务业的多数行业都具有劳动密集型特点，能提供更多的就业机会。随着工业化发展，资本也会逐渐增大，资本对劳动力的替代能力增强，通过发展服务业可以使工业化过程中的富余人员不至于回流到农村，从而形成了城镇化的后续动力。

3. 发挥市场引导与政府调控的双重作用

城镇化是一场深刻的社会大变革，涉及经济结构调整、社会结构变迁、城镇合理布局、区域协调发展等一系列重大问题。市场引导资源配置，市场引导体现的是效率优先的机制。城镇化要与经济发展相协调。总的来看，推动城镇化有序健康发展，需要充分发挥政府调控和市场引导的双重作用。蔓延型的城镇化往往会出现城镇建设无序、粗放扩大等问题，集中型城镇化也同样面临着牺牲农业农村发展、拉大城乡二元差距等困扰。例如西欧国家政府调控下的市场主导型城市化，为世界城镇化发展提供了基本思路和模式，即在城镇化的发展中，要积极发挥市场机制的决定性作用，确保与城镇化息息相关的土地、人口、资本等经济要素能够顺利流动并合理配置。与此同时，政府要通过制定法律、完善基础设施、制定政策等手段引导和调控，为工业化与城镇化协调发展提供保障。因此，在推动城镇化发展过程中，首先要按照市场经济的一般规模，让市场机制在优化配置中起到基础性作用，其次政府也要适度调节。政府通过完善法律法规、强化规划引导等措施，在经济结构调整、社会结构变迁、城镇合理布局、区域协调发展等重大领域发挥积极作用，将政府调控与市场引导有机结合起来，推进城镇化持续健康可持续发展。

4. 协调城镇化与农业农村发展关系

城乡关系是城镇化进程中的核心关系，推进城镇化进程，必然要求与农业、农村发展相协调，农业在城镇化发展演进中起着重要的基础性作用，城市可以为农业发展提供设备、技术等支持，城市发展也需要农业来提供各种资源保障。如果城镇化发展以牺牲农业为代价，则会造成农村与农业彻底衰败，农村贫困人口增多，城乡差距扩大。国际经验表明，只有形成城镇化发展与农业发展之间的互促共进、良性循环，才能保证城镇化进程的速度和质量同步提高。只有制定合理的土地制度、提升农业技术、加大农村教育投入、完善农村基础设施，才能为城市提供充足的劳动力与产品，保障城市的发展。因此，随着城镇化的推进，农业的基础地位不能动摇，要不断提高农业劳动生产率，在为城镇化发展奠定物质基础的同时，提升农村发展水平，形成良性的城乡互动关系。

5. 提升城镇化的公共服务水平

城镇化发展的主要目的是人民生活水平的提高，尽可能让更多的群众享受现代城市文明成果。因此，在推进城镇化过程中，要着力加强城乡的社会管理，推进城乡基本公共服务均等化，千方百计地促进就业。例如，日本在城镇化的过程中采取了一系列措施推进就业。其一，积极推进公共服务均等化，使农村居民享有与城市居民相同的社会保障，以充分满足新进城农民转化市民身份的需求；其二，实施救援促进政策，对劳动者与企业必须签订劳动合同进行立法。只有不断强化社会管理和公共服务水平，才能切实提高城镇化建设水平。

6. 坚持城镇发展与资源环境保护并重

城镇化进程的不断推进，往往伴随着城市与农村的生产方式、生活方式的变革。而随着全球城镇化进程的加快推进，资源耗竭、环境污染、生态保护等问题也日益凸显。例如，在美国的城市郊区化过程中，由于城镇粗放扩张，大量农田、森林和空地被占用，而随着通勤距离不断增加，汽车拥有量迅猛提升，不仅耗费时间，还大幅增加了能源消耗和污染排放。城镇化进程中带来的生产、生活方式的改变，导致了能源消耗的大幅增加和温室气体的大量排放，进而引发了全球气候变化问题，给人类生存和可持续发展带来严峻挑战。20 世纪 90 年代美国提出的“精明增长”理念，目的就是解决城市向郊区低密度无序蔓延所带来的资源环境问题。要实现可持续发展必须做到城镇化发展与资源环境相协调，即要坚持低碳发展，绿色发展，走资源节约、环境友好的新型城镇化道路。

7. 合理城镇体系规模与空间结构对城镇化发展有重要作用

城镇化模式影响因素有区位条件、人口转移格局与趋势。区位理论不仅分析了城市的分布状态与形式，且分析了城市效益的根源。主要包括农业区位论、工业区位论、城市区位论等。因此，在分析不同城镇化模式产生的原因的时候，我们首先要考虑的是区位因素、自然地理环境、经济基础以及交通条件对城镇化模式的形成有着重要的作用。

8. 应该根据城镇化的发展时期及时对产业结构进行升级

城镇化有动态阶段性特点，在不同阶段特征与问题也不一样。所以，正确判断一个地区城镇化所处的阶段是研究城镇化的前提。美国城镇化出现郊区化，说明大城市产业结构在不断调整，传统制造业开始寻找新的区域，第三产业越来越成为城市的主导。底特律的破产正是源于城市产业结构没有及时升级，而一直依靠制造业发展，如今工业化的浪潮退去，不仅辉煌尽去，而且废墟一片。我国城镇化发展过程中产生了许多“北上广”等超大城市，这些超大城市的人口规模过度膨胀，产生了众多问题。所以，大城市只有通过传统产业向外转移，城市产业结构升级，第三产业成为主导的办法来面对城镇化进程中的困境。换句话说，在推进新型城镇化的过程中，既要强化城镇化的产业支撑，发挥城市规划的引导调控的作用，加强城市基础设施和公共服务设施的建设，同时又要避免在城市中形成贫困聚集区。

四、小结

工业革命开始，西方发达国家在工业化发展的基础上首先开始了城镇化。经过城镇化的快速发展，到20世纪五六十年代西方典型发达国家基本实现了城镇化，目前基本进入了高度城镇化，即完成了农业社会向现代社会的转变。目前发展中国家才迎来城镇化的快速发展阶段。本章首先对典型发达国家与典型发展中国家的人口流动与城镇化发展进行梳理。其次，在对典型国家城镇化历程与人口流动变动的梳理的基础上，对国外城镇化模式进行对比，并总结优势与缺点。国外典型的城镇化模式包括：第一，西欧市场为主导，政府负责调控，中小城市优先发展的城镇化模式。第二，美国自由蔓延式与低密度郊区化的城镇化模式。第三，日本政府调控下的大城市为主的城镇化模式。第四，拉非国家殖民地经济为主导型的过度城镇化模式。第五，南亚“人口爆炸式”的城镇化模式。同时，总结了国外这些典型的城镇化模式的经验与教训。最后，本章综合以上内容将城镇化的发展规律进行总结。第一，城镇化与工业化发展要协调同步，城镇化与经济发展的互促共进规律。第二，不同地区历史原因、经济条件下要素流动聚集形态不一样，也就形成了城市体系构架各不相同的城镇化模式。第三，人口流动是城镇化模式的“风向标”。第四，城镇化表现为一个空间上“聚集—扩散—聚集”的动态过程。第五，大城市超先增长规律。第六，城镇化过程中城市规模与数量呈现小、少—大、多—小、多的动态演化趋势。

为了对传统农区人口流动与城镇化模式的研究提供依据与支持，本章总结出了一些有指导意义的启示。第一，人口流动与城镇化是“穿针引线”的关系。劳动力作为经济要素中最为活跃的因素之一，从人口流动的角度探究城镇化模式与方向，就是从动态的角度探索城镇化发展方向与模式。第二，城镇化的初始动力是农业的发展，根本动力是工业发展，后续动力是服务业。第三，发挥市场引导与政府调控的双重作用。第四，城镇化发展，人口大量城乡流动，必须强化产业支撑与公共服务水平。第五，合理的城镇体系规模与空间结构对城镇化发展有重要作用。根据要素流动聚集情况来合理规划城镇化体系。第六，大城市与核心地区的区位优势，在要素流动聚集中起着无可替代的作用。总结城镇化发展的规律与启示，尤其是要素流动规律对城镇化发展的作用，有利于指导传统农区的城镇化。那么，传统农区的人口流动状况有什么新变化？城镇化中有什么现象与问题？传统农区应该走怎样的城镇化道路？后面章节将做详细阐述。

第五章

河南省城镇化进程中人口流动的现状与趋势

通过对国内外人口流动下的城镇化发展的分析，得到一个规律性认识，即人口流动方向、规模、速度与趋势等深刻影响着城镇化的发展模式。本章首先将河南省人口流动与城镇化的演化过程进行梳理，观察河南城镇化发展与城乡人口变动状况，并指出目前河南省城镇化发展的特点与问题。其次，探究近年来河南人口流动格局的新变化。由于人口流动的时间序列数据比较缺乏，本章对于河南人口流动现状与特点的呈现，一方面运用全国第五次、第六次、第七次人口普查资料与河南省统计年鉴，另一方面通过实地调查数据进行分析。在此基础上结合实地调研资料总结出河南目前城镇化发展中的突出问题。最后，对河南人口流动的趋势进行预测。在人口流动趋势的预测上采用的是常住人口数据，因为常住人口空间与层次分布变动情况能实时反映流动人口的变动情况，其数据主要来源于河南各年统计年鉴、各省辖市统计年鉴与各省辖市统计公报。

一、河南省人口流动与城镇化的演化过程

（一）河南城乡人口与城镇化率变动情况总览

从新中国成立至改革开放前，河南城镇化受我国政治、经济、社会制度等因素影响，经历了一个曲折的发展过程。1949—1977 年城镇化水平仅提高了 7.2 个百分点。改革开放后，河南经济和城镇化建设才真正步入持续稳定的发展阶段，城镇化进程不断加快，1978—2020 年城镇化率提高了 41.8 个百分点，年均增长率约为 1 个百分点，随着城镇化率的快速提高，城镇人口数量也由 963 万人增加到了 5510 万人，年均增长率

为 4.24%。改革开放以来河南城镇化的发展历程大致可以划分为四个阶段，即起步推进阶段、稳步推进阶段、加速推进阶段和协调推进阶段。2020 年河南的城镇化率为 55.43%，与全国相差约 8.5 个百分点。虽然 2020 年河南城镇化率达到了 55.43%，但从户籍人口来看，河南城镇化率远低于该值，一方面说明河南城镇化水平发展势头强劲，但与全国有一定的差距，说明河南的城镇化潜力很大，另一方面说明有大量城镇常住人口仍然属于农民身份，这样的城镇化是典型的“半城镇化”。

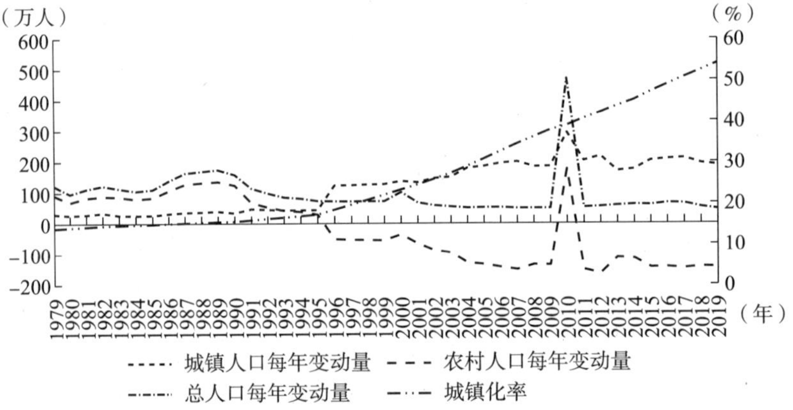

图 5-1 改革开放以来河南省城镇化率与城乡人口每年变动情况

资料来源：根据《河南统计年鉴 2020》数据整理所得。

从城乡人口流动量的相对变化可以看出河南这一第一人口大省的城镇化的总体特征。改革开放以后的一段时间内，河南省每年总人口的增加量呈上升趋势，这主要是由于农村人口的年增加量较大所致，农村生产力的释放和计划生育政策的真空漏洞是造成农村人口增加的主要原因；1991 年以后，河南省总人口呈下降趋势，这种下降趋势主要是由于农村人口增加量的降低直至 1997 年农村人口负增加。导致农村人口减少的原因有两个：一是计划生育政策的实施；二是随着工业化和城镇化的发展，非农产业对农村剩余劳动力的吸纳。到 1996 年，城镇人口的增加量超过了总人口的增加量，这意味着河南省增加的所有人口加起来还不够补充城镇增加的人口。从这个意义上来说，必须从其他方面，也就是说从农村来获得新增的城镇人口，截止到2019年年底，城镇新增人口已经是新增总人口的4.11倍。城镇人口的增长率在不断提高，而农村人口正好相反，增长率不断下降。由此可以初步判断河南省人口流动主要是城乡人口流动，随着城镇化的快速推进，农村剩余劳动力源源不断地流向城镇地区，使得城镇人口不断增长。也从另一个侧面表明河南省内城乡人口流动势能明显。

（二）河南省城镇化阶段特征

1.1978—1991年，城镇化起步阶段

1978年十一届三中全会召开后，党的工作重新回到了以经济建设为中心的轨道上。在农村改革的带动和促进下，尤其是土地家庭联产承包责任制的实施，使得很多流动人口又回到了农业生产中。1984年以前，农村人口流动处于徘徊阶段。1984年后允许农民自带粮进镇务工、经商落户。

在这一时期，河南省根据国家的政策引导，制定了河南省小城镇化战略，即优先发展小城镇。于1983年开始实施地市合并或撤地建市，实行市带县的新体制，全省城市数量由1978年的14个增加到1991年的27个，城镇人口由963万人增加到1389万人，城镇化率由13.6%上升到15.9%，比1978年提高了2.3个百分点。其中1978—1988年的10年属于农村剩余劳动力转移的关键黄金期。1989—1991年，在国家整顿与管理下，流动人口出现了“回流”现象。所以，在河南城镇化的起步阶段，人口流动处于徘徊阶段。这个时期城市作为区域政治、经济、文化和科技中心的功能开始发挥出来，对周围地区的辐射带动作用不断增强。

2.1992—2000年，城镇化稳步推进阶段

1992年以后在我国利好的经济形势下，城镇化快速推进。党的十四大确立了建立社会主义市场经济体制的总目标，我国进入了建设社会主义市场经济体制的新时期。我国主导发展小城镇带动农村社会经济发展战略。

河南省在高速增长的经济形势下，非农产业发展迅速，进一步加快了农村剩余劳动力转移。这个时期，河南省主要响应国家的小城镇模式发展城镇化。1993年3月，河南省呈现“十八罗汉闹中原”的局面，将巩义、偃师、禹州、邓州等18个县（市）确定为改革、开放、发展的“特别试点县（市）”，赋予其部分省级经济管理权限，实行特殊政策，以活跃县域经济，带动农村地区城镇化进程。编制“九五”计划时，省委、省政府提出要统一协调中原城市群重大基础设施、产业布局、城镇体系和生态环境建设。1996年河南省六次党代会上，提出继续发展大城市，大力发展中小城市，积极发展小城镇。同时，继续完善市带县体制。在这一方针指引下，河南城镇化进程步入了加快发展期。到2000年年底，河南省城市数量增加到38个，城镇化率达到23.2%，比1992年提高了约7个百分点。城镇人口从1992年的1434万人增加到了2000年的2201万人。这个时期的人口流动在小城镇模式的指引下，以短距离迁移为主。

3. 2001—2006年，城镇化快速推进阶段

以“十五”计划为开端，我国的城镇化道路开始在反思中重构，取消了很多不利于农村剩余劳动力转移进入城镇的限制。随后我国出台了一系列指导性政策，强调既要发展小城镇，也要重视中小城市与大城市的带动作用，走一条符合我国国情、大中小城市和小城镇协调发展的中国特色的城镇化道路。

在走中国特色城镇化道路总方针的指引下，河南省城镇化进入快速推进时期。这个时期河南的城镇化明确为大城市、中小城市及小城镇协调发展的模式。2005年河南省政府明确提出把“实施中心城市带动战略，突出发展中原城市群，重点建设省辖市和县城”作为“十一五”及今后一个时期全省城镇化发展的战略重点。可见，河南已经有了要适应城镇化发展趋势，走城乡互动、区域协调、体系合理、发展集约、以人为本道路的理念。到2006年底，全省城镇化率达到32.5%，比2000年提高了9.3个百分点。城镇人口由2001年的2334万人增加到了2006年

的3189万人。

4. 2007年至今，协调推进城镇化阶段

2007年，党的十七大对走中国特色的城镇化道路这一战略进行了完善和发展，其核心是促进大中小城市和小城镇协调发展，指出了我国要走新型城镇化之路，指明了全面建设小康社会等重大战略决策的方向，统筹考虑新型工业化、新型城镇化和新型农业现代化同步协调推进的问题。

在这一时期，河南省持续探索实施中原崛起、河南振兴总体战略，现已将“中原经济区战略”提升为国家战略。在发展战略上也紧跟全国的新型城镇化战略。这个时期的河南省仍是全国典型的人口输出地，大量的农村剩余劳动力流到省外。2008年金融危机之后，东部面临产业升级，劳动密集型产业向中西部地区转移，中部在新一轮承接产业转移中优势地位明显。河南出现了大量的农民工“回流”现象，2016年国务院批复了以郑州为中心的中原城市群发展规划，为河南省城镇化提供了新的契机和平台，与此同时，河南省内城乡人口流动势能开始加强，城镇化率进一步提升。到2020年，全省城镇化率达到了55.43%，比2006年提高了约23个百分点。相应的城镇人口从2006年的3189万人增加到了2020年的5510万人。

综上所述，对河南省城镇化发展历程分阶段特征进行分析，河南省的城镇化模式战略一直紧跟国家的总体战略。但河南省城镇化进程却远远落后于其工业化进程。河南省目前需要大力推进城镇化。河南省作为典型传统农区将会是我国推进新一轮新型城镇化的巨大势能所在。城镇化最直接、最明显的表现就是人口在不同空间区位上的重新聚集和分布及城镇体系中规模结构的变化。河南省城镇体系格局也存在很多问题：城镇规划滞后，城镇建设重点不鲜明，城镇体系不合理；城镇发展水平总体较为落后，城镇规模小，城镇化率总体偏低；城镇经济实力不强，就业空间狭小，城镇管理较差。河南省是大城市与大农村并存、二元结构明显的典型传统农区。城镇化涉及合理规划城镇规模、安排好城镇的

空间布局、选择城镇产业、调整城镇职能等重要问题。但目前这种城镇化模式的探讨，多集中于概念性和设想。对于城镇化模式的研究，应该建立在对城镇化内在规律的正确认识上，并用动态的思维分析城镇化模式选择。而劳动力作为经济要素中最为活跃的因素之一，对城镇化模式的动态选择具有重要的指导意义。河南是典型的人口输出大省，但随着城镇化进程的推进，河南省流动人口的流量、流向、分布等发生了显著变化，出现了一些新的特征与趋势。接下来对河南省人口流动现状与趋势进行详细分析。

二、河南省人口流动现状与特点

对于河南省人口流动现状与特点的研究分成两个层次：一是通过统计数据分析河南省人口流动的总体状况，二是通过实地调查分析河南省农村劳动力流动状况与特征，这样可以对河南省人口流动现象全方位分析。其中对于人口流动与农村劳动力流动的现状分析不仅包括流动的方向、规模，还包括流动人口的属性特征。而后在实地调研的基础上总结出了河南省人口城乡流动与城镇化中的突出问题，这对于未来河南省城镇化发展具有重要的指导意义。最后，通过对常住人口空间分布与层次分布的预测，预测河南省未来人口流动的规模、方向与趋势。

全国“五普”“六普”“七普”数据资料显示，河南省流动人口流量逐渐增大、比例明显增加。2000 年“五普”全国流动人口规模 14439. 04 万人，河南省总流动人口为 779. 42 万人，其中河南省省内流动人口规模 472. 42 万人、外省流入河南 47. 62 万人、省际流出人口 307 万人；2010 年“六普”全国流动人口 26093. 80 万人，河南省总流动人口急剧上升为 1965. 54 万人，其中省内流动人口规模为 917. 19 万人，外省流入河南省的人口增加到 59. 21 万人，省际流出人口规模为 1048. 35 万人。2020 年“七普”全国流动人口 37582 万人，河南省总流动人口为 2120. 17 万人。流动人口中，省内流动人口为 1992. 08 万人，外省流入人口为 127. 37 万人，省际流出人口规模为 1610 万人。

表 5-1 “五普”“六普”“七普”河南流动人口规模 单位：万人

	全国		河南				
	总人口	流动人口	总人口	总流动人口	省内流动人口	省际流出人口	省际流入人口
五普	124261.22	14439.04	9123.69	779.42	472.42	307.00	47.62
六普	133281.09	26093.80	9402.99	1965.54	917.19	1048.35	59.21
七普	141177.87	37582	9941.20	2120.17	1992.08	1610.00	127.37

数据来源：根据全国第五次、第六次、第七次人口普查资料整理所得。

表 5-1 数据显示河南省内流动人口来源以省内为主，2020 年“七普”数据显示，虽然河南人口流动仍然以人口流出为主，但河南省内转移人口规模达到了 1992.08 万人，省内流动人口规模已然成为一个不可忽视的势能。规模巨大的省内流动人口对河南省经济建设发展起到举足轻重的作用。中原经济区战略已经上升为国家战略，未来河南省经济将全面快速发展，这不仅会吸引越来越多的外省人口流入，还将使省内流动人口规模进一步加大。

第七次全国人口普查结果显示，2020 年河南流出到外省的人口为 1610 万人，与 2010 年相比增加了 561.65 万人，净流出人口达 1482.63 万人，是全国净流出人口最多的省份。数据显示，河南省内流动人口 1992.08 万人，其中省内跨市流动 633 万人，分别比 2010 年增加 1074.89 万人、407 万人。河南省流出省外的人口主要来源地集中在周口、驻马店、信阳、南阳等地，周口出省流动及省内跨市流动人口最多，其中周口有 267 万人去了省外，出省流动人口数量超出其他省辖市。信阳、南阳、驻马店、商丘分别有 246 万人、211 万人、210 万人和 178 万人去了外省。这五座城市合计出省流动人口规模达 1112 万人，占全省的 69.1%。省内跨市流动人口来源主要集中在周口、驻马店、信阳、商丘、南阳、开封、平顶山、安阳等 8 市，合计流出 421 万人，占全省的 66.51%，其中周口有 87 万人去了省内其他城市，流出人口最多。郑州仍然还是河南省唯一的人口净流入省辖市。省内跨市流动人口主要方向为郑州，郑州作为国家中心城市，仍然是河南省内吸纳省内人口转移最多的省辖市。河南省统计局数据显示，2020年郑州吸纳的省内其他城市流出人口达368万人，占全省的58.1%。洛阳和新乡流入人口也较多，分别为38万人、30万人。

河南省流出流动人口主要方向为东南沿海省份。河南省统计局统计结果显示，2020年，河南省的流出流动人口主要流向广东、浙江、江苏、上海等地。其中，广东省是南阳人、驻马店人、许昌人和漯河人外出的首选流入地；浙江省是信阳人、周口人外出的首选流入地；江苏省是商丘人、平顶山人、洛阳人、新乡人和开封人外出的首选流入地。

综上所述，河南人口流动格局出现了新的变化，具体表现为流量逐渐增大，农业转移人口主要流向中心城市，省内以郑州为中心的核心都市圈人口流动势能尤为突出，而且省内农村劳动力转移与向省外输出双向增长。“80”“90后”“00后”新生代农民工已经成为河南省内流动人口的主力军。但流动人口的人力资本仍比较低，农村转移劳动力男女比较仍有差距。河南人口流动的这些特点与趋势都应该成为河南推进城镇化的重要依据。

三、河南省农村劳动力流动现状实地调查分析

上述主要从统计资料探索河南总体人口流动的现状，下面用调研资料和数据分析河南农村劳动力及流动现状，并从实地调研出发对河南农村劳动力流动趋势做了初步预测，其中有关实地调研的部分数据与分析方法来自《人口流动、制度壁垒与新型城镇化——基于实地调查的报告》。调研数据与资料来自河南大学中原发展研究院“百县—千村—万户”工程（Ⅶ期）与“河南新型城镇化”调研。实地调研采用调查问卷与访谈相结合的方式。为了研究深化农村相关制度的改革、促进农民市民化，解除农业转移人口进城务工的后顾之忧，本次调研围绕农村劳动力从农村“转得出”、向城市“进得来”的问题。其中，“百县—千村—万户”（Ⅶ期）工程从2012年6月底开始，每年一次，是以问卷为手段的大规模调查。本次调查共发放问卷10000份，最终收回有效问卷9774

份，问卷有效率接近98%。问卷选取了河南省具有代表性的208个村镇，这些村镇分布于全部18个地市下辖的63个县（市），共调查了7699户家庭9774口人。“新型城镇化”调研从2013年5月中旬开始，是以问卷及访谈为手段的小规模重点调查。调查有针对性地选择了河南省信阳市商城县（劳动力外出打工典型区）、河南省安阳市滑县（典型农区）、河南省许昌市长葛市（制造业比较典型区域），调查了3镇4村408户家庭的1211口人。在数据处理上，运用计量分析软件对数据采用了标准化处理、描述性统计、相关性分析等科学的方法，处理了两个调查共计63个县（市）212个村镇的8096户家庭共10985口人的相关数据。①

调查河南农村劳动力及流动状况，不仅重点探究农村劳动力流动分布状况，还涉及劳动力结构状况、劳动力行业分布、劳动力流动方向和收入水平、受教育状况等农村转移劳动力特征。其中，农村劳动力流动状况主要反映农村劳动力流动方向与分布特点。务工时间可以反映出进城农民工对于城市的融入度；务工行业分布可以反映出进城农民工的就业层次；受教育状况反映了农村劳动力的人力资本；务工收入则可以反映出进城农民工的生活状况，并且这一指标也反映出进城农民工融入城市的难易程度。

（一）河南省农村劳动力流动状况

农村劳动力流动状况主要反映农村劳动力的流动方向与分布特点。实地调研显示，河南农村劳动力主要流向中心城市，河南省内以郑州为首的中心城市流动势能明显。表5-2是调研的农村人口中外出务工人员的流向，其中三大都市圈吸纳了样本人口的27.51%；流向省内省辖市（除郑州）的占45.64%；流向郑州市区的占13.42%。虽然流动人口的统计中不同的时间点统计出的流向会有较大差异，但在一个时间段统计结果有一定的统计学意义。

① 耿明斋．人口流动、制度壁垒与新型城镇化——基于实地调查的报告［M］．北京：社会科学文献出版社，2013.

表 5-2　调查农村外出务工人员流入地分布情况

样本总数	1043 人	
省内地市	476 人	45.64%
长三角	142 人	13.61%
珠三角	63 人	6.04%
京津冀	82 人	7.86%
郑州市区	140 人	13.42%
国内其他地区	126 人	12.08%
国外	14 人	1.34%

资料来源：根据中原发展研究院“百县—千村—万户”（Ⅶ期）数据整理。

由表 5-2 可见，河南农村转移人口有 59.06%留在了省内，与 2010 年河南统计的农村劳动力转移人口流动分布相比，河南农村转移人口流向省内的势能越来越明显。河南人口流入长三角、珠三角和京津冀地区的劳动力占到了样本总数的 27.51%，流入郑州市区的占样本总数的 13.42%，流入长三角、珠三角、京津冀和郑州四地的相加接近一半（40.93%），表明河南农村劳动力主要流入了中心城市；流入省内其他 17 个省辖市的占到样本总数的 45.64%；那么流入三大经济圈和河南 18 个省辖市的加总接近 88%。这证明了河南农村转移人口流动方向首选大城市、特大城市和发达地区，次选省辖中心城市。因此，调研结论为：河南农村转移人口主要是被中心城市吸纳，而且省内以郑州为首的中心城市对农村劳动力的汇聚势能明显，县以下地区不是城镇化的主要方向。从农村转移人口的流向调查可以预判，河南应该前瞻性地扩大省辖市市区规模，尤其是郑州的规模。

（二）河南农村转移劳动力特点

1. 农村劳动力结构与特点

表 5-3 与图 5-2 是实地调研抽取样本人口的基本情况，反映农村劳动力的结构特点。调研样本总人口 11921 人，其中成年人占 76.33%，未

成年人占23.67%；男性占比略高于女性。

表5-3 调查样本基本情况

样本总人口	11921人	
成年人	9099人	76.33%
未成年人	2822人	23.67%
男性	6222人	52.19%
女性	5699人	47.81%

资料来源：根据中原发展研究院“百县—千村—万户”（Ⅶ期）数据整理。

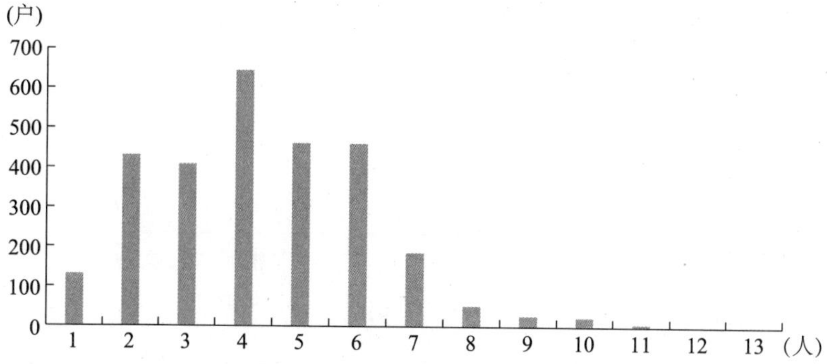

图5-2 农村家庭人口规模情况

资料来源：根据中原发展研究院“百县—千村—万户”（Ⅶ期）数据整理。

调研显示出河南农村劳动力特点为：第一，农村劳动力资源丰富。通过农村人口结构的基本状况可知，成年人占总人口比例仍然高达70%以上，基本说明农村劳动力资源仍然丰富，可以转移的劳动力数量依然可观。第二，农村家庭规模结构适应于城镇化的发展。从调查家庭的人口规模情况来看，农村拥有4口人的家庭最多，其次是5口和6口之家。而拥有2、4、5、6口人的家庭总数占到了调查家庭总户数的70%以上。表明当前大部分农村家庭规模较小，与城市差别不大，农村传统的生活方式已经有了较大的改变。较小的家庭规模更适合家庭整体迁移，并能够较为便利地融入现代化的城市生活中，有利于城镇化。第三，人口红利依然存在。我省农村人口中未成年人口的比重依然较大，占到总人口的近三成，未来的5年左右，劳动力供给依然充足，人口红利还将持续。这说明河南城镇化的潜力很大。

2. 农村劳动力受教育状况

表5-4为农村劳动力受教育程度，其中，具有初中学历的人数最多，将近占总人数的五成，其次是高中或中专学历，占总人数的25.56%。具有初中及以下学历的占到总人数的七成以上；具有中等教育以上学历的仅占总人数的28.92%。

表5-4 农村劳动力受教育程度

样本总数	1549人	
小学及以下	388人	25.05%
初中	713人	46.03%
高中或中专	396人	25.56%
大学及以上	52人	3.36%

资料来源：根据中原发展研究院“百县—千村—万户”（Ⅶ期）数据整理。

表5-4说明农村劳动力的受教育水平很低。绝大多数农村劳动力在完成了九年义务教育之后就没有接受过中等教育。这也反映了农村外出劳动力的文化水平低下。众多研究表明收入与受教育状况是正相关的关系，那么农村外出劳动力人力资本低往往是其在城市收入低下的主要原因。在问卷设计上还有“是否参加过职业培训”一项，但由于得到的样本数量有限不具有统计学意义。由此可见，进城农民工的人力资本非常有限，这也是进城农民工融入城市的一个主要障碍，是河南城镇化进程中亟须解决的问题。

3. 农村转移劳动力行业分布

农村转移劳动力行业分布反映的是农村转移劳动力的就业层次，进而分析其城市融入状态。表5-5为调查的农村转移劳动力的行业分布，其中，“建筑业”人员最多，占26.27%；其次为“打零工”性质的就业，“打零工”人员占17.51%；除此之外从事“制造业”人员占14.86%；调研中发现进入金融、医疗等生产性服务业的样本很少。

表 5-5 农村转移劳动力行业分布

样本总数	1245 人	
建筑	327 人	26.27%
打零工	218 人	17.51%
制造	185 人	14.86%
生活服务	138 人	11.08%
运输	98 人	7.87%
旅游餐饮	60 人	4.82%
商业	36 人	2.89%
教育	20 人	1.61%
采掘	18 人	1.45%
行政	16 人	1.29%
金融	13 人	1.04%
医疗	12 人	0.96%
其他	104 人	8.35%

资料来源：根据中原发展研究院“百县—千村—万户”（Ⅶ期）数据整理。

由此可见，河南农村转移劳动力流向工业领域最多。农村劳动力行业分布反映了劳动力的行业层次分布特点，即大多数农村转移劳动力流向了建筑业、打零工、制造业。这个特点与目前河南的经济增长相适应。就业性质决定城镇化的程度，在工业领域就业的城镇化程度深。

4. 农村转移劳动力收入情况

农村转移劳动力收入情况反映的是农村转移劳动力的生活状况，进而折射出进城农民工的城市融入状况。进城农民工收入越高，农民工生活状况就越好，融入城市也越容易。表 5-6 为农村外出务工人员收入分布情况，收入主要集中在 1000～4000 元，其中收入 2001～3000 元的占 35.96%，收入 3001～4000 元的占 24.07%。调研数据显示大体上进城者的月收入类似于“正态分布”。

表 5-6　农村外出务工人员收入分布

样本总数	1026 人	
1000 元以下	28 人	2.73%
1001~2000 元	194 人	18.91%
2001~3000 元	369 人	35.96%
3001~4000 元	247 人	24.07%
4001~5000 元	71 人	6.92%
5001~6000 元	51 人	4.97%
6001 元以上	66 人	6.43%

资料来源：根据中原发展研究院"百县—千村—万户"（Ⅶ期）数据整理。

由此可见，河南农村外出劳动力在外收入不高，在城市生活比较艰难，农民工融入城市比较困难。调研样本显示进城农民工收入在 2001~3000 元的占三成以上，收入在 2000 元以下的约占 20%。进城农民工的收入层次仍比较低。

5. 农村转移劳动力务工时间情况

农村转移劳动力务工时间反映了农村转移劳动力的城市融入程度。务工时间越长，说明在城市的融入度越高。表 5-7 为农村外出人员务工时间情况。偶尔务工指的是间断性的务工，在时间上不连贯，而其他选项都为持续务工时间。其中，外出务工 6 个月以上占样本总数的 78.9%，说明农村外出人员中有接近 80%已经成为统计学意义上的流动人口。

表 5-7　农村转移劳动力的务工时间情况

样本总数	5833 人	
10 个月以上	3278 人	56.20%
6~10 个月	1324 人	22.70%
3~6 个月	683 人	11.71%
3 个月以下	198 人	3.39%
偶尔务工	350 人	6.00%

资料来源：根据中原发展研究院"百县—千村—万户"（Ⅶ期）数据整理。

由此可见，农村转移劳动力大部分都属于离开户籍所在地6个月以上的流动人口。务工时间在10个月以上的农村转移劳动力达到了56.20%，6~10个月的占到22.70%，3个月以下的只有3.39%。这说明河南的农村转移劳动力已经成为城镇常住人口的主力军，农村转移劳动力进城谋生已经成为农民工不可逆转的生活方式，所以河南城镇化重点就是农村劳动力转移与城市融入问题。

综上所述，经实地调研，河南农村劳动力主要流向中心城市，其中以郑州为首的省内中心城市流动势能明显，县以下地区对人口的汇聚能力有限。从农村转移人口的流向调查可以预判，河南应该前瞻性地扩大省辖市市区规模，尤其是郑州的规模。农村劳动力资源仍然丰富，可以转移的劳动力数量依然可观。未来的5年左右，劳动力供给依然充足，人口红利还将持续。这说明河南城镇化的潜力很大。进城农民工的人力资本非常有限，这也是进城农民工城市融入的一个主要障碍，是河南城镇化进程中亟须解决的问题。河南农村转移劳动力总体流向工业领域最多。河南的农村转移劳动力已经成为城镇常住人口的主力军，农村转移劳动力进城谋生已经是农民工不可逆转的生活方式，所以河南城镇化重点就是农村劳动力转移与城市融入问题。

（三）河南人口城乡流动与城镇化的突出问题

通过对实地调研资料的分析发现，一方面河南省农村劳动力资源仍然很丰富，人口红利依然存在。河南的农村转移劳动力已经成为城镇常住人口的主力军，农村转移劳动力进城谋生已经是农民工不可逆转的生活方式。而且农村劳动力主要流向中心城市，其中以郑州为首的省内中心城市流动势能明显，县以下地区对人口的汇聚能力有限。另一方面，城镇化的道路任重而道远，河南人口城乡流动与城镇化过程中存在“半城镇化”严重与农民工融入城市困难等众多突出问题。未来一段时期，解决城镇化过程中的突出问题也是河南推进新型城镇化的重要内容。

1. “半城镇化”现象严重，农村外出劳动力融入城市困难

经调研，河南城镇化目前最大的问题就是“半城镇化”现象严重。所谓“半城镇化”表现在进城务工人员一方面在城市务工，一方面并没有摆脱农民的身份，游离在城市与农村之间。但离开户口所在地半年以上就被统计为流动人口，纳入当地的常住人口之中，这样统计的城镇化率并不能反映城镇化的真实情况。其中在郑州“城中村”的调研中，在调研样本中只有不到6%的进城农民工已经转为城市户口。说明目前河南农村外出劳动力的城市融入情况比较差。

2. 进城农民工人力资本低，就业面狭窄，收入较低

从上述农村劳动力特征的分析中可以看出农村转移劳动力人力资本非常有限，并且收入比较低。据调研，农村转移劳动力在郑州从事制造业的人员比例接近35%，其次是服务业，达到23.4%。而在省内地级市中，农民工在服务业中比例最高，其次是制造业。在本县/乡镇/村中，工业吸纳的农民工数量最多。一方面说明河南转移在省内的农村劳动力就业层次比较低，另一方面说明只有在工业化基础较好的县以下地区才能为就地城镇化提供条件。在郑州“城中村”的调研中，发现进城农民工往往聚集居住在城市的“城中村”，其居住空间小、环境较差。由此可见进城农民工在城市生活比较艰难，农民工融入城市比较困难。

3. 农村外出务工人员“回流”省内后发展空间有限

据调研访谈资料，在东南沿海面临转型升级、经济不景气的情况下，河南迎来了农民工“回流”潮。河南“回流”的农民工大都“抱团”式返回了河南中心城市。但“回流”后并没有让农民工得到更好的生活条件，收入、居住、生活水平等都有所下降。但这批人口更有法律意识和超前思想，对融入城市的要求更高。这也是当前河南城镇化亟须解决的问题之一。

4. 进城农民工子女在城市受教育存在困难

据郑州“城中村”调研的资料显示，调查的进城农民工中有76.92%的已婚者愿意带孩子进入城市读书，但现实是进城农民工子女入

学存在种种障碍，一方面是户籍障碍，一方面是隐性的借读费太高。再加上城市高昂的生活费用，农民工较低的工资收入根本负担不起。进城农民工子女入学的情况直接关系到农村转移人口的迁移模式。这也是河南城镇化目前的一个突出问题。

5. 进城农民工缺乏社会保障与福利、劳动权益常被侵犯

据郑州“城中村”的调研，农民工在城市生活的社会保障有缺失。调研样本中15.96%的农民工没有参加任何保险，48.94%的农民工的基本社保在农村，缴纳城镇居民保险和职工保险的人数分别占8.51%与26.6%。同时，样本中有73.30%的进城农民工并没有与单位签订劳动合同，他们的劳动权益遭到侵犯，往往也找不到维护自身权益的途径。这方面是进城农民工城镇化过程中遇到的困难，也是城镇化亟须解决的问题之一。

总而言之，河南人口城乡流动与城镇化的突出问题主要集中在进城农民工城市融入的问题上，所以农民工市民化就成了河南城镇化的重点与难点。

四、河南省农村劳动力流动案例分析

众多学者的研究主要集中于农村劳动力流动对农业发展的影响，且有不同的观点，而研究劳动力流动对农村社会变迁以及农村发展的文献较为少见。农村发展需要坚持以人为本、全面、协调和可持续发展，从而达到各种资源配置的综合效益最大化。现代化的农村，不仅要有发达的农业、成熟的产业体系，以及农民衣食住行等物质生活条件的极大改善，还要在更高层次上实现“生态宜居”“乡风文明”。研究劳动力流动对农村发展的影响，需要立足于农村产业发展、农民生活、基础设施建设等村情村貌的客观实际，鉴于此，我们组织开展了针对不同类型农村的劳动力流动及村情村貌的全面调研。

2019年9月中原经济区与新型城镇化河南省协同创新中心开展了“百县千村”数据库建设中整村劳动力流动数据的采集工作。本项目覆

盖河南省全省，共7个调研组，每组抽取3个自然村，按照一县一村的原则。本项目以调查省内农业地区人口流动、劳动力就业人口迁徙为主线，兼顾就业结构、收入结构、年龄结构、受教育结构、土地流转、宅基地使用状况等因素，探索未来人口流向和流出趋势，研判河南农村发展现状与困境，最终为河南新型城镇化与农村振兴提出建议。

本案例采用调查研究法、比较归纳法等，分析农村发展过程中遇到的突出问题，目的在于强调农村发展的重要性与紧迫性，并找出利于农村发展的对策建议，从而促进农村又好又快地发展。本研究选择了传统平原农区不同类型的典型农村，有针对性地分析劳动力流动对农村发展的影响。根据地理交通条件和务工特色，随机筛选了三个县的平原农村，分别是郑州市距离市区最近的新郑市新村镇水泉村，商丘市距离县城较近的柘城县惠济乡王元庄村，开封市距离县城最远的杞县官庄乡李庄村。首先对三个样本村进行描述性分析，分别就样本村基本情况、调研农户家庭情况、土地流转情况、进城意愿及外出务工情况（流动方向、时间、工资、行业）进行了分析，呈现不同交通条件下的样本村的发展现状；其次，总结三个样本村的外出务工特色及农村发展中的困境；再次，实证分析劳动力流动对于农村发展的影响；最后，立足三个样本村的劳动力流动特点，探索不同类型农村振兴之路，并提出政策建议。

（一）调研样本村的情况介绍

本调研属于7个调研组中的1个组，2019年10月开始调研，主要负责开封、郑州、商丘范围内的典型村庄数据采集与分析。其中样本村的选取考虑两个因素：一是地理交通情况，二是劳动力流动特色。郑州选取的是距离市区最近的新郑市新村镇水泉村，开封选取的是距离县城最远的杞县官庄乡李庄村，商丘选取的是距离县城较近的柘城县惠济乡王元庄村。3个村庄各随机抽取250户进行入户问卷采访，共回收742份问卷，基本信息共计742条，家庭信息共计3292条。

1. 新郑市新村镇水泉村

水泉村，河南省新郑市新村镇下辖农业村，位于新村镇区，坐拥新郑市区北大门，唐朝时，名朱家村，宋、元、明朝称平康村，清初称水泉镇。据地名资料记载，1455 年，村东西共有三条小河源头，名水泉村。1956—1958 年设过水泉乡政府。水泉村辖 5 个自然村（水泉、岗坡、老黄庄、陈家、王家），450 户，人口 2100 人，均为汉族，耕地 3300 亩，人均年收入 11418.89 元。水泉村地理位置优越，交通便利，其距离新郑市区 13 公里，距离省会郑州市区 35 公里，距离新郑国际机场 10 公里，距离京广铁路、京深高速公路 5 公里，是调研中距离市区最近的样本村。其东临 107 国道、郑新快速通道，村内 2015 年修建双向四车道柏油马路横穿东西，西邻大学路、新密铁路，南有大学郑万公路，新村大道、中兴大道连通新郑新区，2017 年商登高速在新村镇专设出口，从商登高速新村镇出口上 107 国道，仅 10 分钟就可以到达水泉村。正是因为水泉村独特的地理交通优势，近 5 年来，该村没有户口转为非农，也没有全家迁出的记录。水泉村随着周围乡镇工业企业增多，就业机会增多，除标牌标线以外的外出务工人员数量减少，由于水泉村周围教育资源丰富，农民重视教育，青年人外出求学意向明显，父辈对于进一步改善生活条件之后迁往新郑县城、郑州市区或者跟随子女外出定居的愿望强烈。

（1）自然条件与教育资源

水泉村周围水源湿地丰富，南水北调中线工程环绕镇区，双洎河、黄水河东西环绕。老观寨水库、望京楼水库、桐树岗水库等共同构成了独具特色的水系环境。文化灿烂，底蕴深厚。裴李岗村是 8000 年裴李岗文化首发地，望京楼、公主湖是约 2300 年前的春秋文化遗迹，望京楼夏商古城遗址位列“2010 年度中国十大考古新发现”之首。水泉村村内设小学一所，周围高中以上学校 6 所：郑州华信学院、郑州理工职业学院、郑州电子科技职业学院、新郑电大、新郑三中、新郑一中分校，在校学生近 3 万人，形成了从幼儿教育到大学教育一应俱全的教育体系。水泉村人才辈出，本科、硕士、博士均不鲜见。

（2）周围产业情况

水泉村所在镇——新村镇与新郑新区紧密相连，全镇总面积74平方公里，耕地面积4.3万亩，辖22个行政村，92个自然村，总人口3.4万人。全镇现有各类学校19所，镇区有中心幼儿园1所，小学3所，初中2所，高中2所（新郑一中分校和新郑三中），中专2所（新郑市第三职业中专和郑州工业科技专修学校），大学1所（郑州华信学院），文化站1个，图书馆1座，形成了比较完备的文化教育体系。新村镇独特的地理与交通优势，形成了产业集聚的形式。新村镇是河南省首批、新郑市唯一的“河南省小城镇建设重点镇”。依托优越区位交通优势，大力进行招商引资，逐步成长为工业重镇。域内规模以上企业32家，以河南润弘制药、河南灵佑药业、郑州卓峰制药为龙头医药产业集群优势明显，小水针年产量超过35亿支，是我国小水针针剂的重要生产基地之一，形成了独具特色的“医药产业园”，是新郑市生物医药业的主要支撑，是“全国模范劳动关系和谐工业园区”。产业优化升级幅度加大，积极调整产业结构、优化产业结构，确定了巩固现有产业，着重发展商住物流业的整体思路，通过有针对性的招商活动和项目建设，房地产物流业蓬勃兴起。已有3家房地产企业开工建设，其中，投资7.5亿元、占地245亩的宏基王朝项目，一期3栋高层、10栋多层已经封顶；投资2.5亿元、占地50亩的凯旋城项目进展顺利。物流方面，投资1.2亿元、占地107亩的郑州冷缘低温冷库一期投入使用，二期基本完工；总投资9100万元的河南百嘉惠标准化厂房建设顺利；投资8000万元的郑州和美家橱柜生产项目基本建成；投资2亿元的福华钢铁炼钢配套项目建成投产。镇区产业发展带动了周边村庄就业，水泉村村民外流比例逐年下降，就近就业倾向明显。

新郑枣区被国家质检总局确立为国家级农业标准化示范区，被国家命名为“优质红枣基地”和中国名特优经济林“红枣之乡”。水泉村种植枣树历史悠久，新郑红枣皮薄、肉厚、核小、味甘甜，备受人们喜爱，自古就有“新郑红枣甜似蜜”的说法。尤其是主栽品种灰枣、鸡心枣，更是驰名中外，有“活维生素丸”之誉，现代科学研究表明，新郑红枣含有人体必需的18种氨基酸，所含类黄酮和环磷酸腺苷，被誉为防治心脑血管疾病和癌症的活性维生素；红枣是抗疲劳、抗衰老的天然高级营养品，已逐渐成为人们的共识。目前，由于农业生产朝多样化趋势发展，种植枣树在水泉村没有形成大型规模，并不作为主要经济来源，仅作为传统加以维持和传承。水泉村地处豫西山区向豫东平原过渡地带，属暖温带季风性气候，光照充足，无霜期长，昼夜温差大，地下水位浅，土壤中性，非常适宜莲藕生长。1923年，在新郑发掘的代表中国青铜器时期铸铜技术最高水平的莲鹤方壶，说明了在春秋时期，新郑就已开始种植莲藕。新郑莲藕在种植过程中，完全利用地下水，按照“无公害”标准进行生产，达到了国家无公害生产AA级标准，被河南省确定为无公害蔬菜。新郑莲藕表皮洁白滑嫩，食用纯净无渣，口感细腻脆甜，可以烹、炒、炖、煮，还可制成藕粉和各种花色点心，具有安神、降压、消炎、止泻、减肥等功能，属保健食品，在国家工商总局商标局注册为“郑风”牌新郑莲藕。目前，随着南水北调中线工程的贯通和老官寨水库、望京楼水库水域面积不断扩大，水质改善，绿化面积扩大，水泉村局部小气候也得到明显改善，降水量比过去明显增加，空气清新湿润。随着莲藕种植规模的不断扩大，水泉村的绿色观光农业也悄然兴起，每年夏季都会吸引一些游客以及外迁村民返乡休闲、娱乐、观光。

（3）外出务工特色

水泉村很早就发展起来道路标线建筑队，队伍不断壮大，不断改进施工技术，带动辐射周边村镇，吸纳了大量本村剩余劳动力，并在当下成为水泉村村民主要经济来源。水泉村村民接触道路标线行业的契机是在2008年“要想富，先修路”口号带动下，全国掀起了筑路热潮，交通设施行业人才、劳动力奇缺，水泉村村民主动学习轧路机、推土机、洒水机等筑路机型驾驶技术，加入交通建设大军中来。随后，积累了行业经验的水泉村村民在筑路行业竞争压力日渐加大的时候，选择其下游辅助行业标牌标线作为新的起点。高风险伴随着高回报，水泉村民靠组队接活的方式用辛勤劳动改善生活条件，自此道路标线成为水泉村一大特色职业。目前，水泉村的建筑施工队超过10组，每年工作150~180天，工作范围辐射全国各地，内蒙古、新疆、江苏、山东均有项目开工，主要务工地点为新郑与郑州周边地区。工人工资依据操作熟练度和工时长短在200~400元/日。

（4）土地经营

水泉村土地多样化经营趋势明显，不仅仅局限于小麦、玉米、花生等传统作物，近些年来水泉村村民也在种植莲藕、果树、绿化用树、花卉、大棚蔬菜等方面有所尝试，但还未形成规模。

2. 商丘市柘城县惠济乡王元庄村

王元庄村原属于柘城县尚寨乡，2006年尚寨乡和小吴乡合并为惠济乡，王元庄村因此划归惠济乡管辖，乡政府设置于小吴乡政府之上。王元庄村位于商丘市柘城县西北角，柘城县和宁陵县交界处，村北侧为040县道，东侧为016乡道，距离县城21公里，离县城较近，通过省道210和214可直接通达县城，交通相对便利。王元庄村下辖5个自然村（王元庄、周楼、王胡同、褚庄、罗庄），共有447户，总人口2474人，均为汉族，耕地2990亩，人均年收入13381.92元。王元庄村村民外出务工收入是家庭收入的主要来源，从20世纪90年代开始，村民陆续外出务工，大部分外出务工村民流向江浙地区，主要从事建筑业，尤其“磨地平”。柘城县城每天开设班车“柘城—温州”，可见江浙务工已经形成了一定规模。

（1）自然条件和教育资源

王元庄村地处豫东平原，地势平缓、土地肥沃，属暖温带季风性气候，村内植被丰富，种植着大量的杨树、槐树、梧桐、榆树、柳树等。村内有一条20世纪60年代开挖的人工渠，沟通连接着5个自然村，村内有数量众多的池塘，但最近几年村内池塘和人工渠常年处于干涸状态。王元庄村内设小学1所，初中设在邻村，距离王元庄村仅1公里左右，学校内老师均为附近受过中专以上教育的村民。前几年村内村民教育意识薄弱，大部分青年为初中毕业，甚至初中未曾读完就跟着父辈外出务工。因为大量人员外出务工挣钱，村内经济状况较好。最近几年随着经济状况的改善和教育意识的重视，大多数村民选择将自己的子女送进县城和附近口碑较好的学校读书，最近几年升学率有了明显提高。

（2）周围产业发展情况

所在乡——惠济乡东与远襄乡为邻，南与慈圣镇接壤，北与宁陵县交界，西隔惠济河与伯岗乡相望，西北部与睢县毗连。面积 59 平方公里，人口 44934 人。辖 27 个村委会，80 个自然村，238 个村民组。惠济乡多为两合土质，西部沿乡界有小面积淤土地。主要农作物有小麦、玉米、大豆、油菜、芝麻、棉花等，为县花生、红薯重要产区。养殖、编织、建筑、铝制品加工业、食品加工等为主要副业。尚寨的铝制品加工业有着 20 多年的历史，主要以铝锅为主导产品，是远近闻名的“铝锅之乡”。全乡从事铝制品加工和模具制作的有 50 多家，规模较大的 17 家，主要以生产民用精铝炊具（铝锅、铝盆、铝壶、铝笼、铝篦）为主，产品规格齐全，质量上乘，远销山东、陕西、山西、河北、安徽、江苏及河南各地。柘城县被誉为“中国三樱椒之乡”“中国辣椒生产百强县”。县城北迎宾大道东侧建有柘城县辣椒大市场，柘城县自 20 世纪 70 年代从日本引种三樱椒，已有 40 多年的历史，柘城县全县常年种植辣椒面积稳定在 40 万亩左右，约占全县耕地面积的 40%，生产干椒 15 吨，产值 20 亿元，辣椒产业已经成为柘城县的一大经济支柱产业。王元庄村之前有过几家冶金工厂，均属于家庭型的小型加工作坊，主要生产铝锭、铝锅、铝盆等，但受 2008 年全球金融危机的影响，很多工厂被迫倒闭。很多原来的工厂人员购买收割机，常年在华南、东北、四川等地收割水稻。村的边缘有两家养殖场，主要饲养猪和鸡鸭等，规模中等。王元庄村在 1984 年进行土地承包分配，一直延续至今。村内很少有转租、承租他人土地的现象。种植作物多为小麦、玉米等粮食作物，也有部分村民种植辣椒、大蒜、棉花、大豆、花生等经济作物。前几年大量村民种植辣椒等。最近几年随着大量劳动力外出务工，村内大都只种植小麦、玉米两种作物，且劳动力为留守老人、妇女和少量未外出务工的中年男性，年轻一代很少务农。但是最近几年也有人在大棚蔬菜、西瓜、甘蔗等方面进行尝试，试图找出新型的、适合王元庄村发展的农业生产模式。

（3）外出务工特色

王元庄村从90年代开始就有人外出务工，行业以建筑业为主。下至刚从初中毕业的学生上至60岁左右的老人，大多数务工人员都是外出从事建筑行业。而且大多数人倾向于去江浙地区，王元庄村在建筑方面逐渐形成规模，大都是一个人承接项目带领本村和临近几个村的村民一起完成。工人工资依据操作熟练度和工时长短在100~300元/日。目前，王元庄村的建筑施工队超过10组，每年工作150~300天，工作范围辐射全国各地，长三角、珠三角、京津冀、内蒙古地区均有项目和工程队。外出从事建筑行业成了王元庄村的主要经济来源。外出务工人员大多会选择在农历腊月初十左右回家过春节。返城务工人员大约分为两批，一批会在农历正月初七至初十返城，另一批会在农历正月十六至正月二十离家。由于王元庄村民重视教育，青年人外出求学意向明显。随着经济的发展和城市化进程，年轻一代外出定居的愿望强烈，大多数倾向于在县城买房，但父辈却少有人愿意迁出本村。

3. 开封市杞县官庄乡李庄村

李庄村，河南省开封市杞县官庄乡下辖农业村，位于官庄乡西北部，北临王乐亭村，西临小清河、涡河故道，过涡河就是通许县地界；南临戴寨村，往东是石陵岗村。地处杞县、通许县交界地带，距离杞县县城35公里，距离最近的213省道4公里，距离新郑国际机场78公里。全村有255户，共计1100人，全村耕地面积1318亩，人均年收入9877.92元。李庄村是传统型农村，农业是主要产业，主要粮食作物为小麦、玉米，盛产西瓜、大蒜等，经济来源主要有务农收入、外出务工收入等。大部分劳动年龄人口都外出务工，再加上基础设施严重落后，抵御自然灾害的能力严重不足，仍存在“靠天吃饭”的情形，农业生产效率低下，其家庭经济来源主要是外出务工收入。

（1）自然条件与教育资源

官庄乡素有“杞南粮仓”之称，土地肥沃。官庄乡兴建的全市规模最大的家禽养殖场正在投入使用。其历史悠久，文化积淀丰厚，历代名人辈出。杞县历史文化遗产丰富，现有省、县级重点文物保护单位 41 处。古有商代名相伊尹，汉朝著名谋士郦食其，东汉洛阳令董宣和著名文学家蔡邕、蔡文姬等历史名流。近代有河南省委原书记吴芝圃，著名记者、新华社原社长穆青等知名人士。

李庄村位于杞县西北部，地理位置相对偏僻，交通欠发达。李庄村儿童入学一般在附近几所私立幼儿园以及戴寨小学；李庄村东北 3 公里处有官庄乡第一初级中学；高中入学一般集中在杞县高中以及杞县于镇高中。因为交通的不便和教育的不发达，李庄村村民文化程度普遍偏低，留守的村民大部分都是初中或小学毕业，还有一部分是文盲。近些年，村里面也出了不少本科生、硕士生，但这些人毕业后大都在外定居。

（2）周边产业情况

开封市杞县农业发达，农产品丰富，是国家黄淮海农业综合开发区，素有“中原粮仓”之美称，是国家粮棉生产和出口基地县，属小麦、棉花、肉类、油料全国百强县，是国家瘦肉型猪、板山羊生产和出口基地县。2000 年，国家工商总局批准注册了杞县农产品“金杞牌”商标。2016 年杞县大蒜种植面积与总产量均居全国县域第一位。工业门类较为齐全，发展势头强劲。全县规模以上工业企业发展到 183 家。集聚区初步形成了新材料、新能源、食品加工、纺织服装、机械制造等主导产业。但这些工业企业主要集中在县城周边乡镇，官庄乡李庄村位于杞县西南部，地理位置偏僻，农村基础设施建设落后，投资环境较差，几乎没有工业企业的发展。再加上道路交通等设施建设的落后，限制了农产品的外部输出。村民主要种植小麦、玉米、大蒜、花生等，虽有个别农户有种植果树，养殖鸽子等，但生产规模很小。

（3）外出务工特色

十几年前，有村民在李庄村西地建了一座黏土砖窑厂，有很多村民都在窑厂工作（砌坯、烧制、运输等），但是由于黏土砖对土地资源的损害极大和对环境的污染较严重，几年前砖窑厂停业。近几年来，伴随着城镇化的发展，李庄村在家纯务农的人越来越少。大部分年富力强的村民都外出广东、浙江、北京、上海、郑州等地务工，只有老人和儿童留在家里，农忙时回来忙收成。愿意种地的人越来越少。农村外出打工者虽然因为户籍、受教育程度和技能水平的限制，只能从事报酬低、工作环境差的工作，但农户从事非农产业的收入往往高于种地的收入，渐渐降低了农户种地的积极性。

李庄村总体人口呈现出逐年下降趋势，部分外出务工人员及其子女迁居城镇，留守村民呈现老龄化趋势。李庄村前街是条刚修的很窄的水泥路，有一个小商品代销点。因为村里留守的村民越来越少，小商品代销点经营困难。现在村民大都骑车去2公里外的集镇超市购买各种物品。村里6年前有家诊所，随着外出务工的村民越来越多，诊所已经倒闭。留守的村民们生病大都去戴寨村诊所，如果重病就去县市医院，去乡卫生院就诊的村民越来越少。

（4）土地经营

李庄村实行的是耕地30年调整一次的制度，土地流转制度僵化，已有20多年没有变更过耕地。村里大部分适龄劳动力都外出务工，出现了部分耕地、宅基地荒废，同时也出现了自留地被非法改成宅基地的现象。

（二）样本村发展现状描述性分析

1. 李庄村——距离县城最远的样本村

李庄村北临王乐亭村，西临娄寨村、涡河，过涡河就是通许地界；南临戴寨村，往东是石陵岗村。地处杞县、通许县交界地带，距离213省道4公里，距离县城35公里。李庄村是传统农村，农业是主要产业，主要粮食作物为小麦、玉米，盛产西瓜、大蒜等，经济来源主要有务农收入、外出务工收入等。全村有255户1100人，常住人口723人，占总人口的65.73%，非农人口195人，占总人口的17.73%。全村耕地面积

1318 亩，户均耕地 5.17 亩，人均耕地面积 1.98 亩。

（1）样本村调研人口与教育基本情况

李庄村有 255 户 1100 人。本次调查将农村人口信息分为男性和女性、劳动人口和非劳动人口。其中，劳动人口指 16 岁以上、60 岁以下的人口。其中，性别比例情况为男性占 51.8%，女性占 48.2%。从年龄分阶段来看，15 岁以下的人口占比为 22.06%，16 岁到 59 岁的人口占比为 59.23%，60 岁以上的占比为 18.52%。通过对这些数据的分析，可以得出农村基本人口结构以及劳动力的结构和状况。

农村教育是农村的希望，农村教育发展了，农民素质提高了，就会形成巨大的人力资源优势助力乡村振兴，此次调研中对受教育程度数据的采集也具有基础性、全局性作用。但经过数据分析发现，李庄村文化程度普遍较低，小学及以下学历高达 43.66%，初中学历占 37.41%，高中或中专学历占 11.78%，大专及以上学历仅占 7.16%，文化程度偏低成为李庄村发展的一大主要障碍。

本次调研采取的方式是“一对一”问卷访谈，由采访人记录问卷，被采访人在交流访谈中回答问卷内容，所以被采访人的年龄结构对调研数据的准确性、严谨性、有效性有着重要的作用，但从被采访人的年龄构成来看，年龄 50 岁以上的占 69.8%，60 岁以上的占 41.6%，70 岁以上的占 10.6%。因为调研村庄外出务工较多，在村庄的青壮劳动人口较少，故被采访人的年龄结构偏大，会对数据的真实性、有效性造成一定的影响。

（2）样本村调研农户家庭基本情况

家庭类型数据主要考察农村留守老人、留守儿童情况，经过调研数据发现有留守老人、留守儿童家庭占比为 69.16%，其中农忙时外出务工人员回来占比为 34.38%，农忙时外出务工人员不回来占比为 18.97%。从家庭收入来看，在 188 个家庭中，家庭年平均收入为 45413 元，人均年收入为 9877.92 元，其中，人均农业年收入 981.67 元，占比为 9.94%，人均非农业年收入 8896.25 元，占比为 90.06%。中位数为

36000元，众数为2000元，最小值为1000元，最大值为200000元。从不同的收入水平来看，年收入低于40000元的占比为57.5%，40000~80000元的占比为24.5%，80000元以上的占比为18.1%。李庄村家庭户均耐用品拥有量较低，表明家庭财产状况较差，汽车户均拥有量为0.16辆，电脑户均拥有量只有0.27台，空调户均拥有量只有0.40台，冰箱户均拥有量只有0.76台。

（3）样本村外出务工的基本分析

1）外出务工人员的人口特征

李庄村共有1100人，其中，劳动力690人，在外务工的劳动力349人，其余的341人在家从事农业生产，外出务工人员占总劳动力人口的50.58%，占全村总人口的31.73%。从年龄看，外出务工农民工以青壮年为主，男性多于女性。在349个总样本中，男性和女性人数分别为224人和125人，分别占外出务工人数的64.18%和35.82%。

外出人员平均年龄为35岁，比2016年全国农民工平均年龄39岁小了4岁，表明李庄村外出务工的劳动力仍以青年居多。从外出务工人员年龄构成来看，20岁以下的占外出务工总人数的4.30%，20~30岁的占35.82%，30~40岁的占32.95%，40~50岁的占20.92%，50~60岁的占4.58%，60~70岁的占1.43%。可见，20岁到40岁之间的外出务工人员占总外出务工人员将近七成的比例，说明农民工仍以青壮年为主，农村劳动力资源仍然很丰富。

2）外出务工人员的受教育程度

外出务工人员受教育程度总体偏低。农村受教育水平落后，大部分外出务工人员都是初中毕业或者高中毕业后就直接外出务工，学历偏低是农村外出务工人员的特征。在李庄村外出务工人员中小学及以下学历占总数的16.62%，初中学历占总数的53.01%，高中（中专）学历占总数的17.19%，大学及以上学历占总数的13.18%。教育水平直接影响着外出务工人员的薪资水平、工作待遇、受尊重状况等问题，但从数据中可以看出初中及以下学历所占比例高达70%，文化素质不高，缺乏专业技能，只能从事一些低端的工作，致使他们在城市的薪资待遇都不高。

3）外出务工人员的务工地点

根据数据显示，李庄村外出务工劳动力主要流向中心城市，以郑州为首的中心城市趋势依旧不减，其中京津冀、长三角、珠三角三大都市圈吸纳了外出务工总人口的23.98%；流向郑州市区的占31.87%，流向省内外中心城市的占30.12%，流向县域及乡镇的占14.04%，数据表明外出务工流动方向依旧以发达地区、大城市、中心地区为主，县域在吸纳劳动力方面也占有一定比例。

4）外出务工人员的务工时间

李庄村外出务工平均时间达10个月，外出务工时间长是农民工外出务工的又一大特点。务工时间主要考察农民工融入城市的程度，时间越长说明在城市的融入度就越高。从数据可以看出，外出务工时间在“10个月以上”的超过样本总量的一半以上，占比为56.23%，外出务工“6~10个月”的占比为30.03%，“3~6个月”的占比为10.86%，“3个月以下”占比为2.88%。

5）外出务工人员的年收入

外出务工人员年收入水平不高，生活保障水平低。从李庄村数据可以看出，年收入处于10000~30000元的农民工数量最多，占到总数的49.14%；外出务工人员年收入在10000元以下的，达到13.71%；年收入在30000~50000元的占到24.29%；年收入在50000~80000元的占到10.29%；而80000元以上的仅仅占到2.57%。从中可以看出，李庄村外出务工人员年收入在30000元以下的占到外出务工人员总数的62.85%，其中将近一半的外出人员收入在10000~30000元的区间，务工收入偏低，这与受教育状况与务工地点有很大的相关性。侧面说明低收入者仍然较多。

6）外出务工人员的工作来源

李庄村外出务工人员的54.75%都是自行外出找到的非农工作，本村在外出务工中没有形成行业特色。

（4）样本村土地流转情况

李庄村96.84%的被访农户不愿意流转宅基地，其中很大一部分村民表示在城市打工挣钱买不起城市的房子，农村宅基地是最终的保障。但其中与被访者年龄结构偏大也有一定的关系。李庄村被采访的农户中仅有 11 户愿意出售宅基地，其中大部分估价在 50000 元以下。李庄村地理位置偏僻，宅基地流转收益也不高，这也是村民不选择出售的原因之一。

（5）样本村被访人员金融与保险意识

李庄村调研农户只有 38.52%已经购买了农业保险，被访者不了解农业保险的占比达到了 58.33%，其中 64.78%的被访者认为农业保险一般或不重要，51.41%不购买农业保险的原因在于农业保险保障水平低下。李庄村 62.30%的被访者近两年没有借贷需求，如果有借贷需求首先选择的借贷对象 45.88%为亲戚朋友，其中不愿意选择正规金融借贷的原因中，不了解贷款渠道占 40%，贷款手续烦琐、时间长占 32.17%，贷款利息高占 23.48%。

（6）样本村被访人员的进城意愿

李庄村被访者认为理想生活地点为城市的占 56.38%，但 82.07%的被访者并没有迁徙计划。将李庄村被访者理想生活地点按被访者年龄段划分进行考量，发现 50 岁以下的被访者有 65.24%希望在城市生活，其中有 32.65%的被访者已经有迁徙计划。而 50 岁以上的被访者有 56.38%希望在城市生活，其中有 11.66%有迁徙计划。说明年轻人更有意愿进城生活。

（7）样本村的未来发展方向

农村未来发展方向由农村被访者结束种地的时间来侧面反映。李庄村被访者 39.81%愿意结束种地，其中结束种地时间 10 年以下占比 53.52%，10~20 年占比 35.21%。分年龄段看，50 岁以下不会结束种地的占比 64.62%，50 岁以上不会结束种地的占比 35.38%。

2. 王元庄村——距离县城较近的样本村

柘城县惠济乡王元庄村位于河南省商丘市柘城县西北部，主要农作物有小麦、玉米。本次调研总户数为 250 户，其中涉及人口数为 1084 人，村常住人口有 764 人，非农业人口有 176 人，非农人口占比为

16.24%。被调查家庭总耕地面积为712.2亩，户均耕地为2.85亩，人均耕地为0.66亩。

（1）样本村调研人口与教育基本情况

王元庄村参加本次调研的有250户，共计1084人。本次调查将农村人口信息分为男性和女性、劳动人口和非劳动人口。其中，劳动人口指16岁以上、60岁以下的人口。其中，性别比例情况为男性占53.51%，女性占46.49%。从年龄分阶段来看，15岁及以下的人口占比为19.56%，16岁到59岁的人口占比为64.76%，60岁及以上的占比为15.68%。可见王元庄村劳动力年龄人口丰富。村民受教育状况普遍偏低，小学及以下学历占比为44.15%，初中学历占比为40.63%，高中或中专学历占比为9.07%，大专及以上学历较低，仅为6.15%。从被采访人的年龄构成来看，年龄50岁以上的占63.2%，60岁以上的占38.4%，70岁以上的占10.8%。因为调研村庄外出务工较多，在村庄的青壮劳动人口较少，故被采访人的年龄结构偏大。

（2）样本村调研农户家庭基本情况

家庭类型以老人或者儿童留守家园，外出务工人员农忙时回家为主，共占比53.63%；老人和儿童在家务农，外出人员几乎不回村的占比较少，为8.06%；家庭人员基本不再务农，在本村居住的占比最少，为2.42%，说明该村空巢老人和留守儿童问题较为尖锐。从家庭收入来看，样本村家庭中农业收入占比10.86%，非农收入占比89.14%，其中人均农业收入为1452.91元，人均非农收入为11929.01元，说明样本村家庭主要收入来自非农务工。在250个家庭中，年收入低于40000元的占比为35.48%，40000~60000元的占比为21.77%，60001~80000元的占比为18.19%，80001~100000元的占比为8.87%，100000元及以上的占比为14.92%，可见王元庄村家庭收入较高。在户均统计中电视、冰箱、洗衣机拥有量较多，分别为户均1.11台、0.71台、0.95台，电脑和汽车拥有量较少，户均分别为0.22台、0.18辆。在调研中，王元庄村大部分农户耐用消费品的购买价格偏低，质量偏低。

（3）样本村外出务工情况

1）外出务工人员的人口特征

王元庄村共调查了250户1084人，劳动人口702人。其中，在外务工的劳动力359人，其余的343人在家从事农业生产，外出务工人员占总劳动力人口的51.14%。从年龄看，外出务工农民工以青壮年为主，男性多于女性。在359个总样本中，男性和女性人数分别为256人和103人，分别占外出务工人数的71.31%和28.69%。通过调研数据分析，从外出务工人员年龄构成来看，20岁以下的有12人，占外出务工总人数的3.34%；20~29岁的有136人，占比37.88%；30~39岁的有97人，占比27.02%；40~49岁的有87人，占比24.23%；50~59岁的有27人，占比7.52%。20岁到40岁之间的外出务工人员占总外出务工人员将近六成的比例，说明农民工仍以青壮年为主，尤其是“90后”农民工占比最大，农村劳动力资源仍然很丰富。

2）外出务工人员的受教育程度

在王元庄外出务工人员中，小学及以下学历占总数的24.51%，初中学历占总数的57.66%，高中（中专）学历占总数的8.91%，大学及以上学历占总数的8.91%。外出务工人员受教育水平偏低。

3）外出务工人员的务工地点

外出务工人员在本村镇居住趋势明显，根据数据显示，王元庄村外出务工劳动力主要流向外省一般地级市，占比22.94%；其次是长三角城市，占比20.80%；去省内其他地区的外出务工总人口占6.42%，流向郑州市区的占7.95%。王元庄村紧邻省道，有直达江浙一带的班车，务工地点以温州为主，村民大都从事建筑行业，在建筑工地磨地平，一般三五成群结伴去打工。

4）外出务工人员的务工时间

王元庄村外出务工平均时间达10个月。务工时间主要考察农民工融入城市的程度，时间越长说明在城市的融入度就越高。数据显示，外出务工时间在“10个月以上”的超过样本总量的一半，占71.08%；外出务工“6~10个月”的占比为25.01%；“3~6个月”的占比为3.31%；“3个月以下”占比最小，为0.60%。

5）外出务工人员的年收入

王元庄村外出务工人员主要务工地点在长三角地区，从事“磨地平”建筑业，工资水平较高，年工资收入集中在30000元左右，其中年工资收入在10000~30000元的占比为32.31%，30000~50000元的占比为49.03%，50000~80000元的占比为13.65%，80000元以上的占比较少，仅为3.34%。

6）外出务工人员的工作来源

务工人员自行外出务工占比为51.48%，经人介绍外出务工占比为38.76%，升学后就业的占比为5.92%，创业和被用人单位招聘的外出务工人员占比分别为0.59%和2.07%。

（4）样本村土地流转情况

王元庄村98.50%的被访农户不愿意流转宅基地，只有6处宅基地愿意流转，价格在15万元左右。据调研，一方面很多村民认为在外打工收入不能在城市定居，留住宅基地是一个保障；另一方面王元庄村村容村貌较好，很多村民用在外打工收入盖房修缮等，属于“在外挣钱在家花钱”的典型回馈型农村。

（5）样本村被访人员金融与保险意识

在受访的250户村民中，不了解农业保险的占比为89.60%，大概知道的占比为7.20%，基本清楚的占比为3.20%。关于农业保险政策有待普及。在农业保险的重要性这一方面，有35.22%的农户认为不重要，认为重要性一般的占比为17.83%，认为非常重要的占比为1.74%。在农业保险购买意向这一方面，表示不愿意购买的占比为56.85%，表示已购买的占比为13.28%，表示未购买但愿意购买的占比为29.88%。在调研的247个样本中，没有借贷需求的占比为60.32%，有借贷需求的占比为39.68%，如果有借贷需求，那么首选借贷对象大部分是选择亲戚，占比达到43.95%，选择正规金融机构的占比为5.65%，村民几乎不选择民间借贷，占比仅为0.81%，而村民不选择正规金融机构的主要原因是不了解贷款渠道、贷款手续烦琐，其占比分别为47.92%、32.29%。

（6）被访者进城的意愿

在247个样本中，理想生活地点为城市的占比为35.63%，理想生活地点为农村的占比为64.37%，此数据显示该村村民更愿意在农村生活，但在年龄50岁以下的调研样本中，更愿意在城市生活的占比比农村的要多，50岁以上的调研样本中，村民更愿意在农村生活，也就是说，老年人更愿意在农村生活，相比较而言，年轻人更愿意在城市生活。

（7）样本村未来发展方向

在247个样本中，不会结束种地的占比为80.84%，农村未来发展方向由农村被访者结束种地的时间来侧面反映。王元庄村被访者中19.16%愿意结束种地，分年龄段看，50岁以下不会结束种地的占比33.53%，50岁及以上不会结束种地的占比66.47%。

3. 水泉村——距离县城最近的样本村

水泉村位于河南省郑州市新郑市新村镇境内，本次调研对象共237户1031人，村常住人口有847人，非农业人口有613人，劳动力人口（16~59岁）670人。被调查家庭总耕地面积为1707.2亩，户均耕地为7.2亩，人均耕地为1.66亩。

（1）样本村调研人口与教育基本情况

水泉村参加本次调研的有237户，共计1031人。本次调查将农村人口信息分为男性和女性、劳动人口和非劳动人口。其中，劳动人口指16岁以上60岁以下的人口。其中，性别比例情况为男性占52.9%，女性占47.1%。从年龄分阶段来看，15岁及以下的非劳动人口占比为22.11%，16岁到59岁的劳动人口占比为63.63%，60岁及以上的非劳动人口占比为14.26%。经过数据分析发现，水泉村村民受教育状况比较好，小学及以下学历高达39.09%，初中学历占29.87%，高中或中专学历占18.04%，大专及以上学历仅占13.00%。由于周边丰富的教育资源，水泉村在高学历人才拥有量上占有优势。从被采访人的年龄构成来看，年龄在50岁以上的占比 56.12%，60 岁以上的占比 27.00%，70 岁以上的占比 7.59%。因为该村大部分务工人员都在周围务工，所以调查的时候老年人口占比并不多，大多数被调查人员都在 40 岁到 50 岁之间，所以数据具有较高的可信度。

（2）样本村调研农户家庭情况

从家庭类型来看，在 237 个家庭中，有 212 个家庭的成员都能够在农忙的时候回家帮忙务农，占比 89.45%，只有 25 个家庭的外出务工成员无法在农忙的时候回家帮忙，占比 10.55%，这与水泉村的地理位置有关系，水泉村靠近城镇，且周围有较好的就业机会，大部分务工人员距离本村比较近，因此能够在农忙的时候回家帮忙。从家庭收入来看，样本村农业收入占比 17.7%，非农收入占比 82.3%，其中人均农业收入 2021.76 元，人均非农收入 9397.13 元，说明水泉村家庭收入主要来源于非农务工。在 237 个家庭中，家庭年平均收入为 50971 元，中位数为 44000 元，众数为 50000 元，最小值为 1000 元，最大值为 400000 元。收入低于 30000 元的占比 29.4%，30000 ~ 50000 元的占比 31.5%，50000 元以上的占比 39.1%。水泉村户均汽车拥有量达到了 0.54 辆，电视、空调和洗衣机的拥有量则更高，反映了水泉村人们的生活质量较高，当然这与水泉村的地理位置和良好的道路是分不开的，从道路和经济方面都使得这些家庭耐用品能够很好地惠及水泉村人民。

（3）样本村外出务工情况

1）外出务工人员的人口特征

水泉村共调查了 237 户 1031 人，其中，劳动人口 670 人。外出务工人员总计 370 人，其中，在务工年龄内外出务工的劳动力 342 人，其余的 328 人在家从事农业生产，外出务工人员占总劳动力人口的 51.04%。从年龄看，外出务工农民工以青壮年为主，男性多于女性。在 342 个总样本中，男性和女性人数分别为 240 人和 102 人，占外出务工人数的 70.18%和 29.82%。从外出务工人员年龄构成来看，20 岁以下的占外出务工总人数的 1.17%，20 ~ 30 岁的占比 35.82%，31 ~ 40 岁的占比

32.95%，41~50 岁的占比 20.92%，51~60 岁的占比 4.58%。20 岁到 40 岁之间的外出务工人员占总外出务工人员将近七成的比例，说明农民工仍以青壮年为主，农村劳动力资源仍然很丰富。

2）外出务工人员的受教育程度

在水泉村外出务工人员中，小学及以下学历占总数的 17.25%，初中学历占总数的 46.20%，高中（中专）学历占总数的 14.91%，大学及以上学历占总数的 21.63%。教育水平直接影响着外出务工人员的薪资水平、工作待遇、受尊重状况。

3）外出务工人员的务工地点

外出务工人员在本村镇居住趋势明显，根据数据显示，水泉村外出务工劳动力主要流回本村镇，占比 63.74%，其次是本乡镇和县城，这与水泉村的地理位置密切相关，水泉村毗邻县城，又靠近郑州市区，并且紧挨交通主干道，在乡村发展中占据了有利条件，村中较早出现了一些从事地图标线行业的人员，他们较高的收入引起了村中其他人员的注意，从而使得该行业在水泉村较为普遍，所以后来的务工人员从事行业较为集中。另外，水泉村周围有学校和工厂，所以也有部分人员不愿外出务工而在其中从事相关行业。

4）外出务工人员的务工时间

水泉村外出务工平均时间达 9 个月，外出务工时间长是农民工外出务工的又一大特点。务工时间主要考察农民工融入城市的程度，时间越长说明在城市的融入度就越高。数据显示，外出务工时间在“10 个月以上”的占到 57.46%，“6~9 个月”的占到 16.51%，“3~6 个月”的占到 22.86%，“3 个月以下”的占到 3.17%。

5）外出务工人员的年收入

水泉村被调查的外出务工人员共有 342 人，其中年收入 10000 元以下的占比 4.09%，年收入在 10000~20000 元的占比 18.13%，年收入在 20000~30000 元的占比 31.58%。水泉村外出务工人员的收入比其他村高，他们的收入大多集中在 10000~50000 元，年收入在 10000 元以下的人员是比较少的，而超过100000元收入的也很少，这和水泉村务工人员的职业比较相符。

6）外出务工人员的工作来源

外出务工人员从事行业时主要有自行外出务工和经人介绍两种方式，自行外出的务工人员是自己在水泉村周围寻找比较合适的工作，因为水泉村有较为便利的地理位置，使得务工人员能够较为自由地进行务工行业和务工地点的选择，其次也有一部分道路标线人员，由于早期道路标线人员的稀缺，从而自己外出其他地方寻找更高的报酬。而经人介绍外出的务工人员也是通过他们的亲戚朋友介绍从而在村子周围从事相关工作或者合伙从事道路标线行业。

（4）样本村土地流转情况

从土地流转情况来看，94.01%的被访农户不愿意流转宅基地，极个别村民的土地流转价格也在100万元左右，水泉村地理位置处于城市的郊区，村内柏油路如果向西打通可以连接郑州大学路，另外水泉村属于待开发地带，人们对于宅基地的估价比较高。所以水泉村出售意愿占比较小，这并非如其他村庄的宅基地一样卖不出去，而是其地理位置价值的侧面表现，同时也反映了水泉村人民对该村未来的期望。

（5）样本村被访人员金融与保险意识

水泉村调研农户有66.11%已经购买了农业保险，被访者大概清楚保险的占比达到了42.23%，其中48.29%的被访者认为农业保险重要，其中分年龄段显示出50岁及以上与50岁以下被访者保险意识的差别，年轻农民更有自己的认知。在农业保险重要性的认知方面，水泉村被调查的人员并没有像其他村子中的人一样，他们认为农业保险的补偿对于他们的家庭来说是微不足道的，所以他们只是购买了农业保险，却并没有期望农业保险在收成不好的时候提供可观的补偿，这一点和他们较少种植经济作物有很大关系，农业收入在他们的总收入中占比较小，他们主要还是靠务工以及其他收入为主，他们的发展状态已经从农村向城市靠拢，这一点也与就地城镇化相照应。从借贷需求来看，水泉村被访者有借贷需求的占比为38.82%，无借贷需求的占比为61.18%，而有借贷需求的首选借贷对象是亲戚朋友的占比34.18%，选择正规金融机构的占比仅2.11%。通过调研发现，不选择正规金融机构比重较高的原因为贷款手续烦琐、不了解贷款渠道、贷款利息高。

（6）被访者进城的意愿

水泉村被访者理想生活地点为城市的占比48.95%，但35.86%的被访者有迁徙计划。这里统计进城意愿的结果在水泉村的分析中没有完全的解释力，因为水泉村地理位置就是城市的边缘，如果开发就是城市，很大一部分村民选择不愿意迁移城市并不是不愿意去城市，而是等待开发。有些村民更加期望在不放弃土地和宅基地的同时可以享受城市一样的生活和便利，也有些村民期望城市的发展能够给自己带来一笔可观的补偿，还有一小部分村民在市区拥有房产和工作，他们对水泉村的发展持观望态度。

（7）样本村未来发展方向

农村未来发展方向由农村被访者结束种地的时间来侧面反映。水泉村被访者37.74%愿意结束种地，其中结束种地时间10年以下占比52.05%，10~20年占比31.51%。分年龄段看，50岁以下不会结束种地的占比46.21%，50岁以上不会结束种地的占比53.79%。耕地对水泉村的人民来说，是一种基本的收入保障和工作福利，因为家庭中的老人和非持续性的劳动力能够从耕地中获得一份类似于基本保障的收入，而务工人员大部分在水泉村生活的特点也能够帮助家庭在农忙的时候分担一定的劳动量，使得工作能够跨时间地进行协调，有利于家庭工作时间的分配和收入的基本保障。

（三）样本村发展现状与劳动力流动情况对比分析

1. 样本村发展现状对比分析

（1）被访者年龄结构对比

表5-8显示：第一，三个样本村剩余人口的年龄结构都偏大，具体来

说李庄村农村留守人员 50 岁以上占比 69.8%，王元庄村农村留守人员 50 岁以上占比 63.2%，水泉村农村留守人员 50 岁以上占比 56.12%。说明农村留守老人已经成为共性问题。农村农业劳动力老龄化是农业生产的一大挑战。第二，李庄村留守老人在各年龄段占比都较大，说明样本村地理位置越远离县城，农村经济状况越差，其留守人口的年龄结构越老龄化。

表 5-8　三个样本村被访者年龄结构对比

年龄段	李庄村占比（%）	王元庄村占比（%）	水泉村占比（%）
50 岁以上	69.80	63.20	56.12
60 岁以上	41.57	38.40	27.00
70 岁以上	10.59	10.80	7.59

（2）村民受教育状况对比分析

表 5-9 显示：第一，三个不同地理位置的平原农村，其人口受教育状况都属于较低水平，小学及以下学历占比都在 40%左右；第二，地理位置不同的典型样本村，其人口受教育状况也有很大区别，其中李庄村高中或中专以及大专及以上占比为 18.94%，王元庄村占比为 19.26%，水泉村占比为 31.04%，越靠近县城的样本村其人口受教育状况越好。

表 5-9　三个样本村村民受教育状况对比

受教育程度	李庄村占比（%）	王元庄村占比（%）	水泉村占比（%）
小学及以下	43.66	42.14	39.09
初中	37.41	38.60	29.87
高中或中专	11.78	11.09	18.04
大专及以上	7.16	8.17	13.00

（3）农户家庭收入与财产状况对比

通过样本村采访得到的农户家庭年收入状况分析农村经济情况，其中年收入是农业收入与非农收入的加总。由于是采访式问卷调查，收入的数据很可能偏低。由表 5-10 得知，从平均家庭年收入看，李庄村、王元庄村和水泉村分别为 45413 元、58024 元和 50971 元，很明显三个样本村的家庭年收入中有务工集中行业的两个村——王元庄村和水泉村，收入状况比务工行业分散的李庄村高。外出务工（非农）是这三个样本村农户家庭收入的主要来源。那么收入出现差距的原因主要在于外出务工的行业与地点。外出务工特色是导致收入出现差距的原因。

表 5-10　三个样本村户均家庭收入情况对比

村庄	总收入（元）	调研户数（户）	平均家庭年收入（元）	最大值（元）	最小值（元）
李庄村	8537600	188	45413	200000	1000
王元庄村	14506000	250	58024	292000	600
水泉村	11978100	237	50971	400000	1000

表 5-11 是样本村收入结构对比分析。样本村农户家庭的收入由两部分组成：农业经营收入和务工收入，且外出务工收入是样本村农户收入的主要来源。其中李庄村外出务工收入占总收入的 90. 06%，王元庄村外出务工收入占总收入的 89. 14%，水泉村外出务工收入占总收入的 82. 3%，三个样本村农业收入占比分别为 9. 94%、10. 86%、17. 7%，说明离县城越远的农村农业收入在家庭收入占比越低，离县城越近且有务工特色的村庄一方面外出务工收入相对较高，同时农业生产经营状况也较好。

表 5-11　三个样本村收入结构对比

村庄	农业收入占比（%）	务工收入占比（%）	人均收入（元）	人均农业收入（元）	人均非农收入（元）
李庄村	9. 94	90. 06	9877. 92	981. 67	8896. 25
王元庄村	10. 86	89. 14	13381. 92	1452. 91	11929. 01
水泉村	17. 70	82. 30	11418. 89	2021. 76	9397. 13
平均占比	12. 83	87. 17	11559. 58	1485. 45	10074. 13

注：农业收入占比=农业总收入/家庭总收入×100%；务工收入占比=务工总收入/家庭总收入×100%。

样本村家庭财产也是农户家庭收入状况的体现，选用样本村部分耐用品（汽车、电脑、空调、冰箱）拥有量占比来显示样本村家庭财产状况。从整体的调研状况来看，三个样本村代表性耐用品的质量普遍不高，属于中低端产品。由表5-12可知，三个村庄在汽车的拥有量上出现了比较大的差别，尤其是水泉村户均汽车拥有量为0.54%，说明每两户就拥有一辆汽车，在调研中水泉村交通便利、经济水平较高，有的农户拥有不止一辆汽车。水泉村电脑、空调、冰箱的户均拥有量分别为0.62%、1.13%、0.94%，在三个样本村中占比最高，其中空调拥有量达到了户均1.13台。李庄村各种代表性耐用品户均拥有量占比最低，村庄道路破败，全村房屋建造翻修的较少，从其家庭财产状况可以看出家庭收入状况较差。

表5-12 样本村户均耐用品拥有量占比

村庄	汽车（%）	电脑（%）	空调（%）	冰箱（%）
李庄村	0.16	0.27	0.40	0.76
王元庄村	0.18	0.22	0.42	0.71
水泉村	0.54	0.62	1.13	0.94

（4）农业发展状况对比

从表5-13可知，三个样本村在人均耕地面积方面，李庄村、王元庄村、水泉村分别为1.2亩、1.21亩和1.57亩，户均耕地分别为5.17亩、6.69亩和7.33亩。水泉村人均耕地面积与户均耕地面积较大，这也是水泉村农业收入较其他两个村占比较高的原因之一。虽然从人均耕地的情况来看，三个样本村的人均耕地面积属于省内人均水平，但农业收入偏低，调研中发现村庄的劳动力老龄化严重，年轻劳动力只在农忙时间回乡，导致农业发展比较滞后。

表5-13 三个样本村耕地面积情况

村庄	耕地总面积（亩）	总户数(户)	总人口（人）	户均耕地面积（亩）	人均耕地面积（亩）
李庄村	1318	255	1100	5.17	1.2
王元庄村	2990	447	2474	6.69	1.21
水泉村	3300	450	2100	7.33	1.57

（5）村民进城意愿的对比

从理想生活地点来看，三个村似乎都是一半以上的被访者愿意在农村生活，但根据调研实际情况，被访者年龄结构偏大是一个原因。在采访中三个村的被访者一半以上均是50岁以上人口，年龄偏大的被访者习惯了农村的环境与生活，更倾向于在农村生活。通过分年龄段的对比可知，三个村还是有明显差别，其中水泉村被访者愿意在城市生活的人数占比达到了将近一半。在调研中我们了解到水泉村虽然51.05%的被访者选择农村生活，但主要原因在于水泉村地理位置优越，周围商业地产发达，村庄紧邻郑州，生活与城市相差较小，而且村民对于未来开发后地价的预估也很高。（见表5-14）

表5-14 村民理想生活地点对比

村庄	理想生活地点在城市人数占比（%）	理想生活地点在农村人数占比（%）
李庄村	56.38	43.62
王元庄村	35.63	64.37
水泉村	48.95	51.05
平均占比	40.84	59.16

给被访者分年龄段——50岁及以上与50岁以下，观察样本村被访者理想生活地点，出现了明显的区别。三个村整体而言，50岁以下的被访者理想生活地点更多的选择城市，李庄村、王元庄村和水泉村50岁以下村民们理想生活地点选择城市的占比分别为65.24%、55.84%、58.65%，而年龄在50岁以上的被访者更愿意在农村生活。其中李庄村50岁及以上的被访者56.38%选择城市，与其他两个样本村区别较大，原因在于李庄村地理位置偏僻、交通不便、生活相对艰苦，周围医疗条件落后，养老成为难题。在调研中，李庄村前街与后街全部是泥泞小道，老人看病出行不便，所以很多老年人想去城市生活。王元庄村多年来一直有去温州务工返乡盖房养老的习惯，在调研中王元庄村的房屋建造翻新较多，周围交通与医疗条件相对较好，所以50岁及以上的被访者73.53%选择农村。水泉村在郑州到都市区辐射下，周围医疗教育等基础设施相对完善，所以58.65%的50岁以上的被访者选择在农村生活。水泉村50岁以下的被访者虽然选择在农村生活的占比为41.35%，但实际情况是水泉村的地理位置

与周边设施已经是城市中的农村，选择在农村生活的年轻人已经能够预测到水泉村就是城镇化的典型（见表 5-15 和表 5-16）。

表 5-15　50 岁及以上村民理想生活地点对比

村庄	理想生活地点在城市人数占比（%）	理想生活地点在农村人数占比（%）
李庄村	56.38	43.62
王元庄村	26.47	73.53
水泉村	41.35	58.65

表 5-16　50 岁以下村民理想生活地点对比

村庄	理想生活地点在城市人数占比（%）	理想生活地点在农村人数占比（%）
李庄村	65.24	34.76
王元庄村	55.84	44.16
水泉村	58.65	41.35

2. 劳动力流动情况对比分析

（1）外出务工人员年龄结构对比

从三个样本村外出务工人员年龄结构可以看出（见表 5-17），外出务工人员主要集中在 20~50 岁，即平原农村外出务工的劳动力主要是“80 后”“90 后”，其次是“70 后”。其中李庄村外出务工人员 21~30 岁占比 35.82%，31~40 岁占比 32.95%，41~50 岁占比 20.92%；王元庄村外出务工人员 21~30 岁占比 37.88%，31~40 岁占比 27.02%，41~50 岁占比 24.23%；水泉村外出务工人员 21~30 岁占比 31.58%，31~40 岁占比 32.16%，41~50 岁占比 21.93%。其中李庄村 60 岁以上的老人和 20 岁以下的未成年人在外务工占比相对较大，尤其是 60 岁以上的老人外出务工，在王元庄村和水泉村没有这种情况。李庄村远离县城而且外出交通不便，农业经营惨淡，经济非常落后，主要的家庭收入都是外出务工收入，在调研中发现李庄村除了有特殊情况的村民，其他人只要还有力气外出务工就不会留在村庄务农，而选择出外打工，由于受教育程度低，城市留不下来，这批人员打工到年老再回到村庄居住，基本对农业生产没有任何反馈，整个村庄的环境面貌相对最差。

表 5-17　样本村外出务工人员年龄结构对比

李庄村			王元庄村			水泉村		
年龄段	频数（人）	占比（%）	年龄段	频数（人）	占比（%）	年龄段	频数（人）	占比（%）
20 岁以下	15	4.30	20 岁以下	12	3.34	20 岁以下	4	1.17
21~30 岁	125	35.82	21~30 岁	136	37.88	21~30 岁	108	31.58
31~40 岁	115	32.95	31~40 岁	97	27.02	31~40 岁	110	32.16
41~50 岁	73	20.92	41~50 岁	87	24.23	41~50 岁	75	21.93
51~60 岁	16	4.58	51~60 岁	27	7.52	51~60 岁	45	13.16
61~70 岁	5	1.43	61~70 岁	0	0.00	61~70 岁	0	0.00

（2）外出务工人员受教育程度对比

如表 5-18 所示，样本村外出务工人员受教育程度大约一半集中于初中及以下，说明农村外出人员受教育程度偏低。但三个样本村出现差别，水泉村的外出务工人员受教育水平较高。水泉村外出人口中 36.54%受过高中或中专以上教育，原因就在于水泉村受到郑州大都市区的辐射，周围教育资源丰富，而且村庄紧邻城市，村民受教育的意识更高。王元庄村外出务工人员受教育程度偏低，原因在于务工行业集中在建筑业并形成了规模，柘城每天有班车通往温州输送务工者，大部分行业进入门槛较低，造成大量的受过初中教育的劳动力选择了温州务工。

表 5-18　样本村外出务工人员受教育程度对比

李庄村			王元庄村			水泉村		
受教育程度	频数（人）	占比（%）	受教育程度	频数（人）	占比（%）	受教育程度	频数（人）	占比（%）
小学及以下	58	16.62	小学及以下	88	24.51	小学及以下	59	17.25
初中	185	53.01	初中	207	57.66	初中	158	46.2
高中或中专	60	17.19	高中或中专	32	8.91	高中或中专	51	14.91
大学及以上	46	13.18	大学及以上	32	8.91	大学及以上	74	21.63

(3) 外出务工地点对比

通过样本村劳动力流动地点的对比分析可知（见表5-19），李庄村外出务工劳动力主要流向中心城市，以郑州为首的中心城市趋势依旧不减，其中京津冀、长三角、珠三角三大都市圈吸纳了外出务工总人口的23.98%；流向郑州市区的占31.87%，流向省内外中心城市的占30.12%，流向县域及乡镇的占14.04%。王元庄村外出务工劳动力主要流向外省一般地级市，占比22.94%，其次为长三角城市，占比20.80%，去省内其他地区的外出务工总人口占比6.42%；流向郑州市区的占7.95%。王元庄村紧邻省道，有直达江浙一带的班车，务工地点以温州为主，村民大都从事建筑行业。水泉村外出务工人口在本村镇居住趋势明显，外出务工劳动力主要流回本村镇，占比63.74%，其次是本乡镇和县城，这与水泉村的地理位置密切相关。水泉村毗邻县城，又靠近郑州市区，并且紧挨交通主干道，在乡村发展中占据了有利条件，村中较早出现了一些从事地图标线行业的人员，他们较高的收入引起了村中其他人员的注意，从而使得该行业在水泉村较为普遍，所以后来的务工人员从事行业较为集中。此外，水泉村周围有学校和工厂，所以也有部分人员不愿外出务工而在其中从事相关行业。

表5-19 三个样本村外出务工地点分布比较

李庄村			王元庄村			水泉村		
务工地点	频数（人）	占比（%）	务工地点	频数（人）	占比（%）	务工地点	频数（人）	占比（%）
B	7	2.05	B	13	3.98	B	93	27.76
C	13	3.80	C	24	7.34	C	76	22.69
D	33	9.65	D	7	2.14	D	16	4.78
E	109	31.87	E	26	7.95	E	71	21.19
F	6	1.75	F	0	0.00	F	21	6.27
G	13	3.80	G	6	1.83	G	23	6.87
H	22	6.43	H	15	4.59	H	5	1.49

续表

李庄村			王元庄村			水泉村		
I	9	2.63	I	19	5.81	I	0	0.00
J	23	6.73	J	75	22.94	J	5	1.49
K	25	7.31	K	38	11.62	K	8	2.39
L	17	4.97	L	14	4.28	L	1	0.30
M	34	9.94	M	68	20.80	M	6	1.79
N	31	9.06	N	22	6.73	N	10	2.99
O	0	0.00	O	0	0.00	O	0	0.00

注：B表示本乡镇，C表示本县县城，D表示本市市区，E表示郑州市区，F表示郑州县区，G表示省内其他地级市下辖县区，H表示本省其他地级市区，I表示外省县城，J表示外省一般地级市，K表示外省省会城市，L表示京津冀，M表示长三角，N表示珠三角，O表示国外。

（4）外出务工时间对比

通过三个样本村外出务工人员务工时间的统计可知（见表5-20），李庄村、王元庄村、水泉村外出务工6个月以上占比分别为86.26%、96.09%、73.97%，务工时间体现了农村对剩余人口的挤出效应，其中李庄村10个月以上的外出人口占比最高，调研显示李庄村目前外出人口很少回家，家庭类型以老人或者儿童留守家园、外出务工人员农忙时回家为主，共占比53.63%。

表5-20　三个样本村外出务工时间对比

李庄村			王元庄村			水泉村		
务工时间	频数（人）	占比（%）	务工时间	频数（人）	占比（%）	务工时间	频数（人）	占比（%）
3个月以下	9	2.88	3个月以下	2	0.60	3个月以下	10	3.17
3~6个月	34	10.86	3~6个月	11	3.31	3~6个月	72	22.86
6~10个月	94	30.03	6~10个月	83	25.01	6~9个月	52	16.51
10个月以上	176	56.23	10个月以上	236	71.08	10个月以上	181	57.46

（5）外出务工年收入对比

三个平原样本村的家庭收入均主要源于外出务工收入。李庄村外出务工年收入占家庭年收入的90.06%，王元庄村外出务工年收入占家庭年收入的89.14%，水泉村外出务工年收入占家庭年收入的82.3%。地理位置越偏僻、农业发展越困难的村庄，比如李庄村，其外出务工收入在家庭收入中占比越大。从表5-21可以看出，三个样本村的外出务工年收入平均数基本在30000元左右，因为被访者大都不是外出务工本人而是留守老人，大都是估计值，所以年工资收入比较集中。通过三个样本村的描述性分析，典型样本村由于劳动力外出务工特色与受教育程度的区别，年收入出现明显差异，李庄村外出务工人员年收入在30000元以下的占到外出务工人员总数的62.85%，其中将近一半的外出务工人员收入在10000~30000元，务工收入偏低。王元庄村的外出务工人员收入较高，且村人均收入达到了13000多元，超出了河南省农民的人均纯收入，主要原因在于王元庄村村民有20.8%在长三角地区，尤其是温州的建筑业“磨地平”，工资水平较高，年收入在30000~50000元的务工人员占比49.03%。调研中，水泉村高收入人群，尤其是“画标线”的大部分队长并没有在访谈中说出实际收入，水泉村外出务工人员主要在新郑、郑州周边从事建筑业，收入在30000~50000元的占比37.72%，其中高收入人群占比比工元庄村高，据我们了解，实际上有很多队长的收入可达到一年90万元的规模。三个村比较，外出务工地点和行业成为外出务工年收入的主要影响因素。

表5-21 三个样本村外出务工年收入描述性分析

村庄	平均数（元）	中位数（元）	众数（元）	最大值（元）	最小值（元）
李庄村	32841	30000	30000	120000	1000
王元庄村	34039	30000	30000	200000	2000
水泉村	27253	25000	20000	200000	1000

（6）外出务工工作性质对比

表5-22显示，平原农村外出务工人员主要集中于建筑业、制造业、生活服务业。这与国家统计局发布的《2016年农民工监测调查报告》一

致。其中李庄村外出务工人员从事商业服务的占比为10.66%，排在建筑业和制造业这两大行业之后，比从事生活服务业的占比略高。总体来看，三个类型的平原农村的外出务工工作行业分布比较集中，依次为建筑业、制造业和生活服务业。

表5-22 三个样本村外出务工工作性质对比

李庄村			王元庄村			水泉村		
工作行业	频数（人）	占比（%）	工作行业	频数（人）	占比（%）	工作行业	频数（人）	占比（%）
B	9	2.59	B	14	4.11	B	9	3.09
C	105	30.26	C	97	28.45	C	57	19.59
D	10	2.88	D	8	2.35	D	9	3.09
E	88	25.36	E	129	37.83	E	96	32.99
F	18	5.19	F	13	3.81	F	8	2.75
G	2	0.58	G	4	1.17	G	4	1.37
H	37	10.66	H	12	3.52	H	18	6.19
I	11	3.17	I	6	1.76	I	13	4.47
J	3	0.86	J	10	2.93	J	5	1.72
K	3	0.86	K	1	0.29	K	3	1.03
L	34	9.80	L	35	10.26	L	51	17.53
M	12	3.46	M	1	0.29	M	5	1.72
N	0	0.00	N	2	0.59	N	3	1.03
O	15	4.32	O	9	2.64	O	10	3.44

注：B表示副业（家庭手工或手工业），C表示制造业，D表示旅游餐饮，E表示建筑业（含装修），F表示运输，G表示采掘业，H表示商业和商务中介，I表示教育，J表示医疗，K表示金融服务，L表示生活服务，M表示企业白领，N表示开办企业，O表示公务员或事业单位。

3. 农村发展与农村劳动力流动问题分析

结合样本村基本情况与描述性对比分析，可知农村发展中既有共性问题，也有不同务工特色下村庄发展的个性问题。

（1）从事纯农业的劳动力老龄化加剧，农村农业收入偏低，地理位

置越偏僻越明显

从样本村被访者年龄结构与被访户家庭类型可以看出从事纯农业的劳动力老龄化加剧。首先，从样本村的被访者年龄分析，农村留守老人已经成为共性问题。三个样本村剩余人口的年龄结构都偏大，这些剩余人口是从事农业生产的主要劳动力。具体来说李庄村农村留守人员50岁以上占比69.8%，王元庄村农村留守人员50岁以上占比63.2%，水泉村农村留守人员50岁以上占比56.12%，说明距离县城越远的村庄从事农业劳动的老龄化程度越深。农村农业劳动力老龄化是农业生产的一大挑战。其次，从被访户的家庭类型分析，三个样本村老人和留守儿童问题很严重。经过调研数据发现李庄村留守老人、留守儿童家庭占比69.16%，其中农忙时外出务工人员回来占比34.38%。王元庄村家庭类型以老人或者儿童留守、外出务工人员农忙时回家为主，共占比53.63%；老人和儿童在家务农，外出人员几乎不回村占比较少，为8.06%；家庭人员基本不再务农，在本村居住占比最少，为2.42%。水泉村因为距离城市较近，留守老人和儿童的家庭占比较低，但主要是与水泉村的地理位置有关系，水泉村靠近城镇，且周围有较好的就业机会，大部分务工人员就近务工可以兼顾农业生产。在调研中发现，李庄村留守人员中出现了众多的空巢老人。空巢老人养老面临很大困境，经济条件低下，健康状况堪忧，精神文化生活十分枯燥，这些都严重影响农村空巢老人的生活质量，这也是目前农村养老的主要困境。

样本村农业劳动力老龄化程度加剧，会使得农业生产经营出现障碍，其直接表现就是农业收入偏低，调研数据显示，李庄村人均农业收入981.67元，王元庄村人均农业收入1452.91元，水泉村人均农业收入2021.76元。三个样本村主要的收入来源均为外出务工收入，且越是远离县城的平原村，其农业收入越低，而外出务工收入在家庭总收入中的占比越大。

（2）农民受教育程度偏低，村庄地理位置越偏僻越明显

从三个样本村村民的受教育状况可以看出，平原农村目前总体人口都属于较低水平，小学及以下学历占比都在40%左右。农村教育衰落，

外出务工呈现低龄化特点，李庄村、王元庄村和水泉村外出务工人员初中及以下学历的占比分别为69.63%、82.17%、63.45%，大部分村民不愿意放弃机会成本选择接受九年义务教育之后的中等和高等教育。以上研究显示，这部分外出务工人员年龄结构主要是“90后”“80后”“70后”，一方面这部分年轻劳动力流失，致使从事农业劳动的劳动力老龄化加剧，农业生产经营严重滞后，土地利用率低，农业收入偏低；另一方面，平原农村人口受教育程度偏低，且大部分没有受过相关技术培训，外出务工的行业主要集中于建筑业、制造业和生活服务业等体力劳动领域，收入较低，生活没有保障，城市融入困难。

受教育程度限制了农村外出务工人员在城市的融入，样本村地理位置越偏僻越明显。从三个村的外出务工年收入对比可以看出，距离县城最远的李庄村外出务工人员年收入在30000元以下的占外出务工人员总数的62.86%，其中将近一半的外出人员收入在10000~30000元，务工收入偏低。距离县城较近的王元庄村的外出务工收入较高，且村人均收入达到了13000多元，超出了河南省农民的人均纯收入，主要原因在于王元庄村村民有20.8%在长三角地区，尤其是温州的建筑业“磨地平”，工资水平较高。距离县城最近的水泉村外出务工人员主要在新郑和郑州周边从事建筑业，收入在30000~50000元的占比37.72%。

（3）农村劳动力向城镇流动，农村家庭收入主要来源为外出务工收入

农村劳动力向城镇流动，主要表现为农村劳动年龄人口大量外出务工，样本村李庄村、王元庄村、水泉村其外出务工人员占比分别为31.73%、33.12%、33.17%，其中劳动年龄外出务工占本村劳动年龄人口比例分别为50.58%、51.14%、51.04%。三个平原样本村的家庭收入主要源于外出务工收入。李庄村外出务工年收入占家庭年收入的90.06%，王元庄村外出务工年收入占家庭年收入的89.14%，水泉村外出务工年收入占家庭年收入的82.3%，地理位置越偏僻、农业发展越困难的村庄，比如李庄村，其外出务工收入在家庭收入中占比越大。

（4）农村劳动力流动主要是外部转移，但不同类型的农村劳动力转移方式不同

调研显示，河南平原农村劳动力流动的主要特点为农村劳动力流向大中城市。在郑州大都市区核心辐射范围的农村，由于地理位置交通状况的优势，这类农村劳动力外出多在郑州周边或镇区，例如水泉村属于内部转移。李庄村与王元庄村劳动力流动的特点均是外部转移，而大部分中原地区的农村不在辐射区，劳动力流动属于外部转移。

农村劳动力内部转移是指通过发掘农村内在潜力，采取多形式、多渠道内部吸纳劳动力的方式。它是符合中国实际情况，却又不同于西方发达国家主要靠工业扩张、城市膨胀来吸纳和消化农村劳动力的一种转移模式，具体包括就地转移和农业内部吸纳等方式。

农村劳动力外部转移，即异地转移，是指农村劳动力通过自发转移或经亲朋好友介绍，向外部的大中型城市、小城市（镇）及境外等产业聚集能力较强的地区转移。从农民工连续十几年大规模的流动来看，外部转移是农村劳动力转移的主要模式，表现为由早些年的向东南沿海开放地区流动转向北京、上海以及各大中城市流动为主。现在，大中城市已经成为农民工进入的主要就业、务工地区。其中，东部等经济发达地区是农村劳动力外部转移人数最多的区域，西部地区吸纳农村劳动力的能力也正迅速增强。

（5）金融保险意识淡薄，地理位置越偏僻越明显

在金融借贷的调研中，样本村村民大部分的借贷对象首先为亲戚朋友，其中李庄村、王元庄村和水泉村被访者首选借贷对象为亲戚和朋友的在各项选择中占比最大，分别为45.88%、43.95%、34.18%。村民不选择正规金融机构的原因主要为正规金融机构借贷利息高、手续烦琐、借款渠道信息少。

在农业保险的调研中，李庄村、王元庄村与水泉村对于农业保险不了解的占比分别为58.33%、89.60%、57.77%，其中不愿意购买农业保

险的占比分别为40.16%、56.85%、17.95%。一方面说明样本村大部分村民对于农业保险不了解，另一方面说明地理位置在郑州大都市区辐射范围内的农村农业保险意识更高。

（6）不同年龄段进城意愿迥异

50岁以下的被访者理想生活地点更多地选择城市，李庄村、王元庄村和水泉村50岁以下村民们选择在城市生活的占比分别为65.24%、55.84%、58.65%，而年龄在50岁以上的被访者更愿意在农村生活。其中李庄村50岁及以上的被访者中56.38%选择城市，与其他两个样本村区别较大，原因在于李庄村地理位置偏僻、交通不便、生活相对艰苦，周围医疗条件落后，养老成为难题。在调研中，李庄村前街与后街全部是泥泞小道，老人看病出行不便，所以很多老年人想去城市生活。王元庄村多年来一直有去温州务工返乡盖房养老的习惯，在调研中王元庄村的房屋建造翻新较多，周围交通与医疗条件相对较好，所以50岁以上的被访者中73.53%选择在农村生活。水泉村在郑州大都市区辐射下，周围医疗教育等基础设施相对完善，所以58.65%的50岁以上的被访者选择在农村生活。

五、河南省省内人口流动的趋势预测

流动人口的数据的难获得性，是目前国内对流动人口趋势预测的一个瓶颈。本研究试图通过对常住人口的变动预测来探讨人口流动的趋势。具体来说，就是用河南常住人口层次分布与结构分布的现状和预判对省内人口流动趋势进行预测。

（一）常住人口加速向城镇聚集

通过对2015—2020年河南省城镇化率和城乡人口分布状况数据的整理，得到表5-23。

表 5-23　2015—2020 年河南省城镇化率及城乡人口分布状况

年份	2015 年	2016 年	2017 年	2018 年	2019 年	2020 年
城镇化率（%）	47.02	48.78	50.56	52.24	54.01	55.43
城镇常住人口（万人）	4561.41	4769.71	4969.54	5152.95	5347.53	5510.30
乡村常住人口（万人）	5139.59	5008.29	4859.46	4711.05	4553.47	4430.70

资料来源：河南省统计年鉴 2015—2020。

从 2015 年到 2020 年河南全省的城镇化率增加了 8.41 个百分点，其中城镇常住人口在这 5 年增长了 948.89 万人，平均每年 189.78 万人；而农村常住人口平均每年减少 141.78 万人。2015—2020 年的城镇化率增长率的年平均①公式为：

$$\lambda = \frac{\sum \frac{n_{t+1} - n_t}{n_t}}{6}$$

其中，λ 表示城镇化率增长率的年平均，t 表示时间 2015—2019 年，n 表示城镇化率。

用 2015—2020 年的城镇化率增长率的年平均对 2021—2025 年的河南城镇化率和常住人口分布进行预测，公式为 $N_T = N_{T-1}(1+\lambda)$，其中 N 为城镇化率，T 表示 2021—2025 年，得到表 5-24。

表 5-24　河南省城镇化率及城乡人口分布预测

年份	2021 年	2022 年	2023 年	2024 年	2025 年
城镇化率（%）	57.28	59.20	61.18	63.23	65.35
城镇常住人口（万人）	5722.61	5943.09	6172.08	6409.89	6656.86
乡村常住人口（万人）	4267.12	4095.59	3915.80	3727.43	3530.15

经过预测，2025 年的城镇化率是 65.35%，城镇常住人口由 2020 年的 5510.30 万人增加到 2025 年的 6656.86 万人，平均每年增加近 230 万人；农

① 预测采用增长率的年平均对未来年份进行递推的方法，更切合实际、更准确。而采用年平均增长率的方法更适合预测首尾已知年份去推测中间年份的情况。

村常住人口由2020年的4430.70万人减少到2025年的3530.15万人，平均每年减少180万人。常住人口向城镇聚集是未来河南人口流动的一个趋势。

(二) 城镇常住人口趋向于流向中心城市

根据各级政府统计资料及年鉴数据，得到2017—2020年河南省城镇常住人口在省辖市市区及县乡镇城区的分布情况，如表5-25所示。

表5-25 2017—2020年河南省城镇常住人口层次结构分布情况

年份	2017年	2018年	2019年	2020年	净值变动
城镇常住人口（万人）	4969.54	5152.95	5347.53	5510.30	540.76
省辖市市区（万人）	1896.83	1958.06	2017.29	2331.11	434.28
省辖市市区占比（%）	38.17	38.00	37.72	42.30	4.13
县乡镇城区（万人）	3072.71	3194.89	3330.24	3179.18	106.47
县乡镇城区占比（%）	61.83	62.00	62.28	57.70	-4.13

资料来源：河南省统计年鉴2017—2020。其中省辖市市区城镇常住人口=市辖区常住人口-市辖区乡村常住人口，其中市辖区常住人口来自河南省统计年鉴，市辖区乡村常住人口来自各辖区政府网站。

2017—2020年城镇常住人口增加了540.76万人，其中省辖市市区的城镇人口增加了434.28万人，占城镇常住人口增加值的80%。其中省辖市市区人口占比提高了4.13个百分点，县乡镇人口则下降了同样的比例。说明这三年城镇人口加速流向省辖市市区。

假定未来新增城镇常住人口依然以这个速度增长，并以上述比例向省辖中心城市聚集，则2021—2025年河南省城镇常住人口分布预测结果如表5-26所示。

表5-26 2021—2025年河南省城镇常住人口层次分布预测

年份	2021年	2022年	2023年	2024年	2025年
城镇常住人口（万人）	5722.61	5943.09	6172.08	6409.89	6656.86
省辖市市区（万人）	2500.58	2682.37	2877.37	3086.55	3310.94
省辖市市区占比（%）	43.70	45.13	46.62	48.15	49.74

续表

年份	2021 年	2022 年	2023 年	2024 年	2025 年
县乡镇城区（万人）	3222.03	3260.72	3294.71	3323.34	3345.92
县乡镇城区占比（%）	56.30	54.87	53.38	51.85	50.26

预测结果显示，至 2025 年河南省城镇常住人口达到 6656.86 万人，城镇化率为 65.35%。其中 18 个省辖市市区人口由 2020 年的 2331.11 万人增加到 2025 年的 3310.94 万人，占比由 42.3%上升到 49.74%。县乡镇城区城镇人口比例则不断下降至 50.26%。这个预测结果进一步证明了城镇人口明显向中心城区聚集的趋势。

（三）人口向以郑州为中心的核心都市圈流动趋势明显

前面从常住人口分布的层次结构的角度预测人口流动的趋势，接下来从常住人口分布的空间结构的角度预测人口流动趋势，主要从各省辖市的常住人口变动、城镇常住人口变动与乡村常住人口变动的情况分析。

1. 河南各省辖市常住人口变动情况

为了弄清楚全省人口流动聚集趋势，使用官方统计数据，以 18 个省辖市为地域单元，对 2015—2020 年各地域单元之间常住人口的变动情况进行了梳理，如表 5-27 所示。

表 5-27　2015—2020 年河南省 18 个省辖市市域常住人口变化情况

	总常住人口增减量（万人）	常住人口年均增长率（每年增长率相加/5）	城镇常住人口增减量（万人）	城镇常住人口年均增长率（每年增长率相加/5）	乡村常住人口增减量（万人）	乡村常住人口年均增长率（每年增长率相加/5）
全省	240	0.49%	949	3.85%	-709	-2.92%
郑州市	192.48	3.37%	233.8742	5.55%	-41.3942	-2.78%
开封市	8.04	0.34%	40.3949	3.58%	-32.3549	-2.57%
洛阳市	23.37	0.68%	92.85888	4.63%	-69.4889	-4.83%
平顶山市	11.62	0.47%	35.09659	2.87%	-23.4766	-1.91%

续表

	总常住人口增减量（万人）	常住人口年均增长率（每年增长率相加/5）	城镇常住人口增减量（万人）	城镇常住人口年均增长率（每年增长率相加/5）	乡村常住人口增减量（万人）	乡村常住人口年均增长率（每年增长率相加/5）
安阳市	21.62	0.81%	48.97176	3.76%	-27.3518	-2.00%
鹤壁市	3.06	0.40%	11.49262	2.60%	-8.43262	-2.55%
新乡市	15.05	0.49%	57.31945	3.53%	-42.2695	-2.91%
焦作市	2.37	0.14%	29.14855	2.85%	-26.7786	-3.67%
濮阳市	2.71	0.15%	36.79513	4.44%	-34.0851	-3.26%
许昌市	10.43	0.48%	36.04534	3.39%	-25.6153	-2.34%
漯河市	-3.56	-0.30%	17.04287	2.85%	-20.6029	-3.46%
三门峡市	-7.62	-0.73%	9.151028	1.65%	-16.771	-3.46%
南阳市	-35.31	-0.71%	75.068	3.37%	-110.378	-4.05%
商丘市	16.06	0.42%	69.98397	4.41%	-53.924	-2.38%
信阳市	1.18	0.04%	47.8999	3.38%	-46.7199	-2.76%
周口市	-15.63	-0.34%	54.175	3.09%	-69.805	-2.50%
驻马店市	-8.4	-0.24%	46.91841	3.35%	-55.3184	-2.61%
济源市	2.47	0.69%	7.438489	3.34%	-4.96849	-3.73%

资料来源：河南省统计年鉴2015—2020。

2015—2020年，各省辖市之间以及中心城市圈与其他区域之间人口增减变化差异巨大。在18个省辖市市域中，总常住人口增加的有13个（郑州市、开封市、洛阳市、平顶山市、安阳市、鹤壁市、新乡市、焦作市、濮阳市、许昌市、商丘市、信阳市、济源市），减少的有5个（漯河市、三门峡市、南阳市、驻马店市、周口市）。在常住人口增加的13个省辖市市域中，郑州（新增192.48万人，年均增3.37%）和洛阳（新增23.37万人，年均增0.68%）分别排在前两位。安阳（新增21.62万人，年均增0.81%）和商丘（新增16.06万人，年均增0.42%）也增幅明显。开封和许昌也属常住人口持续增加的城市市域之列。而在常住人口减少的5个省辖市市域中，则以南阳（减少35.31万人，年均减少

0.71%）、周口（减少15.63万人，年均减少0.34%）最为突出。

根据2015—2020年各省辖市常住人口增长率的年平均，推算2021—2025年全省18个省辖市各自常住人口变动的数据，结果如表5-28所示。

表5-28 2021—2025年河南省18个省辖市常住人口空间分布趋势预测

（单位：万人）

年份	2021年	2022年	2023年	2024年	2025年
全省	9989.72	10038.68	10087.88	10137.32	10187.00
郑州市	1304.20	1348.16	1393.60	1440.57	1489.12
开封市	485.10	486.73	488.36	490.00	491.65
洛阳市	710.68	715.48	720.32	725.19	730.09
平顶山市	501.15	503.52	505.91	508.30	510.70
安阳市	552.06	556.53	561.03	565.57	570.14
鹤壁市	157.46	158.09	158.72	159.35	159.98
新乡市	628.57	631.64	634.72	637.83	640.94
焦作市	352.91	353.39	353.87	354.34	354.83
濮阳市	377.90	378.45	379.01	379.56	380.12
许昌市	440.36	442.49	444.63	446.78	448.94
漯河市	236.48	235.78	235.08	234.38	233.69
三门峡市	202.06	200.58	199.12	197.67	196.23
南阳市	964.62	957.76	950.95	944.18	937.47
商丘市	785.11	788.38	791.67	794.96	798.27
信阳市	623.90	624.14	624.38	624.62	624.85
周口市	898.79	895.72	892.66	889.61	886.57
驻马店市	698.99	697.33	695.67	694.02	692.38
济源市	73.36	73.87	74.38	74.90	75.42
核心都市圈	3921.81	3977.88	4035.50	4094.71	4155.57
占比	39.26%	39.63%	40.00%	40.39%	40.79%

2021—2025年河南省常住人口总量虽变化明显（从2021年的9989.72万人增加到2025年的10187万人，净增约200万人），但除核

心都市圈外各省辖市市域常住人口变化趋势并不明显。“郑汴洛新焦许”等核心圈城市市域常住人口是增加的，郑州增幅尤其大（从 2021 年的 1304.20 万人增加到 2025 年的 1489.12 万人，净增约 185 万人）。核心圈 6 城市加总，从 2021 年的 3921.81 万人增加到 2025 年的 4155.57 万人，净增约 234 万人，增幅 6%。核心圈 6 城市常住总人口在全省常住总人口中的占比也将由 2021 年的 39.26%提升到 2025 年的 40.79%。到 2025 年约 3002 万人（29%）分布在“商周驻信”黄淮四市。与“郑汴洛新焦许”核心都市圈常住人口的持续增加相对应，黄淮四市等周边地区未来仍将延续过去持续减少的趋势。这进一步说明，未来人口向以郑州为中心的“郑汴洛新焦许”核心都市圈流动趋势明显。

由此可见，在河南全省范围内，已经形成了以郑州为中心涵盖周边城市（洛阳、开封、焦作、新乡、许昌）的人口核心聚集圈。过去 5 年间，这个“郑汴洛新焦许”核心都市圈常住人口净增 252 万人，超过了同期河南全省的净增常住人口。

2. 各省辖市城镇常住人口变动情况

如果看城镇常住人口变动情况，上述向核心都市圈聚集的趋势也很明显。“郑汴洛焦新许”核心圈城市城镇常住人口年均增幅均高于或接近全省城镇常住人口平均增幅（3.85%）。城市加总新增城镇常住人口 489.6 万人，占全省新增城镇常住人口总量（949 万人）的 51.6%。城市农村常住人口减少的幅度远低于其他地区，黄淮四市（周口、驻马店、信阳、商丘）农村常住人口减少的幅度远大于其他地区，也能说明全省范围内存在着人口由周边地区向核心圈聚集的趋势。

表 5-29　核心都市圈地级市市区城镇常住人口

年份	2017 年	2018 年	2019 年	2020 年	净变动值
地级市市区（万人）	1896.83	1958.06	2017.29	2331.11	434.28
核心都市圈（万人）	987.69	1018.77	1042.40	1275.91	288.22
占比	52.07%	52.03%	51.67%	54.73%	2.66%

由表 5-29 得出 18 个地级市市区净增的 434.28 万城镇常住人口中，核心都市圈吸纳了 288.22 万人，占全部增加人数的 66.37%，可见地级市市区所增加的城镇常住人口，大部分被核心都市圈消化了。核心都市圈市区城镇常住人口的增幅高于河南省平均水平，所以未来在做大地级市市区的时候，可考虑优先做大核心都市圈的市区。按照这个速度预测 2021—2025 年的情况，2025 年，18 个地级市 3310.94 万人的城镇常住人口，将有 1989.33 万人分布在核心都市圈，比例高达 60%。

其中，到 2025 年，郑州市常住人口约为 1500 万人，占河南省比例是 14.62%；乡村常住人口约 236.65 万人，占全省 6.7%。城镇常住人口中，市区 1162.67 万人，占河南省比例是 35.12%；县乡镇城区 89.8 万人，占全省比例是 2.68%。

表 5-30　郑州市 2025 年人口分布预测

	常住人口（万人）	城镇常住人口（万人）		乡村常住人口（万人）
		市区	县乡镇城区	
全省	10187.00	3310.94	3345.92	3530.14
郑州	1489.12	1162.67	89.80	236.65
核心都市圈	4155.57	1989.33	1014.32	1151.92
郑州占全省比	14.62%	35.12%	2.68%	6.70%

3. 河南各省辖市乡村常住人口变动情况

由前面的分析得到，地级市市区所增加的城镇常住人口大部分被核心都市圈消化了。核心都市圈市区城镇常住人口的增幅高于河南省平均水平，核心都市圈乡村常住人口减少的速度小于全省平均水平，农业人口比重较大的黄淮四市流出速度高于全省平均水平。我们统计出河南省各地市 2017—2020 年乡村常住人口，并根据年平均增长速度对 2021—2025 年乡村常住人口的分布进行预测，结果如表 5-31 和图 5-3 所示。

表 5-31 2021—2025 年河南省乡村常住人口空间分布趋势及预测

（单位：万人）

农村常住人口	2021 年	2022 年	2023 年	2024 年	2025 年
全省	4301.41	4175.62	4053.50	3934.96	3819.88
核心都市圈	1309.03	1267.71	1227.78	1189.20	1151.92
南商信周驻	2059.87	2000.51	1942.96	1887.14	1833.00

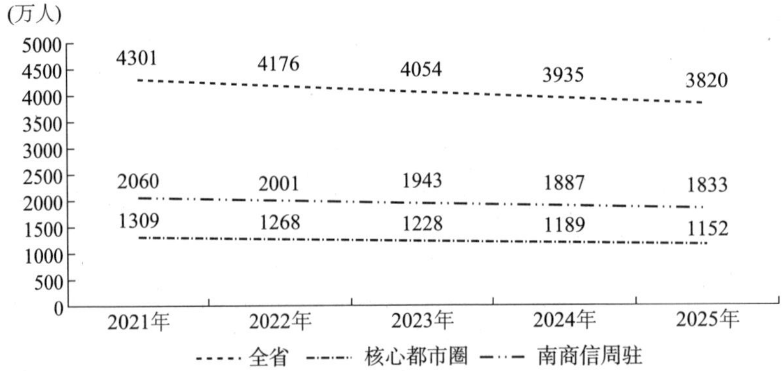

图 5-3 2021—2025 年河南省乡村常住人口空间分布趋势及预测

到 2025 年，河南省 3819.88 万乡村常住人口中，1833 万人分布在黄淮四市以及南阳地区①，1151.92 万乡村常住人口分布在核心都市圈。

依据上述城镇化进程中人口流动规律趋势的梳理和对未来演化趋势的预测。至 2025 年，河南省 10187 万常住人口中，将有 40.79%即 4155.57 万人分布在以郑州为中心的核心都市圈市域；6656.86 万城镇常住人口中，将有 45.12%即 3003.65 万人分布在核心圈城镇；3310.94 万省辖中心城市市区常住人口中，将有 60.08%即 1989.33 万人分布在核心都市圈市区。2025 年河南省人口空间分布情况如表 5-32 所示。

① 南阳农业人口的绝对值较大，地理上也和黄淮四市较近，将其和黄淮四市合并统计。

表 5-32　2025 年河南省人口分布空间结构预测

	常住人口	城镇常住人口	城镇市区常住人口
全省（万人）	10187.00	6656.86	3310.94
其余地区（万人）	6031.43	3653.21	1321.61
核心都市圈（万人）	4155.57	3003.65	1989.33
核心都市圈占全省比重（%）	40.79	45.12	60.08

根据上述对河南省人口流动现状与趋势的分析与预测，2015—2020 年，河南省乡村常住人口共减少了 709 万人，其中商丘、驻马店、信阳、周口四区域减少了 225.78 万人。这些地区恰恰是农村居民人均纯收入最低的地方（以 2020 年数据为例），可见人口主要从农村居民人均纯收入最低的地方流出。2015—2020 年，河南省城镇常住人口共增加了 949 万人，其中郑州、洛阳、商丘、信阳、周口、安阳、驻马店这些区域增加得较多。南阳、驻马店农村常住人口减少得最多，城镇常住人口增加的也较多。可以大致地判断，减少的乡村常住人口，一部分流入人均 GDP 较高（以 2020 年数据为例）的郑州、洛阳等区域的城镇，一部分则就近进入户籍所在地的城镇。城镇常住人口将围绕以郑州为中心的核心都市圈集中分布，另外黄淮四市也将吸纳大量新增的城镇常住人口。

综上所述，河南人口流动的突出特征为：首先，空间上存在着人口向以郑州为中心的核心圈聚集的趋势，城镇体系空间结构朝着核心圈规模和密度越来越大，外围地区规模和密度越来越小的方向演化。2015—2020 年，在全省常住人口基本保持不变（净增 240 万人）的情况下，各省辖市市域人口变动巨大，最突出的特点是以郑州为中心的核心圈（郑汴洛新焦许）均呈现出人口净流入的状态，而商周驻信黄淮 4 市常住人口则大幅流出。预测核心圈 6 城市常住人口将从 2020 年的 1275.91 万人增加到 2025 年的 4155.57 万人。核心圈 6 城市常住总人口在全省常住总人口中的占比也将提升到 40.79%。如果单看中心城区人口，核心圈人口聚集趋势更为明显。2017—2020 年，河南省 18 个省辖中心城市市区人口由 1896.83 万人增加到 2331.11 万人，在净增的 434.28 万人中，核心圈6城市达288.22万人，占比增幅2.66个百分点。预测2021—2025年，全省常住人口10187万人，其中核心都市圈4156万人，核心都市圈占全省比重为40.79%。核心圈市区人口从1276万人增加到1989万人，其在全省省辖中心城市市区总人口中所占比重也从54.73%提升到60.08%。其次，河南省内人口流动初步形成了由外围向中心聚集的圈层结构。省内人口向郑州市域、郑州市域内城镇，以及郑州市域内城镇中的中心城区聚集度有梯次升高的趋势。再考虑到其他17个省辖市中心城区，以及其辖域内县乡镇城区、乡村等三种类型地区人口聚集度依次降低的趋势，那就意味着在城镇化演进过程中，河南省16.7万平方公里的空间内，人口存在着由外围向核心聚集的趋势，而且越往核心人口聚集度越大。这在空间上就形成了郑州中心城区人口超密集区→郑州市域人口密集区→17省辖市中心城区人口密集区→县乡镇人口聚集区→乡村人口稀疏区等由中心向外围发散的圈层结构形态。

六、小结

城镇化的过程最为突出的特点就是人口的迁移流动，那么河南的人口流动与城镇化的发展状况与趋势就是本章重点。通过对改革开放以来河南人口流动与城镇化的历程的梳理，发现城乡人口流动是河南省人口流动的主要内容，随着城镇化的快速推进，农村剩余劳动力源源不断地流向城镇地区，使得城镇人口不断增长，河南省内城乡人口流动势能明显，城镇化率也增长很快。河南城镇化远落后于工业化发展，所以要大力推进城镇化发展。作为典型人口输出大省的河南，随着城镇化的不断推进，河南省人口流动的流量、流向、分布等发生了显著变化，出现了一些新的特征与趋势。本章一方面通过官方统计数据的分析，指出河南人口流动的总体状况为流量逐渐增大，省内以郑州为中心的核心都市圈人口流动势能明显，农业转移人口主要流向中心城市，省内农村劳动力转移超出向省外输出。“80后”“90后”“00后”新生代农民工已经成为河南省内流动人口的主力军。另一方面，通过实地调查分析，河南农村劳动力流动现状表现为农村劳动力资源仍然很丰富，人口红利依然存在。河南的农村转移劳动力已经成为城镇常住人口的主力军，农村转移劳动力进城谋生已经是农民工不可逆转的生活方式。而且农村劳动力主要流向中心城市，其中以郑州为首的省内中心城市流动势能明显，县以下地区对人口的汇聚能力有限。从宏观和微观得到的人口流动的现状都显示，省内人口流动势能强劲，以郑州为首的中心城市势能最为明显，尤其以郑州为中心的核心都市圈流动汇聚势能非常强。与此同时，通过对河南常住人口空间与层次结构的未来变动预测河南人口流动的趋势，结论为：一方面人口向城镇聚集势能明显，另一方面城镇人口向中心城市聚集流动。空间上，人口朝着以“郑州”为中心的“郑汴洛新焦许”核心都市圈聚集流动。河南省内人口流动初步形成了由外围向中心聚集的圈层结构。

实地调研对于河南的城镇化得到一些认识。第一，只有经济与社会共同发展，才能真正实现城镇化。在推进城镇化的过程中，要依据当地发展的条件，落后地区不能强行人为地制造“城镇化”。城镇化是与经济与社会发展相联系的长期过程。制造业虽然可以促进城镇化的进程，但只有高端制造业作用才明显，因此我们在发展制造业时应该注重结构问题。第二，工业领域内的就业是当前我国城镇化的主要就业方式。我国的经济发展在很大程度上依赖于工业的增长。当前我国从总体上还没有进入后工业化时代，以服务业为主导的城市形态虽然在一些地区显现出来，但通过工业领域内的增长促进城镇化发展依然是当前的主要选择方式。对农民的城镇化来说，工业领域内的就业更稳定，更容易融入城市。第三，城镇化的主要流向是大城市而不是小城镇，河南农村劳动力流向省内也呈现向大城市聚集的现象。大城市所提供的就业与收入更稳定。其中省辖市将会是农民工创业的优先选择地区，因为缺乏人才资本和融资能力的农民，只有在竞争还不甚激烈，同时又能提供一定市场的地级市才可以得到竞争的机会。在县以下的地区除非当地工业发展水平很高。

通过对统计的流动人口与调研的农村转移劳动力的属性特征的分析，指出河南人口城乡流动与城镇化的突出问题，具体表现在河南人口城乡流动与城镇化过程中存在“半城镇化”严重与农民工城市融入的具体困难等众多突出问题。未来一段时期，解决城镇化过程中农民工城市融入障碍是河南推进新型城镇化的重要内容。那么是哪些因素影响着人口流动与城镇化，河南的城镇化模式应该朝着什么方向规划，是接下来的研究内容。

第六章

河南省城镇化进程中人口流动影响因素的实证分析

2020年，河南农村劳动力转移就业总量已达3086万人，其中，省内转移安置1850万人，省外输出1236万人，河南新增农村劳动力转移就业45.81万人。同时，越来越多农民工回乡开启创业路。河南新增农民工等返乡下乡创业人员15.07万人，成为“稳就业”的重要力量。从上一章河南省城镇化进程中人口流动的现状与趋势可以看出，改革开放后随着河南省经济社会转型发展，市场指导下要素开始自由流动，河南省人口流动主要是农村劳动力城乡之间的流动。河南农村劳动力大规模进入城镇务工经商或从事服务等行业，进而促进了城镇化的快速发展。虽然河南省内劳动力流动势能不断加大，但同时伴随的是“半城镇化”现象。即大量农村转移人口不愿意彻底退出农村，一只脚进了城镇，另一只脚却还停留在农村，形成了“两头挂”的独特现象。这种现象不仅影响了这个群体融入城市，迟滞了农村转移人口市民化进程，而且造成土地等宝贵资源的极大浪费。那么，河南省农村劳动力最终融入城市的制约因素有哪些？河南省城乡人口大规模流动的影响因素是什么？即城镇化发展的影响因素探讨。本章从河南省农村劳动力流动实地调研的现状出发，首先从宏观制度层面，主要通过实地调研的个案研究，对个案定量分析探索河南省农村劳动力从农村“转得出”及在城市务工“留得下”的影响因素；其次从微观层面，根据实地调研的问卷设计与相关理论选定变量，通过设定方程，对变量进行回归分析得到影响农村劳动力城乡流动的影响因素。最后总结出河南省人口流动的影响因素，从内因方面看，影响人口流动的因素也是城镇化发展的影响因素。

一、河南省农村劳动力流动影响因素的实地调查分析

河南省农村劳动力流动影响因素的实地调查分析基于河南大学中原发展研究院“百县—千村—万户”工程（Ⅶ期）与“河南新型城镇化”的调研。为了解农业劳动力从农村流出与进城务工的障碍，通过案例研究与调研数据的计量分析，从农村劳动力“转得出”与农民工在城市“留得下”两个维度总结河南农村劳动力流动的制约因素。

城镇化的过程实质上是农民进入城镇安居乐业的过程。农民要进城，就必须支付得起就业、居住、生活消费等相应的成本。当城镇为农民进城提供的“拉力”与农村为农民离农提供的“推力”形成合力足以支付融入城镇的成本时，城镇化才有可能实现。但目前，一方面农村集体产权制度不完善，农民不愿意放弃土地，另一方面与城市户籍有关的公共服务与农村户籍差别不大，对农民工的吸引力有限。即表现为“推力”不足，“拉力”有限。再加上城市高昂的生活成本与农民工低人力资本下的低收入，以及信息不对称等使得农民融入城市障碍重重。下面根据实地调研，从“转得出”与“留得下”两个角度对农村劳动力流动的制约因素进行分析。

（一）河南农村劳动力“转得出”的制约因素分析

在城镇化调研中发现，以前河南省推进城镇化重点是在扩大“拉力”。随着生产力发展阶段的变化，如何通过深化农村改革，建立农村改革，建立农村转移人口彻底“离农”的有效促进机制，从而增强城镇化“拉力”成了河南农村劳动力“转得出”的重要问题。河南农村劳动力“转得出”的制约因素主要有农村集体产权制度与农民的农本观念。

1. 农村集体产权制度

农村集体产权制度尤其是农村集体土地产权制度改革尚处于起步阶段，农村转移人口彻底“离农”还有很多法律上、体制上、政策上的障碍有待解决。主要体现在三个方面：一是农村土地使用权和集体资产收

益权的权属不明晰，农民不清楚哪些权益属于自己，造成事实上的权能缺失。二是农村土地承包经营权不能及时充分地流转；宅基地和集体建设用地使用权不能流转，收益权不能得到有效保障。三是农村转移人口一旦改变农村居民身份，必须无偿退出承包的土地，宅基地也不能变卖为财产带走，集体资产收益权也不能享受。上述障碍的原因来自三个方面：第一，流转服务体系不健全，是导致农地承包经营权流转水平滞后于农业生产力发展的重要原因。第二，现有制度安排是农村建设用地使用权不能有效流转的根本原因，转移人口在农村的财产无法变现。第三，农村集体资产收益分配权不明确，相当程度上降低了转移人口“农转非”的意愿。由于上述三大障碍存在，致使大量农村转移人口不愿意彻底退出农村，一只脚进了城镇，另一只脚却还停留在农村，形成了“两头挂”的独特现象。可以说目前河南省的城镇化正处于一个特殊的“过渡时期”。

以实地调研的信阳市商城县田湾村为例（典型劳动力外出打工区域），分析农村集体土地产权制度对劳动力流动产生的影响。首先，分析劳动力转移与土地流转之间的关系。根据调研的数据计算出每户成年人口外出打工比率①，然后将每户“是否有土地转出”设置为0-1变量（有土地转出赋值1，无土地转出赋值0），利用这两组数据进行单因素方差分析。

表 6-1　成年人口外出打工比率与土地流转单因素方差分析表（N=293）

	Sum of Squares	df	Mean Square	F	Sig.
组间	5.213	14	0.372	1.828	0.035
组内	56.845	279	0.204		
Total	62.058	293			

资料来源：中原发展研究院“百县—千村—万户”工程（Ⅶ期）。

表6-1的数据显示，农户成年人口外出打工比率对于农户是否有土

① 成年人口外出打工比率=每户外出打工成年人口/每户成年人口总数。

地转出有显著影响，其单因素方差分析通过了显著性为0.05的双尾检验。调研数据显示，外出务工人员一年之内在外务工时间超过10个月的达到94.4%，一年之中大多数时间均在外地务工，考虑到误工、往返成本，农业经营的高成本、低收益，他们实际上已经脱离了农业，但对于承包土地使用权的出租或转让方式均采用“短期出租”方式，之所以采用这种方式，与外出打工人员从事的低端、不稳定的工作有很大的关系，当由于经济波动或者其他原因在城市失去工作后，农村的土地是他们最后的生活保障。

分析田湾村土地流转情况，被调查的295户村民共承包耕地面积为1149.70亩，自主耕作面积共1094.10亩，96.4%的耕地用来种植粮食，转出土地287亩，占承包耕地总面积的25.0%，转入土地231.4亩。将承包土地完全转出的69户，占被调查农户总数的23.4%。土地流转均在本村村民之间以短期出租或无偿使用的方式进行①，并且没有书面协议，流转的土地全部用于粮食种植。

表6-2　土地流转调查表有效样本基本情况统计表（N=295）

		数量	百分比	总数
耕地面积	承包耕地总面积 家庭自主耕作面积 农户最大耕作面积 转入土地面积 转出土地面积	1149.70 亩 1094.10 亩 44.60 亩 231.4 亩 287 亩	25.0%	1149.70 亩
	将土地转出的农户数量	69 户	23.4%	295 户
自主耕地用途	粮食 经济作物 其他	1054.20 亩 19.90 亩 20 亩	96.4% 1.8% 1.8%	1094.10 亩

资料来源：中原发展研究院“百县—千村—万户”工程（Ⅶ期）。

田湾村地处山地丘陵地带，地势落差大，土地细碎化现象突出，难以使用大型农业机械进行规模化经营，造成种植业经营成本高企、效益

① 根据我们的调查和访谈，该村土地流转没有租金，但土地出租户可以得到国家发放的各种种粮补贴。

低下。我们调查的295户村民中，农户最大耕作面积只有44.6亩，低于种植业规模经营耕地面积的一般标准①。现行的种粮补贴主要采用直接补贴的形式将各种种粮补贴直接打入农民的个人账户，对于转入土地的种粮农户，往往没有拿到补贴，国家粮食补贴政策没有充分发挥应有的生产激励效应，针对性和有效性不强。在资源禀赋约束及现行粮食补贴政策下，种粮效益低下，村民参与土地流转的积极性不高，田湾村的小块稻田存在抛荒的潜在危险。所以，土地流转受流转服务体系不健全、政策支持体系还不完善、承包地块细碎化问题难以解决等因素的影响。

再次，对田湾村家庭宅基地及住宅的转出意愿进行分析。我国的土地政策下，村集体把土地分给村民用于建宅采用无偿、无期限的方式。但随着城镇化的发展，大量的农村劳动力进入城市并定居，但他们的宅基地却受到政策与法律限制不能转让。所以出现了大量“空心村”。调研中田湾村转让宅基地意愿情况如表6-3所示。

表6-3 家庭宅基地及住宅调查表有效样本基本情况统计表（N=295）

	住宅出售的心理价格（元/平方米）	宅基地出售的心理价格（万元/亩）	宅基地面积（亩）	住房面积（平方米）
平均值	900.34	2.79	0.57	212.5
最小值	200	0.4	0.2	70
最大值	3000	7	1.5	480

资料来源：中原发展研究院“百县—千村—万户”工程（Ⅶ期）。

表6-3中的数据显示，我们调查的295户农户宅基地面积均值为0.57亩，住房面积均值为212.5平方米，宅基地出售的心理价格平均值为2.79万元/亩，住宅出售的心理价格平均值为900.34元/平方米。对于宅基地和住宅出售的心理价格村民的个人认识存在很大差异，住宅出售的心理价格最小值为200元/平方米，而最大值高达3000元/平方米，相差15倍；宅基地出售价格的最小值为0.4万元/亩，而最大值为7万元/亩，相差18倍。同一个村庄的宅基地和住宅，不同的村民对于出售

① 一般来说，种植业规模经营的耕地面积应达到50亩以上。

价格的心理预期为什么存在如此大的差异？除了宅基地的位置差别和住宅的新旧程度不同之外，主要受现行农村集体产权制度的制约，我国农村还未形成农村宅基地交易市场，村民不能将宅基地连同住宅一起上市转让，自由交易。没有统一的自由市场，何来价格？在这种情况下，村民对于宅基地和住宅价格的确定主要来自主观臆断，受个人认识和判断的影响，在这种情况下自然价格差别较大。但另一方面，对于宅基地和住宅出售的心理价格的平均值在一定程度上能够体现出村民能够接受的总体价格水平。

由此可见，随着城镇化与工业化的推进，农村的宅基地与承包地等具备了一定的升值空间，但一方面受农村集体土地产权制度的制约，农民并不能进行公开合法的转让；另一方面，目前农村土地征用补偿标准过低，土地征用导致农民利益受损。一些具备市民化条件的农村劳动力不愿意放弃土地权益和农村户籍，没有足够的融入意愿，同时也影响了有融入意愿的农民工融入城市的能力与速度。

2. 农村劳动力“农本观念”的限制

农村传统的落叶归根思想是阻碍农村劳动力在城市“留得下”即市民化的一个非常重要的因素。传统的亲情关系以及“祖宅不能卖”的思想是农民不愿意放弃农民身份的重要原因。在农村调研中发现，受传统观念和体制的影响，许多农民对自身“农民”身份的认识根深蒂固，不只是将其视为一种目前所从事的职业。这种自身认识偏差的存在，使得绝大多数农民对城市的工作普遍抱着临时的心态，对城市的生活始终保持距离感，在城市融入的过程中处于被动地位。

在对已经进城务工的农民调研中发现，许多在城市务工多年的农民工深感经济地位、职业地位处于社会底层，感受不到城市生活的优越感。他们只是将城市视为谋生之所。在对郑州“城中村”——陈砦、刘庄的调研中，有54%的进城农民工表示1年只有3次以下与亲戚、朋友聚会的机会，说明进城农民工归属感缺乏，农民工交往的多是家人、老乡或熟人，交往范围局限于血缘地，对城市的认同感和归属感不强。其中部分已进城落户的农民群体“规则”观念淡薄，社会交往仍奉行以血缘、地缘关系为纽带的交往方式，生活习惯仍固守一些陈规陋习等。

（二）河南省农村劳动力在城市“留得下”的制约因素分析

1. 城市基本公共服务

城市基本公共服务包括城市基本设施的建设、就业岗位的创造、社会保障的完善、教科文卫等的完善，还有市场管理、信息发布与政府管理。通过调研，发现河南城镇（包括郑州）在农民工转户进城方面的政策门槛已经较低，户籍已经不是农民工转户进城的主要制约因素。总体上看，城镇户籍与农村户籍在社保（养老保险与医疗保险）、子女入学、保障性住房等城市基本公共服务方面的待遇差别已逐渐消失，其中农村户籍在医疗保险方面享受的待遇甚至更优越。与城镇户籍相关的城镇基本公共服务对进城务工人员的吸引力已经不大，这也是进城务工人员不愿意放弃农村户籍的一个原因。但在城市公共服务中存在的城市基本公共服务供给滞后、政府公共服务意识差、信息不对称等“隐形门”却是农民工市民化的真正制约因素。

（1）城镇职工社会保障与居民（包括城镇居民与农村居民）社会保障的差异较大

城镇职工与居民（包括城镇居民与农村居民）社会保障的差异较大，这一差异是制约农民工市民化的重要因素。虽然从政策层面分析，城镇职工、城镇居民、农村居民三类社会保障体系均不是农民转户进城的制约因素，尤其是城镇居民与农村居民的社会保障差别已经很小。但问题的另一面是居民（包括城镇居民与农村居民）社会保障的水平不高，目前享受城镇居民社会保障并不能给农民工提供融入城市的心理预期，对于农民工是否转户进城的实际影响力并不大。真正对农民工转户进城影响力大的是城镇职工社会保障。城镇职工社会保障虽然不需要各级财政出资，要按比例由城镇职工与企业缴纳。而且职工个人缴纳费用也较多，但与居民（包括城镇居民与农村居民）社会保障相比其待遇和保障水平要高得多。受产业与就业结构的影响，目前农民工（甚至包括一部分城市户籍就业人员）参加城镇职工社会保障的比率并不高（见图6-1）。虽然表面看来城镇职工社会保障（与户籍无关）与农民工转户进城之间并无直接关系，但实际上却是制约农民工市民化的重要的隐性因素。

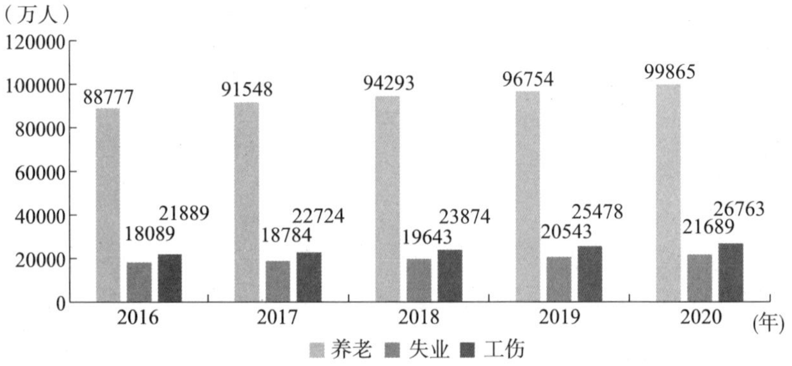

图 6-1　2016—2020 年全国农民工参加城镇职工“五险”的情况

资料来源：人力资源和社会保障部发布的《2020 年度人力资源和社会保障事业发展统计公报》。

在对“城中村”的农民工调研中发现有 73.3%的农民工没有签订劳动合同，这部分农民工几乎失去了城镇职工的参保机会。进城农民工参保率如此低，很大的原因是企业成本问题。在对企业（郑州宇通、开封新大新材）的调研中总结出农民工市民化企业成本，如表 6-4。

表 6-4　农民工市民化企业的成本

项目	金额
养老保险	451.4 元/月
医疗保险	180.56 元/月
失业保险	45.14 元/月
工伤保险	11.29 元/月
生育保险	22.57 元/月
住房公积金	112.85 元/月

续表

项目	金额
饮食补贴	100元/月
活动中心	400元/人
合计	11485.72元/年

资料来源：中原发展研究院“百县—千村—万户”工程（Ⅶ期）。

由表可知，企业每年为职工支付的费用很高，这个数据的获得来自2个上市大型企业。对于一般的中小企业来说，在与员工签订了劳动合同之后，法律规定必须与职工共同缴纳社会保险，包括三险一金（养老、医疗、失业保险和住房公积金）。这无形中增加了企业的成本。这也是部分小企业或个体经营不愿意与农民工签订劳动合同的很重要的原因，致使很大一部分农民工不能加入城镇职工的社会保障。因此，城镇职工社会保障是城市公共服务中制约农民工市民化的重要因素之一。

（2）城市基本公共服务供给滞后

从河南目前人口流动与城镇化现状可以看出，一方面城市农村剩余劳动力在不断向城市聚集，而另一方面基本公共服务供给能力有限，并存在严重的滞后现象。这样的双向矛盾导致了目前初见端倪的“城市病”。即城市建设和管理跟不上迅速增长的人口的需求，导致城市基础设施的供给滞后于城市人口的增长，从而引发环境污染、就业困难、治安恶化、交通拥堵、资源短缺与城市贫民窟等现象。与此同时，城市基本公共服务供给滞后严重制约着人口城乡流动与城镇化的进程。城市基本公共服务供给中教育资源与住房是最为重要的两项。调研发现河南省在教育方面没有政策障碍。保障性住房与户籍不挂钩，农民工转户进城在保障性住房方面不存在政策障碍。但对于教育资源与住房的供给相对滞后，严重影响着城镇对农民工的吸纳能力，严重制约了农民工转户进城。表6-5列出了城市为转户进城农民工提供城镇基本公共服务需要增加的财政支出。由表可见，以郑州为例，中央、省和市县在一个农民工市民化过程中都需要有财政支出，其中郑州每增加一个城市人口，各级财政需要增加 2276 元的教育投入。农民工市民化在保障性住房方面也会增加各级政府很大比例的财政支出。按现有的支出比例与水平估算，接纳 1 名农村居民转户进城，中央需要支付 2500 元、省需要支付 250 元，市（县）需要支付 10250 元。由此可见，加大公共服务的投入对于农民工市民化问题的解决非常重要。

表 6-5　农民转城镇居民对各级政府财政支出的影响

财政支出		中央与省	市与县	合计
项目	社保（元/人·年）	不增加	不增加	
	低保（元/人·年）	不增加	19	19
	教育（元/人）	2276		2276
	保障性住房（元/人）	2750	10250	13000
	合　计			15295

资料来源：中原发展研究院“百县—千村—万户”工程（Ⅶ期）。

农村劳动力转移就业基层服务平台建设严重滞后也是影响农民工市民化非常重要的一个方面。调研显示，农村劳动力转移就业基层服务平台用工信息服务滞后，不能适应新的劳动力转移就业的需要，致使农村外出务工人员仍有盲目性。特别是交通偏远的乡镇人力资源市场在人员机构、设施配备、功能服务、经费保障等方面严重不足，农民外出务工不能得到及时有效的信息服务。如郑州市虽然成立了市、县（市、区）、乡镇、村四级劳动保障平台，但乡镇、村两级机构编制少、经费不足，尤其是村级大部分没有专职人员，都是由大学生村官或村干部兼任，职能作用没有得到充分发挥。

城市基本公共服务供给严重滞后，制约着农村劳动力的流动与城市接纳农村劳动力的步伐，即制约着城镇化的进程。在现实中城市基本公共服务有限，导致了现实中的“玻璃门”，即隐性费用，也成为制约农民工市民化的重要原因。以郑州“城中村”——刘庄、陈砦为例，调查样本中 76.92%的已婚农民工选择愿意将孩子带到城市就读，可见农民工子女在城市的教育问题是进城农民工融入城市的重要方面。但现实中农民工子女入学却存在种种障碍，对进城农民工调查显示 55.36%的农民工认为是户籍障碍，33.93%的农民工认为高昂借读费支付不起，还有16.07%的农民工指出有隐性跑关系费。在对郑州市公共服务部门的调研中，郑州市接纳农民工子女入学力度很大，在政策上是零门槛，在义务教育阶段只是提交证件和书本费（数额很小）的差别。在高中阶段需要满足两个条件：一是只要父母一方签订了劳动合同并有稳定住所（在郑州缴纳社会保险一年以上）；二是在郑州市初中学校就读且在教育行政部门注册学籍。对于一个常年在郑州生活、子女在郑州接受教育的农民工而言，这些条件很容易满足。但是实际上却存在严重的“玻璃门”现象，在郑州入学不仅需要缴纳昂贵的借读费，而且还要有人情关系才能入学。农民工本身缺少社会关系，收入又很低，这种“潜规则”实际上成为农民工下一代在郑州入学厚厚的“玻璃门”。“玻璃门”的存在源自于教育资源的严重短缺。郑州市是河南省教育水平较高的城市，又是省会，面对大量的人口涌入，教育基础设施也承受着前所未有的压力。义务教育阶段的师资与基础设施毕竟有限，在面对扩招的压力下，很可能牺牲的是教学质量。多数学校在实际的政策执行中，往往还是按照户籍、居住地址等要求外户籍子女入学缴纳借读费，有的甚至需要走后门拉关系，这都已经成为一种“潜规则”。

（3）政府公共服务意识差

在调研中发现政府公共服务意识差也是农民工融入城市的一个重要障碍。以调研选点郑州“城中村”——刘庄、陈砦为例，存在严重信息不对称的现象，一方面政府采取了一系列政策法规，有利于农民工入户、子女入学、住房保障等，另一方面农民工能清晰知道这些政策的却在少数。但这个现象很大一部分原因来自信息相关获取渠道少与政府公共服务意识差。在访谈中我们发现，农民工的权益得不到保障，而且维权困难。问题的症结就在于政府的服务意识不够，政府职能转变不够，政府的机构改革力度不够。

2. 农村外出劳动力的人力资本

人力资本指劳动者受到教育、培训、卫生保健与迁移方面的投资而获得的知识技能的积累。根据人力资本理论，这种知识和技能能为劳动者未来带来工资等收益。其中教育与培训是人力资本的重要内容，也是考察的重点。从第五章调研农村外出劳动力受教育与培训现状可以看出，初中与初中以下学历的人口占到了外出务工人员的83.16%，农村外出劳动力受教育程度普遍偏低。其中受过培训的外出劳动力占极少数，进一步说明农村外出劳动力的人力资本低下。农村外出劳动力受教育水平不仅反映了劳动力的素质、技能与思想观念水平，还决定着农村劳动力就业方式、流动模式、流动数量，同时也影响收入水平的高低。下面用调研数据分析人力资本与务工收入、务工时间、务工性质之间的关联程度。

图6-2为调研农村外出劳动力受教育水平与收入的相关关系。从农村外出劳动力受教育水平和工资收入的关系来看，具有小学及以下学历层次的，收入水平集中在2000元以下；具有初中学历的务工者收入集中在2000~3000元；高中或大专学历的务工者收入集中在3000~4000元；而大学及以上学历的务工者明显出现了4000元以上的收入。数据表明，农村外出劳动力人力资本与收入均偏低，同时学历越高则收入越高。在大学以上学历中，绝对的低收入者比例很低，而高收入者比例最高。学历越高，融入城市的障碍越小。因此，农民工人力资本是城镇化的制约因素。要想破除这个障碍需在农村劳动力中普及中等教育特别是高中教育义务化，完善职业教育，提高农民工知识技能水平。

图6-3为农村外出劳动力人力资本和务工时间的关系，总体来看各个学历层次的务工者务工时间在10个月以上的都占绝大多数，但随着学历的提高，短期务工者的比例在下降，特别是6~10个月和3~6个月务工时间的比例。数据表明，学历越高，务工时间越长，即城镇化程度越深。初中学历的务工者占了大多数，人力资本较低。在图中可以看到，小学及以下学历的务工者城镇化程度低，初中学历的务工者城镇化程度高一点，更高一些的是高中或者大学以上学历者。图6-3显示了人力资本状况与城镇化程度之间的关系，人力资本越高则城镇化程度越深。

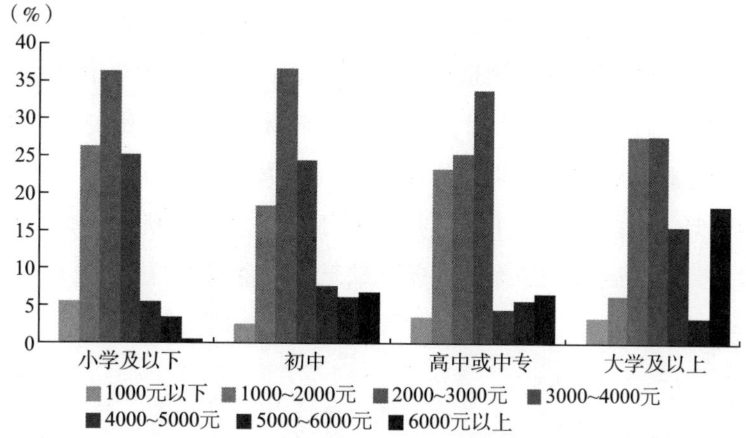

图 6-2 受教育水平与收入的相关关系

资料来源：中原发展研究院“百县—千村—万户”工程（Ⅶ期）。

但“大学及以上”学历者的城镇化程度反而不如高中学历者，此类样本量太小是主要原因，且高学历者大多已经在城市定居，不在此受访对象当中，而未能定居城市者大多是职业竞争中的失败者，高学历导致他们“高不成低不就”。

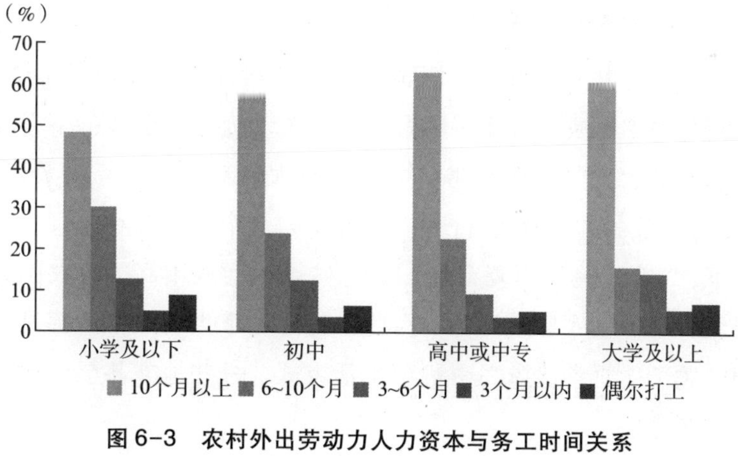

图 6-3 农村外出劳动力人力资本与务工时间关系

资料来源：中原发展研究院“百县—千村—万户”工程（Ⅶ期）。

图 6-4 为农村外出劳动力人力资本与务工性质的相关关系。随着人力资本的提高，农民工务工性质也发生了明显的变化。小学及以下学历

的农民工超过一半从事的是建筑业与打零工；初中学历的农民工 30%进入工厂，有 45%从事的是制造业与建筑施工；高中或中专学历的农民工 1/3 进入工厂就业；大学及以上学历的农村外出劳动力超过 35%进入工厂就业，与此同时自主创业与其他的比例大大上升，占到了 42%。但人力资本偏低，大多数农民工学历层次处于初中水平，所以他们所从事的行业多是劳动强度大、工作环境差、缺乏劳动保障的行业。

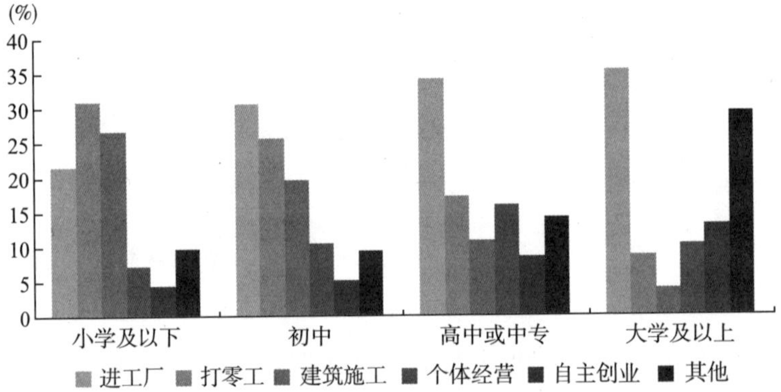

图 6-4 农村外出劳动力人力资本与务工性质的相关关系

资料来源：中原发展研究院“百县—千村—万户”工程（Ⅶ期）。

所以农村外出劳动力人力资本影响着农村外出劳动力的工资收入、务工时间与务工性质。目前河南农村外出劳动力人力资本低下，导致其工资收入偏低、工资环境恶劣、劳动强度大、就业困难等一系列问题。所以，农民工人力资本是农村劳动力流动的一个重要制约因素。在市场化条件下，“铁饭碗”不复存在，加之城市生活成本高，而农民进城后谋生技能有限，收入普遍偏低。因此，随着城市生活成本的提高，收入偏低的农民工更愿意选择“两栖”生活方式，一些地方甚至出现了“非转农”的现象。

综上所述，河南农村集体土地流转服务体系不健全，政策支持体系还不完善，承包地块细碎化问题难以解决；农村宅基地的退出机制缺乏，农村宅基地补偿标准低、补偿机制单一；城市基本公共服务供给滞后、政府公共服务意识差、信息不对称等“隐形门”；农民工人力资本低下、农本观念限制等，共同制约着农村外出劳动力从农村真正融入城市。河南省人口城乡流动受这些因素的影响，这也制约了城镇化的推进。

二、河南省人口流动影响因素的计量分析

（一）指标的选取

对于河南城镇化进程中人口流动影响因素的实证分析，主要通过实地案例分析与计量分析两个层面来探讨。在对河南省人口流动影响因素进行计量研究时，由于流动人口数据目前国内、省内只有部分时间点数据（即历年人口普查数据），对于这个方面的时序数据在统计上还是个缺陷，所以采用调研数据做实证分析更科学。调研数据由河南中原发展研究院“百县—千村—万户”（Ⅶ期）整村调研问卷整理所得，整村调研涉及河南 17 个地市（除鹤壁市）34 个县 54 个行政村，其中有效访户达 7479 户，覆盖率 36. 31%。整体数据经过验证，样本村总户数与样本村调查户的分布合理。经过第五章的分析，河南人口流动主要是农村劳动力由农村向城镇转移，这里用整村问卷数据进行分析更有针对性。在分析人口流动的影响因素时，变量选取主要从实际调研与相关理论出发，其中外出务工人口占总人口的比重的变动体现了农村人口城乡之间的迁移流动，人口流动就由外出务工人口占总人口的比重来代替，所以拟通过外出务工人口占比代替人口流动作为被解释变量，外出务工人口占比越大，农村人口向城镇转移越活跃。

由于影响因素的复杂性，从上述实地调研和人口流动相关理论总结出人口流动影响因素作为拟解释变量。影响农村人口进城的最直观的因素就是经济利益，即劳动力的务工收入。可见，农村人均农业纯收入、人均外出务工收入成为拟选的影响因素。其中农村人均农业纯收入是农民只从事农业的年平均收入，人均外出务工收入是对城镇非农就业收入的反映；耕地是农民重要的生产资料，农村劳动力是否向外流动往往与耕地面积有关，因此选择劳均耕地面积作为人口流动拟影响因素；在河

南这样的农业省份，农村的生产活动中以户为单位的家庭，其劳动力年龄人口占比不仅影响家庭的收入，往往也反映了剩余劳动力的多寡；已有研究已经多方面验证人类资本是人口流动的重要影响因素，主要考察受教育水平，根据调研的实际情况，选取受高中或中等以上教育的劳动力占比作为拟影响因素；在问卷的设计中，对于人口流动的影响因素还考虑到了调研村与最近镇、县、中心城市的距离，考虑到迁移成本对于人口流动的影响，试图探索距离对于农村人口进入城市是不是一道障碍。考虑河南各区域的实际情况，将距离县镇距离与距离中心城市距离都作为拟影响因素。

表 6-6　变量的部分描述性统计特征

	MLR（%）	WAP（%）	ACP	FHD（%）	FPI（元）	WPI（元）	DC（公里）	DCc（公里）
均值	31.48	64.2	1055.3	23.52	1366.8	37519	27.24.9	6701.1
中间值	30.68	63.65	1043	20.79	1188.5	16483	2500	5000
最大值	79.74	78.83	1867	82.61	4267	255155	7333	31560
最小值	4.34	52.62	92	9.83	31	1232	900	300
标准差	18.25	5.37	412.034	20.22	910.791	48673.4	1143.843	6639.362
观测数	756	756	756	756	756	756	756	756

注：变量含义分别为外出务工人口占比、劳动年龄人口占比、劳均耕地面积、受高中或中等以上教育人口占比、人均农业纯收入、人均务工收入、与最近县镇距离、与中心城市距离。

变量的描述性统计特征如表 6-6 所示，其中，外出务工人口占比（MLR）平均值为 31.48%，说明河南农村人口中 31.48%都外出务工，其中外出务工人口占比最高的自然村约 80%的人都外出了，外出务工人口占比最少的自然村只有 4.34%的人外出务工；劳动年龄人口占比（WAP）由户情表中劳动年龄人口与调研家庭总人口的统计计算得出，其平均值为 64.2%，与河南的统计公报数据比较接近；劳均耕地面积（ACP）由 54 个自然村的村情表中村耕地面积与户情表中劳动年龄人口统计后计算得出，其平均值为 1055.3，这与河南的实际情况相符；受高中或中等以上教育的人口占比（FHD）由户情问卷中受教育的情况与总调研人口统计得出，其平均值为23.52%，与《河南2014年统计年鉴》获得的2013年农村居民受教育水平非常接近，说明调研统计结果比较科学；人均农业纯收入（FPI）代表农民只耕种土地的年人均收入，由户情问卷的农业收入与家庭人口数统计得到，平均值为1366.8元，数据特征符合河南农村居民的现状；人均务工收入（WPI）由户情问卷的外出务工收入统计得到，其平均值为37519元，调研中外出务工农村人口年收入最多的在25万元左右；DC表示所在村与最近的县乡的距离，这个数据由问卷中距离最近县的距离与距离最近镇（或乡）的距离加权得到；DCc表示所在村与中心城市的距离。

（二）人口流动影响因素相关性分析

在对人口流动影响因素回归分析之前，将选取的人口流动拟影响因素进行相关性分析。整村调研是“百县—千村—万户”工程（Ⅶ期）在全河南省做的全域调研，所以只有截面数据。用EViews（8.0）软件将上述自变量进行相关分析，输出结果如表6-7所示。

表6-7 选取指标的相关性分析

	MLR	WAP	ACP	FHD	FPI	WPI	DC	DCc
WAP	0.121541	1						
ACP	-0.165417	-0.0812	1					
FHD	0.258322	0.406219	-0.32174	1				
FPI	0.305082	0.072986	0.274416	0.15983	1			
WPI	0.613926	0.127482	-0.29961	0.401365	-0.09874	1		
DC	-0.252356	-0.11601	0.202257	-0.29585	0.065949	-0.40014	1	
DCc	-0.224332	0.044661	0.106952	-0.04697	0.056292	-0.23348	0.084378	1

EViews软件的相关计量是指序列之间的线性相关关系，相关只有正相关、负相关、完全相关、完全不相关、强相关、弱相关等概念。其中正相关显示相关系数为1，负相关相关系数为-1，完全不相关用0表示。从序列之间的分析结果来看，与外出务工人口占比（MLR）有正相关关

系的为劳动年龄人口占比（WAP）、受高中或中等以上教育人口占比（FHD）、人均农业纯收入（FPI）、人均务工收入（WPI）。劳均耕地面积（ACP）、与最近县镇的距离（DC）、与中心城市的距离（DCc）与外出务工人口占比（MRL）为负相关关系。简单相关性分析结果表明，农村劳动年龄人口占比越高进城镇务工的比例越高，因为农村劳动年龄人口比重大的家庭，单位耕地上剩余劳动力就越多，剩余劳动力的边际生产率近似为0，这些剩余劳动力一定会流向生产率高的城镇；劳均播种面积越小，那么土地对于人口的压力越大，就会释放更多的剩余人口向城镇迁移流动，所以劳均播种面积与外出务工人口占比呈负向变化；农村中受高中或中等以上教育的人数越多，其外出务工的比例就越大。有关教育收益的相关理论，已经证实了高中或中等教育以上的人力资本对于人口迁移是显著影响因素。农村外出务工人均收入越多，村里的人越愿意外出进入城镇，符合理性经济人假设。所在村与最近中心镇与县的距离越近，农村人外出打工的越多，务工地离家近对于农村人来说务农和务工可以一身二任；农村人均农业收入越高，农村人选择迁移的经济保障就越高，但也要结合外出务工收入与农业收入的差距，如果差距大还是愿意外出务工，所以需要进一步回归分析显著影响因素；所在村与中心城市距离越远，其外出务工人口越少。迁移费用在远距离迁移方面是一个需要考虑的因素。选定的变量哪些是显著影响因素，需要进一步做回归分析。

与此同时，相关序列也可以看出其他一些序列的相关情况，劳动年龄人口占比与受高中或中等以上教育的人口占比、人均农业纯收入、人均务工收入呈正相关的关系，意味着劳动年龄人口占比越多，受过高中或中等以上教育的人口越多，这也是河南农村劳动力的受教育状况的反映。劳动年龄占比高的村或家庭，外出务工的人均收入与人均农业收入都会相对高；劳均耕地面积与人均农业收入呈正相关，而与人均务工收入呈负相关关系，即劳均耕地面积越大农业收入相对越高，而劳均耕地面积越大，外出务工的人口往往越少，人均务工收入也越少；受高中或中等以上教育人口占比与人均农业收入、人均务工收入都呈正相关关系，说明人力资本的提升对于收入的提升是有正向作用的；人均务工收入与距离都呈负相关关系，说明所在村离最近的县镇越近，农村劳动力越愿意就近在城镇或中心城市务工。

（三）人口流动影响因素回归分析

1. 回归方程设定

根据相关性分析结果，为了进一步说明多个解释变量对被解释变量的影响程度，运用 EViews（8.0）软件建立多元线性回归方程，对解释变量进行回归分析。建立人口流动影响因素的计量模型，即“外出务工人口占比”作为因变量的多元线性回归模型，回归方程的建立如下：

$$\mathrm{Ln}Y_1=\alpha_0+\alpha_1\mathrm{Ln}X_1+\alpha_2\mathrm{Ln}X_2+\alpha_3\mathrm{Ln}X_3+\cdots+\alpha_7\mathrm{Ln}X_7+\varepsilon$$

其中，Y_1 代表“外出务工人口占比（MLR）”，α_0 为常数，“X_1、$X_2\cdots X_7$”分别为“劳动年龄人口占比（WAP）”“劳均耕地面积（ACP）”“受高中或中等以上教育人口占比（FHD）”“人均农业纯收入（FPI）”“人均外出务工收入（WPI）”“与最近县镇的距离（DC）”“与中心城市的距离（DCc）”7个自变量。“α_1、$\alpha_2\cdots\alpha_7$”为回归系数，即自变量对因变量的边际贡献率，ε 为随机干扰项（期望值是0）。

2. 回归分析

8个因变量作为影响因素的回归分析，结果如表6-8所示。

表6-8 回归结果

解释变量	被解释变量 MLR				
	(1)	(2)	(3)	(4)	(5)
WAP	0.608632*** (2.899524)	1.144438*** (13.45215)	0.915152*** (11.51225)	1.502425*** (18.51445)	1.952452*** (19.62541)
ACP	−0.481409*** (2.540261)	−0.706289*** (−8.215487)	−0.425212*** (−7.451402)	−0.912015*** (−9.021202)	−10.25105*** (−9.916872)
FHD	0.174846*** (1.039521)	0.228889*** (3.5894255)	0.094512*** (1.541420)	0.351474*** (9.525120)	0.462581*** (11.54130)

续表

解释变量	被解释变量 MLR				
	(1)	(2)	(3)	(4)	(5)
DC		-0.004209*** (-16.56157)	-0.000921*** (-9.012452)	-0.000214 (1.451826)	-0.000158 (1.000125)
DCc			-0.021732*** (-10.03737)	-0.009824 (1.035151)	-0.006825 (0.925515)
FPI				0.481257*** (19.25482)	0.752156*** (20.002158)
WPI					0.022071*** (18.80717)
R-squared	0.621465	0.685789	.0711584	0.803115	0.842159

注：***表示1%的显著性水平。

回归结果显示，R-squared 的值不断变大，证明回归结果比较理想。其中劳动年龄人口占比的回归系数为0.609，在1%的置信水平下显著，这表明劳动年龄人口占比每提高1%，外出务工人口占比相应增长0.609%，这意味着劳动年龄人口占比对人口流动具有显著的正效应。劳均播种面积的回归系数为-0.481，在1%的置信水平下显著，说明劳均耕地面积对人口流动有负向显著影响。受高中或中等以上教育人口占比的回归系数为0.175，也是在1%的置信水平下显著，高中或中等以上教育的人口占总人口的比重对于人口流动是显著的影响因素。根据古典人口迁移模型分析，可能遗留了一些重要的变量，如舒尔茨认为距离是人们选择是否迁移时的一个重要的因素。那么把反映距离的两个变量分别引入方程，引入与县镇距离（DC）后，回归结果如表第（2）列，回归结果显示劳动年龄人口占比、劳均耕地面积与受高中或中等以上教育人口占比都有所提升，尤其是劳动年龄人口占比的系数从0.609提升到了1.144，拟合度有大幅度提升，三者的系数同样是在1%的置信水平下显著，表明在引入与县镇的距离后，对人口流动的影响因素也显著提高了。接下来再引入另外一个距离变量，即与中心城市的距离（DCc），回归结果如表第（3）列，回归结果显示劳动年龄人口占比、劳均耕地面积、受高中或中等以上教育人口占比以及与县镇的距离都有所下降，但系数同样在1%的置信水平下显著，拟合度有所下降，说明距离变量引入后，对人口流动的影响程度有所下降。在传统的人口流动分析中，农业与非农业之间的收入差距也是影响人口流动的重要因素。那么把农村人均农业纯收入与外出务工人均收入作为变量分别引入回归中，回归结果见表6-8第（4）、（5）列。回归结果显示，引入农业人均纯收入以后，回归的解释力得到加强，除了两个距离变量，即与最近县镇的距离、与中心城市的距离，其他解释变量的系数都在1%的置信水平下显著。

3. 回归结果分析

由上述回归结果可见，对“外出务工人口占比”的回归分析，最终5个解释变量的置信水平在1%，说明这5个因素对人口流动的影响最为显著。其中除了“人均农业纯收入”“劳均耕地面积”对因变量是负效应之外，其余三个变量均为正效应。因为“外出务工人口占比”是流动人口的代替变量，所以，实证分析河南人口城乡流动影响因素总结如下：

第一，人均农业纯收入是影响河南农村劳动力流动的显著因素。农民人均农业纯收入反映了农民务农平均收入情况。有研究表明，农民人均纯收入增长，农民在农产品上的支出就会下降，即恩格尔系数下降。另外，随着农民人均农业纯收入的增长，农村劳动力从第一产业转向第二、第三产业的成本承受能力增强，为劳动力由农村向城镇转移提供了更多的经济保障。这样农业从业人员的比重就下降，而非农产业从业人员比重上升，城镇化率也随之增加。可见，农民人均农业纯收入与外出务工人口占比同方向变动。

第二，人均外出务工收入为河南人口城乡迁移的显著因素。外出务工的收入与农业收入之间的差距是这个影响因素的内因。我国二元分割的城乡经济结构下，农业收入与外出打工的收入差距越拉越大，数据的描述性统计方面显示，农业人均收入河南最多就几千元，而外出务工人均收入一般也要上万元，甚至有的是十几万或几十万元。正是因为有城乡收入差距，城镇对农村劳动力的吸引力才更大。经济利益驱使人口在城乡大规模流动。

第三，农村劳动力人力资本存量为河南人口城乡流动的显著影响因素。农村劳动力人力资本主要体现为受教育状况，教育经济学的相关研究已经表明，义务教育的教育收益在劳动力的迁移取向上不是显著影响因素，而高中或中等以上教育才是劳动力迁移的显著因素。上述回归结果验证了理论，同时也呈现了河南的农村人口城乡迁移的现状，即受高中或中等以上教育的人口占比越高，农村人口向城市迁移的比重就越大。也意味着农村劳动力受教育状况越好，则在城镇就业的机会越大，城市融入越容易，进而城镇化率就越高，非农就业人员占比也越大。

第四，劳动年龄人口占比也是河南人口城乡流动的显著影响因素。劳动年龄人口占比即人口红利，我国高速的经济增长中人口红利促进了城镇化的快速发展。河南省农村人口劳动年龄人口占比越高其人口红利也就越明显，带来的就是农村人口的城乡流动，进而促进了河南城镇化的快速发展。

第五，劳均耕地面积也是河南人口城乡流动的显著影响因素，二者呈反方向变动关系。劳均耕地面积被用来衡量一个国家是否存在剩余劳动力。当一个区域劳均耕地面积长期呈现下降趋势时，这个区域存在剩余劳动力。随着过去土地城镇化的粗放发展，河南又是人口大省，人地矛盾严重制约了发展，制约着农业效益，劳均耕地面积长期呈下降趋势，农村产生大量的农业剩余劳动力，并不断从土地流出转入工业部门。

第六，距离不是河南人口流动的显著影响因素。虽然在变量的相关性分析中，最近中心镇与县的距离越近，农村人外出打工的越多，与中心城市距离越远，其外出务工人口越少。迁移成本在以往人口流动的分析中是一个重要影响因素，但本研究的回归结果显示："与最近县镇距离"和"与中心城市距离"显著性水平均不在置信区间，所以这两个变量不是人口流动的显著影响因素。

三、小结

河南人口城乡流动与城镇化过程中存在“半城镇化”严重与农民工融入城市的具体困难等众多突出问题。未来一段时期，解决城镇化过程中农民工融入城市障碍是河南城镇化模式选择的重要内容。本章首先从河南农村劳动力流动实地调研案例的现状出发，总结出农村劳动力“转得出”及在城市务工“进得去”“留得下”的制约因素。经过分析得出影响河南省农村外出劳动力流动的既有农村集体产权制度，也有城市基本公共服务供给的因素，又有农村外出劳动力个人人力资本、思想观念等个人禀赋因素，还有相关政府部门的服务意识与管理水平等因素。

其次，运用统计工具 EViews（8.0）对河南人口流动影响因素进行计量分析，通过相关理论与实地调研，选取外出务工人口占比、劳动年龄人口占比、劳均耕地面积、受高中或中等以上教育人口占比、人均农业纯收入、人均务工纯收入、与县镇的距离、与中心城市的距离这 8 个指标。指标数据采用中原发展研究院“百县—千村—万户”（Ⅶ期）整村调研的截面数据。用外出务工人口占比代替人口流动数量作为因变量，通过建立多元线性方程对其余 7 个自变量进行逐步回归分析，最后得出劳动年龄人口占比、劳均耕地面积、受高中或中等以上教育人口占比、人均农业纯收入、人均务工收入、与最近县镇距离、与中心城市距离，均为人口流动的显著影响因素。其中农村人均农业纯收入越低，河南人口城乡流动越活跃；人均外出务工收入越高，即城镇非农与农村农业收入差距越大，在经济利益的驱使下人口的城乡流动规模越大；农村劳动力人力资本存量越大，在城市收入越高，人口流动越容易，尤其受高中或中等以上教育人口占比越高，外出务工的就越多，而且更有利于农民工融入城市；劳动年龄人口占比在农村越高，其外出务工人员越多；劳均耕地面积越小，在土地对于人口的挤出效应下，农村产生的大量农业剩余劳动力不断从土地流出转入工业部门；距离已经不是影响河南人口流动的显著因素，说明随着城镇化快速发展，迁移费用已经不是人口流动的重要制约因素。

城镇化最突出的表现就是农村人口向城市迁徙。所以人口流动的影响因素也从侧面反映了城镇化的影响因素，这些因素应当在河南新型城镇化模式中得到充分重视。河南启动新型城镇化着重解决要素流动的障碍，并关注要素流动的影响因素。人口流动与城镇化的影响因素的实证分析为推进城镇化的战略提供了参考依据。

第七章

河南省人口流动下的新型城镇化模式

河南是大城市与大农村并存、二元结构明显的典型传统农区。城镇化涉及合理规划城镇规模，安排好城镇的空间布局，选择城镇产业，调整城镇职能等重要问题。河南过去以牺牲土地为代价的粗放型城镇化发展，虽然释放出的剩余劳动力满足了城镇化对劳动力的需求，但导致了耕地破坏严重。城镇化发展速度很快，但城镇化远落后于工业化的发展。目前作为经济要素中最为重要的劳动力，其流动格局出现了新的变化。河南需要推进与过去发展模式不一样的新型城镇化模式，来适应新的经济社会发展形势，并克服城镇化过程中的障碍因素。本章在上述河南人口流动与城镇化现状、趋势与影响因素研究的基础上，首先从河南推进新型城镇化的原因入手，分析新型城镇化与过去城镇化的区别与新型城镇化的切入点。其次，结合河南城镇化进程中各区域的工业化发展状态与趋势，得出河南的人口流动格局与产业格局相对应，说明从人口流动的角度对城镇化模式的探讨具有一定的科学性。最后，根据上述人口流动格局尝试性分析了河南城镇体系规模结构与空间结构的未来趋势，并指出了河南省新型城镇化的模式。

一、河南省推进新型城镇化的几点认识

（一）传统城镇化与新型城镇化

城镇化按照不同的标准可以分为不同的类型。本书根据城镇化的基本理论——要素流动与集聚理论，按时间序列将城镇化划分为新型城镇化与传统城镇化。纵观历史，如果从要素流动和聚集的机制上观察，根据耿明斋教授的研究将我们所经历的城镇化分为三种：第一种是以西方

发达国家为代表的以市场为主导的要素流动机制；第二种是苏联和中国改革开放前以政府为主导的要素流动模式；第三种是市场化进程中无序拓展式城镇化模式。以我国20世纪90年代的珠三角为例，其所经历的三种传统城镇化，已经不能适应新经济的发展。传统的城镇化出现了种种弊端，新的城镇化在适应新的社会经济状况下产生。新型城镇化为城镇化的主体服务，并要适应新形势下的要素的流动与聚集。新型城镇化以市场为主导，政府旨在调节市场的化学反应，并提供政策支持。根据相关学者的研究，将新型城镇化的特点概况为：有规划、开放和集约的城镇化。其中，“有规划”指以市场和利益机制引领为基础，又吸纳了计划机制合理成分的要素流动与聚集方式；“开放”指以要素无障碍流动为特点的城镇化；“集约”指以提升土地资源使用效率为要素流动与聚集方式选择依据的城镇化，与此同时新型城镇化也具有环保低碳、信息化智能化等特点（耿明斋，2013）。

（二）推进新型城镇化的必要性

河南在我国经济结构调整的大背景下，面临调整经济结构，转变经济发展方式的压力更大，由此带来的阵痛也会更大，经济下行的压力也会更大。但在新一轮的城镇化过程中，河南作为典型传统农区存在着巨大的潜力。那么，转变发展方式，外需转内需，投资需求转消费需求就成为焦点。但消费需求如何启动？有效投资需求如何产生？自主创新如何实现？必须找到一个综合解决问题的方案或方向。这个方向就是推进新型城镇化。通过推进新型城镇化，促进人口向城镇聚集，消费需求就会被刺激出来，服务业会受到驱动加快发展，制造业的公共服务体系会更完善，创新冲动会更强，结构转型升级步伐会加快。通过推进新型城镇化，城市基础设施建设步伐会加快，有效投资会被刺激出来，为经济发展注入动力和活力。总之，推进新型城镇化是扩大消费需求、推动产业升级和刺激有效投资需求，从而带动经济持续增长的综合解决方案和方向。

一方面，按照要素流动聚集的方式划分，传统的城镇化出现了种种弊端，已经不能适应当前经济社会的发展状况。传统城镇化最主要的特点就是土地融资、土地财政和土地扩张，其中传统城镇化的受益主体主要集中于地方政府、开发商、城中村和城市郊区的农民等，而真正城镇化的主体却被忽视，包括进入城市的农民工及其留守在农村的家属和子女、中小城镇转移人口。可以说目前人口的城镇化大大低于土地的城镇化，户籍的城镇化也比人口的城镇化低。总结发现我国城镇化建设30多年取得了一些成就，但也存在着许多仍待解决的问题。传统的城镇化表现出了三个方面的透支。第一，环境红利的透支。快速城镇化过程中由于对于基础设施的关注度不够，出现了污水、垃圾污染环境的现象，并且严重破坏了自然生态系统。第二，土地红利的透支。地方政府财政有限，在城镇建设方面，主要依靠的是土地级差和溢价。那么必然造成城市过度扩张，对未来土地红利透支。第三，人口红利的透支。伴随着城镇化的快速发展，大量的农民工流动不仅为中国制造了最大的成本优势，而且也满足了我国城镇化与工业化的快速发展。但是农民工在城市却享受不到与城市居民同等的待遇，农民工融入城市非常困难。在这样的情况下，城乡二元状况更加严重。如果继续传统的城镇化发展模式，即圈地造城，那么我国的经济增长转型发展就会困难重重。学者们反思曾经为我国快速发展提供动力而现在越来越成为我国经济社会发展软肋的传统城镇化，通过总结利弊，探索当前和未来我国新型的城镇化道路。从制度改革中将各种红利和活力释放，通过对人口和资本的吸引聚集，形成因人聚城的模式，探索以人为核心的新型城镇化。这种新型城镇化的路子必然是内生增长机制衍生出来的，必然是效率与公平的载体，必然是可持续发展的。

另一方面，传统农区要素流动集聚出现了一些新的变化，传统城镇化已经不能适应当前的变化，需要新型城镇化战略解决传统农区现阶段所面临的突出问题。通过上述对河南人口流动现状与趋势的分析，发现河南这样的典型人口输出大省，劳动力作为经济要素中最为活跃的因素之一，其人口流动规模、方向出现了新的格局。河南农村劳动力省内转移人数已经连续两年超出省外转移人数。这进一步说明了河南省内人口流动势能显著。省内人口流动趋势为：人口向城镇聚集势能明显，城镇人口向中心城市聚集流动。其中尤为突出的是，空间上人口朝着以“郑州”为中心的“郑汴洛新焦许”核心都市圈聚集流动势能明显。虽然河南省内劳动力流动势能不断加大，但同时伴随的是“半城镇化”现象。即大量农村转移人口不愿意彻底退出农村，一只脚踏进了城镇，另一只脚却还停留在农村，形成了“两头挂”的独特现象。这种现象不仅影响了这个群体融入城市，迟滞了农村转移人口市民化进程，而且造成土地等宝贵资源的极大浪费。目前河南的情况就是：要素流动聚集的势能明显，城镇化的潜力非常大；而传统城镇化已经严重制约了城镇化的发展。现实的传统农区急需以人为本、兼顾效率与集约的新型城镇化的指导。

（三）推进新型城镇化的切入点和着力点

既然城镇化是要素流动与聚集的过程，新型城镇化又体现出“规划、开放和集约”的特点，那无论从理论上说，还是从现实中讨论，新型城镇化都要解决两个层面的问题：一是规划建设。要研究要素流动与聚集的规律，并在此基础上回答在一国或一个特定区域内在哪里建设城市、建设多少城市、建设多大规模和什么样功能的城市等一系列问题，以便为城镇体系规划提供科学的依据，切实引导城市规模层次结构和城市空间结构朝着合理化的方向演化。二是破除要素流动的机制障碍，促进要素自由流动和聚集。要梳理和清理自计划经济体制确立以来限制要素在城乡之间、区域之间、行业之间流动的各种文件、制度和规定，弄清楚改革开放以来这些规则和规定变化的情况，明白哪些被革除了，哪些还被保留着，目前哪些规则和规定还阻碍着要素的自由流动，并在此基础上提出破除要素流动障碍的办法，建立促进要素自由流动的保障机制。

二、河南省城镇化进程中人口流动与区域经济结构

世界典型国家与地区城镇化规律指出，地区的经济差异是人口流动的主要动力，即劳动力往往流向经济发展更好的地区。随着城镇化的发展，经济要素空间上呈现“聚集—扩散—聚集”的现象。通常在城镇化发展的初期阶段和快速发展阶段，集聚效应突出显现，劳动力、资源以及资金、技术等生产要素不断向城镇汇集，城镇成为经济社会发展的核心增长极。目前河南城镇化进程正处于集聚效应与规模效应发挥作用的快速城镇化时期，最直观的表现为人口在空间上某些地区呈现的聚集趋势。而工业化是城镇化的根本动力，这是世界各国城镇化与工业化的一般规律。人口聚集是由工业化发展状况决定的，因为地区产业结构决定就业结构，就业结构决定人口吸纳能力。城镇化的模式道路是在一定条件影响下自然形成的，受地理区位、人口、经济、社会环境、生态环境、制度等众多因素的影响。因此从人口流动视角选择城镇化模式，还需要考量各地区经济与社会发展特点是否与人口流动趋势相符合。那么，在河南人口聚集的典型地区产业结构与就业结构是怎样的状况？

河南与全国的状况一样，工业化超前于城镇化和农业现代化。首先将城镇化与农业现代化从工业化中剥离出来，探究狭义工业化发展状况。狭义的工业化首先应该体现为产出的增长，表现为人均 GDP 增长。其次，钱纳里等学者指出，产业结构的变化先从一产转向二产，等发展为二产的极值稳定后，产业结构在一产与三产之间转换。因此工业化发展应该体现为工业部门的扩张，最能反映国民经济结构变化的是三次产业结构的变动。再次，三次产业结构只是表明工业化对国民经济结构变动的数量效应，不足以反映工业内部结构优化的问题。制造业增加值的比重是衡量工业内部结构的最常用的指标，制造业增加值比重越高，表明区域经济对能源的依赖程度越小，可持续发展的能力也就越强。最后，根据配第所揭示的要素流动规律。在其他条件不变的情况下，就业结构能否大幅转换主要是看工业结构是劳动密集型还是资本密集型，两种不

同性质的经济结构导致了对吸纳农村剩余劳动力数量上的巨大差异，进而影响到农业的规模经营和现代化的实现。

首先，考察河南各地区人均 GDP 变化情况。从人均 GDP 的增长态势方面观测各地经济产出的增长差异，如图 7-1 所示，从 2016 年、2017 年、2018 年、2019 年、2020 年河南各省辖市人均 GDP 的变化可以得出，随着城镇化的不断推进，各地区的经济产出总体上呈增长趋势。但同时空间上显示各地区的差异越来越大。省内人口集聚效应明显的地区，其人均 GDP 远远高于典型的人口输出地。

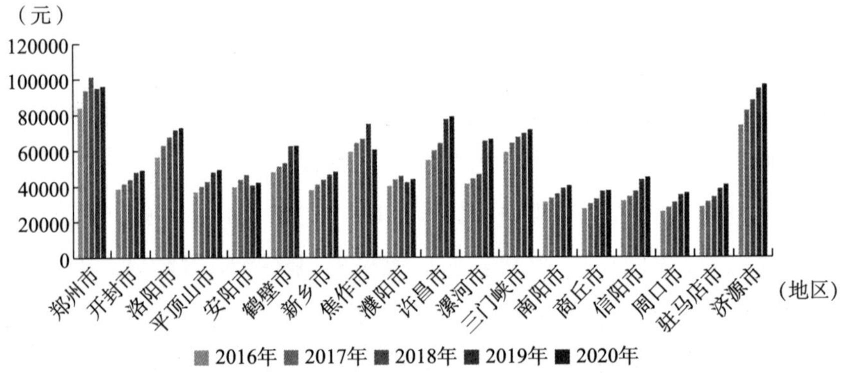

图 7-1　河南各地区人均 GDP 变动

资料来源：《河南省统计年鉴 2016—2020 年》。

其次，考察河南各地区非农产业就业人员占比变动情况。如图 7-2 所示，从所选取的 5 年的非农产业就业人口总体变动来看，一方面，2016—2020 年各省辖市非农产业就业人员有所提高；另一方面，与非农产业就业人员占比差异较大的地区是典型的农区——商丘、周口、驻马店、信阳，说明第二、第三产业产值在三次产业中占比较低。这也是这些地区是主要的人口输出地的原因。

最后，考察河南各地区制造业增加值占比变化情况。制造业增加值的比重是衡量工业内部结构的最常用的指标。从河南各省辖市制造业增加值占比变化情况（图 7-3）可以看出，随着工业化的发展，河南各地

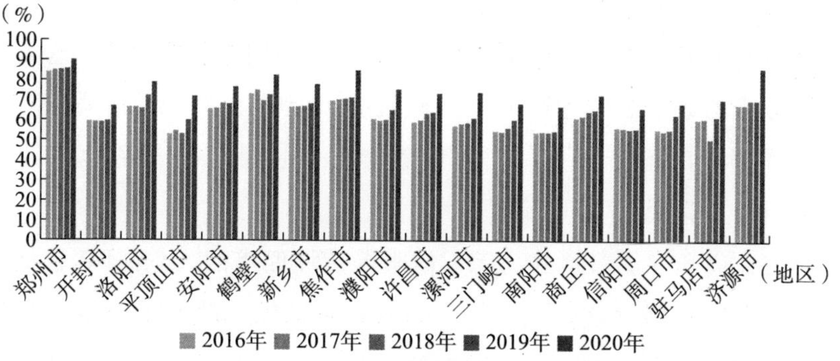

图 7-2 河南各地区非农产业就业人口占比

资料来源：《河南省统计年鉴 2016—2020 年》。

区制造业增加值占比越来越低，表明各区域经济对能源的依赖程度越来越小，且第三产业发展蒸蒸日上，可持续发展的能力越来越强。

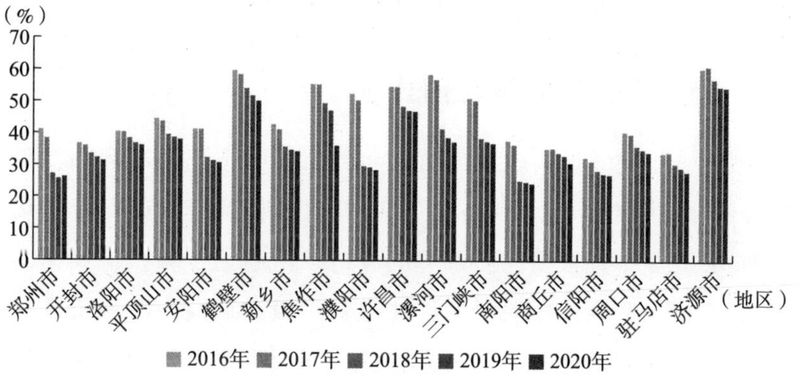

图 7-3 河南各地区制造业增加值占比变化

资料来源：《河南省统计年鉴 2016—2020 年》。

从图中可以看出有三个特征：

第一，郑州、济源、洛阳、焦作、许昌、鹤壁等地市的人均 GDP 较高，这些区域的一个典型特征是制造业比较发达，产业基础较好，其城镇化的过程是主动吸纳劳动力的过程，人口流入与产业发展形成了良性互动。

第二，三门峡、平顶山等地市的人均 GDP 也比较高，这些区域的产业结构具备典型的资源型特征。由于资源型产业的特殊性质，这类型产业的工业化的数量效应远远大于结构效应，但是由于资源枯竭和环境污染等负外部性的不断累积，其数量效应也呈递减趋势，两地市的人均 GDP 排序在下降就是典型写照。

第三，商丘、周口、驻马店、信阳等黄淮四市的人均 GDP 较低，原因在于其产业基础比较薄弱，各个区域的比较优势的分工使得这类型区域的非农就业机会不足，这直接导致了黄淮四市劳动力的大量外流，而劳动力的大量外流使得该区域的城镇化也在不断提升，属于被动的城镇化，这就是这类型区域的城镇化的增长速度要高于其他区域的原因。

综上所述，河南各省辖市工业化方面的特征在空间上与省内人口流动聚集趋势基本吻合。那么，从人口流动的动态视角对新型城镇化模式进行探讨，符合目前河南经济结构与社会发展状况。

三、河南省新型城镇化模式

新型城镇化应该是以规划为引领和约束、以市场机制和利益引导为基础的城镇化（耿明斋，2012）。市场机制和利益引导其实就是按照要素流动趋势与规律。根据前面章节的分析，河南处于城镇化快速发展阶段，河南人口和资源这样的要素将在很长一段时期向中心城市及核心都市圈汇聚，河南城镇化在以郑州为首的大城市为中心的都市圈优先发展优势显著。根据前文的研究，对于城镇化模式的研究，应该建立在对城镇化内在规律的正确认识上，并用动态的思维分析城镇化模式选择。而劳动力作为经济要素中最为活跃的因素之一，对城镇化模式的动态选择具有重要的指导价值。因此，河南新型城镇化应该顺应这一趋势，培育以郑州为中心的都市圈，即加快中原城市群的核心区的建设，发挥其极化作用。国外发达国家及我国发达地区的城镇化经验支持这一判断。美国三大城市圈（大纽约区、五大湖区、大洛杉矶区）聚集了全国约 70% 的人口，创造了美国 GDP 的 67%；日本三大都市圈（大东京区、阪神区、名古屋区）汇集了全国61%的人口，创造出全国GDP的70%（The World Bank，2013）。随着各地实践探索的深入，这种发展形态又衍生出多种不同的空间表现形式，如大都市区、都市连绵区、大都市带、巨型城市区域等。这种集群化发展一方面有利于区域资源共享，降低区域的经济和社会发展成本，提升整个区域的运行效率；另一方面有利于提高区域整体竞争力，提升在国际分工中的地位，从而可以获得更多的生产要素和发展机会。首先，大城市更能发挥经济的规模与集聚效应，城市规模越大承载产业的能力就越强，进而对于劳动、资本等经济要素的聚集能力就越强。其次，大城市在效率要求引领下，城市功能和公共服务体系更完善，各类主体在这里从事经济社会活动成本最低，收益最大。最后，以大城市为中心的都市圈的极化辐射作用能解决区域差异的问题（Cohen B，2006）。因此，以大城市为龙头的城市群将成为河南新型城镇化模式的主要形态。

具体来说，本书所研究的城镇化模式基于要素流动聚集理论，从动态和静态的角度进行预测与总结，静态方面指城镇体系的空间结构与规模结构，动态方面指城镇化要素流动聚集的趋势、市场与政府之间的互动机制。下面将对河南省新型城镇化模式进行具体分析。

（一）河南省城镇体系规模结构预判

根据上述对河南省人口流动的现状及趋势的分析，河南省省内人口流动格局是向中心城市聚集，特别是以郑州为中心的核心都市圈。这意味着河南省城镇化进程中，河南省16.7万平方公里的空间内，人口流动存在着由外围向核心聚集的趋势。从人口的流向可以预判，城镇体系规模结构朝着中心城市比重日趋增大的方向演化，河南应该前瞻性地扩大省辖市市区规模，尤其是郑州的规模。

首先，在河南省中北部地区将形成一个以郑州为核心大城市的大都市圈。良好的产业基础，制造业增加值占比较高，民营经济较为活跃，第三产业较为发达这些特点引导着人口不断向核心都市圈流动，尤其是向就业机会多的市辖区聚集。相应的城区面积规划也应该大致与这个特点相符合，即做大市区面积。其次，在河南中南部的商丘、信阳、周口、驻马店地区还将分布着约4000万人，其中城镇人口将有望达到2800万人。2025年，这一地区城镇化率也将达到65%，但是实现的路径却是被动的城镇化——城镇化率的提升靠乡村人口的外流，核心都市圈城镇化的路径是主动的城镇化——城镇化的提升依靠城区提供大量就业机会，吸引外来人口。与此同时，这一区域的人口分布整体较为分散，局部向县乡镇城区（小城市）集中，增加的城镇常住人口多数被县乡城区吸纳，地级市市区（大城市）吸纳能力较弱。

综上所述，2025年河南省将形成“北大集中，南小分散”的城市形态结构，北部地区大城市占绝对主导地位，规模越做越大，且分布集中，小城市基本维持；南部地区小城市占主导地位，且分布非常分散，农业人口流出较多的地方，县城吸纳的城镇人口会较多，规模也会随之增大。至于其他地域，只有极个别地级市城区会缓慢扩大，其他中小城市将维持现有规模。

（二）河南城镇体系空间结构预判

1. 河南新型城镇化的重点放在省辖中心城市以上大中城市

根据上述人口流动的规模、方向和趋势，河南省内人口流动势能明显增强，省内农村转移人口向中心城市聚集的趋势将会延续。而且人口在空间上持续聚集的趋势与经济产出总量的空间聚集相对应，都是往中心城市聚集。人口、资金、技术等要素的不断聚集和资源的合理配置是中心城市功能完善的重要体现，是河南中心城市发展壮大的重要驱动力。那么推进新型城镇化的重点应该放在中心城市以上大中城市（Zhu，2013）。按照这一思路，要尽快实施以省辖中心城市为核心的全域城镇体系规划，按照城市组团式发展的要求，将中心城市周边的县城和重点镇纳入市区一体化规划，把完善中心城市功能、构筑以中心城市为枢纽的现代交通体系和实现公共服务功能共享作为推进新型城镇化的切入点。

将远离中心城市且有较大腹地和较好经济基础的县城作为独立的中心城市加以培育，以便未来在现有18个省辖中心城市之外再形成若干个次一级的中心城市。

2. 重点培育以郑州为龙头的核心都市圈，营造环郑州经济圈

未来河南城镇人口存在着向中心城市聚集的趋势，城镇体系规模结构朝着中心城市比重日趋增大的方向演化。在空间上存在着人口向以郑州为中心的核心都市圈聚集的趋势，城镇体系空间结构朝着核心都市圈规模和密度越来越大的方向演化。那么，河南典型的都市区无疑就是以郑州为中心，包括“郑汴洛焦新许”6城市所围成的核心都市圈，其中“郑汴”“郑许”“郑新”又是都市区的核心区。为顺应都市化发展的规律，避免以行政辖区为管辖范围的，在规划和经济社会发展推动机制上各自为战、相互竞争、重复建设的局面进一步恶化，要以省政府为规划主体，立即启动以郑州为中心的大都市区规划。以大城市为中心的都市圈优先发展，这种模式才能既兼顾效率又注重公平。都市圈利用各个已有的聚集优势，能发挥整体功能，并辐射周边区域。以郑州为中心，周边的开封、洛阳、新乡、焦作、许昌的经济发展较好而且分布密集，因此核心都市圈优先发展是城镇化非均衡发展战略的体现。以郑州为中心的核心都市圈中，郑州与洛阳是河南省的特大城市，开封、焦作、新乡属于大城市，许昌市属于中等城市，这6个城市空间上距离比较近，核心区地理半径在100公里之内。规划重点一是应放在都市区内主中心、次中心、县城、重点镇等四级城镇体系的层次结构和空间结构中，确定每个城镇聚集点的规模定位和功能定位，强化各城镇聚集点之间的功能互补和共享；二是纳入大都市区内公共交通体系统一规划和运营管理；三是放在完善和加强郑州中心城区的高端公共服务体系和公共服务功能上，切实实现周边城市对郑州功能的共享以及郑州对周边的辐射带动。

3. 从层级结构来看，河南城镇体系呈现5级城镇体系

随着城镇化的演进，河南省内人口流动呈现出由外围向中心聚集的圈层特征。具体来说，河南城镇常住人口是持续向省辖中心城市聚集的，

新增城镇常住人口的绝大部分是被省辖中心城市吸纳。而在中心城市之中，人口向以郑州为中心的核心圈聚集趋势最为明显。经过预测分析郑州具有超强的人口聚集能力。预测至2025年郑州市域常住人口、市域城镇人口和中心城区人口在全省同类人口中的占比会呈现出梯次升高的格局（15.63%→18.36%→25.69%）。这也说明省内人口向郑州市域，郑州市域内城镇，以及郑州市域内城镇中的中心城区聚集度有梯次升高的趋势。再考虑到其他17个省辖市中心城区以及其辖域内县乡镇城区、乡村等三种类型地区人口聚集度依次降低的趋势，那就意味着在城镇化演进过程中，河南省16.7万平方公里的空间内，人口存在着由外围向核心聚集的趋势，而且越往核心人口聚集度越大。这在空间上就形成了郑州中心城区人口超密集区→郑州市域人口密集区→17省辖市中心城区人口密集区→县乡镇人口聚集区→乡村人口稀疏区等由中心向外围发散的圈层结构形态。根据人口流动的趋势与特征，河南城镇体系建设也应该体现这样的5级城镇体系。

（三）河南城镇化以市场为主导，政府按照要素流动合理规划与调节

河南城镇化模式从动力机制角度分析的话，不得不在政府和市场之间选择。西方发达国家城镇化经验显示，市场化程度越高，其城镇化发展程度越高。市场为主导是城镇化快速发展的前提条件。第一，城镇化发展最典型的特点，就是人口与资源的流动汇集，市场主导下这种要素得以自由流动。第二，城镇化的过程除了人口的大规模流动，还伴随着资本和物资等流动，由政府全盘计划不能达到最优效果。第三，市场才能提供经济发展的动力。社会经济生活的生产、交换、分配都是通过市场进行的，并得以发展。所以，对于城市哪些优先发展、哪些稳步发展等，关乎城镇化整体构建的问题应该由市场来主导；城乡人口资本的流动也由市场来主导；在城市建设上，改变过去政府盲目主导规划的局面，由市场做主导，政府根据市场规律进行调节。

河南城镇化以市场为主导，城镇化模式必须遵循城镇化过程中要素流动特点。一方面通过对河南人口流动现状与趋势的分析，得到河南人口流动主要流向中心城市，其中以郑州为核心的都市圈人口聚集势能凸显。那么，河南城镇化应该优先发展省辖中心城市以上的大中城市，尤其要发挥中原城市群的极化作用，而且要重点培育以郑州为中心的核心都市圈。另一方面，就地城镇化或县域城镇化适合于制造业发达的地区。以调研资料为例，根据在许昌长葛市官亭乡簸箕杨村调查得到的信息，由于非农产业发达，簸箕杨村是一个典型的农业剩余劳动力就地转移的村庄，以致 66.93%的农民在本地就业，仅非农产业就吸纳了本村 58.33%的剩余劳动力。问卷统计显示，村民对于出售宅基地所能接受的价格普遍较高。但在访谈中发现更多村民表示无论多高价格都不会卖自家宅基地。当被问到是否愿意成为市民时，他们大多数人表示，农民更自在，生活成本低，各方面比较安全，医疗、养老等农村社会保障越来越好。可见，像簸箕杨村这样非农产业发达的城郊农村地区城镇化已具备了相当优越的条件，就地城镇化适合于此类地区。在这些地区的发展中，政府的协调作用尤为重要。在这些制造业具有比较优势的地区，农业人口的就地城镇化需要政府进一步提供支持与引导，比如落户与住房等政策保障。

那么河南城镇化模式就应该由市场主导，政府只负责按照要素流动的规律进行合理调节，并提供政策支持。这种模式可以说是计划指令与市场指导同时作用的要素流动模式。那么政府应该注重以下两点：第一，政府在认清城镇化主体的前提下，将自身的位置摆正，为城镇化发展做好协调与规划；第二，政府按照市场规律废除以前一系列不合理的制度，为城镇化健康发展扫清制度障碍。

第八章

河南省推进新型城镇化模式的政策建议

河南推进新型城镇化模式更本质的层面是要解决当前和今后一个时期河南经济社会发展所面临的一系列问题，尤其是要解决由计划经济遗存和改革不彻底所造成的要素流动障碍带来的效率损失和不公平问题，重点在于打破壁垒和深化改革，为市场经济在资源配置中发挥基础性作用奠定牢固的体制基础。从这种意义上说，河南新型城镇化模式是一场深刻的经济和社会结构变革过程，最终目标应该是为建立起现代社会的框架扫清障碍。那么，推进河南新型城镇化进程，需要立足传统农区的情况，遵循要素流动的规律，根据前文对河南人口流动与城镇化模式的分析，政府不再是主导，而是以市场为主导，政府按照要素流动规律合理调节。因此政府的工作重点放在顺应人口流动趋势要求、满足各类不同规模城市基础设施建设和公共服务的需要上。本章从这个角度对河南推进新型城镇化尝试性地提出以下政策建议。

一、转变有关城镇化的思想观念

第一，认为典型传统农区城镇化的载体是小城镇或县城，把县域作为吸纳农民进城的主要载体。通过实地调研，在河南这样的典型农区，就地城镇化只能在非农产业发达的局部空间内才适合。其中认为大力推进新型农区社区建设也是受到局限性的思想观念影响。新型农区社区是按照城市居民和生活标准对传统村落进行的城市社区化改造，其直接意义是满足了农民对城市生活方式的向往和需求，提升了农民的生活品质。这在现有体制机制下对于快速解决农村居民生活方式市民化是有价值的，在非农产业比较发达的地区有一定的必然性。但如果把新型城镇化仅看成是新型农村社区建设，就会违背经济规律。河南经济发展的突出特点是要素在不断向中心聚集，那么仅仅靠新型农村社区的加速过度推进必然会损害城镇化的发展。前面的研究已经从人口的角度说明要素在向河南的中心地区聚集，那么新型城镇化就应该遵循经济规律，重点、优先发展省辖中心城市和大城市。

第二，认为快速城镇化带来的“城市病”越来越严重，全国都要限制大城市发展。典型传统农区发展的基础和条件与我国发达地区差距显而易见，所以并不是所有地区都不适合大城市优先发展，仍然要秉持因地制宜的思想进行分析。这种“城市病”在很大程度上是城市快速发展过程中的现象，是要素聚集的速度超过了基础设施和公共服务体系建设速度的结果，或者说是基础设施供给不足，管理水平跟不上的原因，解决办法不应该是限制发展，而应当是加快城市基础设施建设步伐，提升城市管理水平。不能将政府等社会管理者的认识和选择强加给老百姓，限制或阻断人口向大城市流动的趋势。新型城镇化要以市场为主导，政府按照要素流动规律合理调节。

改变长期以来抑制大城市发展，鼓励中小城市和小城镇发展的惯性思维，清理各种城镇化发展政策，剔除诸如放开中小城市和小城镇入户限制，鼓励农民进入小城镇，控制大城市规模和收紧大城市入户限制等提法和做法。将城镇化发展政策的重点放在扫清所有限制人口流动的政策和制度障碍上，鼓励人口在空间上和不同层级城镇之间自由流动。

二、强化城镇化发展的产业支撑

著名经济学家缪尔达尔在城市发展积累因果理论中提出，当城市发展到一定水平，决定城市增长的不再是资源禀赋，而是城市自身集聚资本、劳动力、技术等生产要素的能力。这些要素的聚集都需要一定的产业支撑。产业支撑是城镇化发展的“发动机”和“加速器”，壮大城镇实力、提高城镇吸纳就业能力、强化城镇聚集和辐射功能，基础在产业、关键在产业、着力点在产业。第一，深化产业结构调整，促进产业结构升级，拓宽农民转移就业领域。加快产业聚集区建设，强化转移就业的产业支撑。第二，多层次、多元化发展龙头企业。近几年，河南引进了一些像富士康之类的技术含量高的大型企业项目，这类企业集资金、技术和劳动力于一体，吸纳了大量劳动力。今后在承接产业转移的过程中，要充分利用河南省人力资源丰富的特点，积极鼓励沿海发达地区符合条件的劳动密集型产业向河南转移，进而为农民工省内转移就业创造条件。还要进一步加大支持中小企业和民营企业发展的力度，努力扩大就业容量，促进农民在省内就业。

三、加快建设以郑州为中心的核心都市圈

根据前文对河南人口流动与城镇化的研究，实地问卷调查数据、官方统计数据的梳理都显示出在城镇化演进过程中，人口流动最明显的特征就是向以郑州为中心的核心都市圈聚集的趋势。按照要素流动集聚理论，新型城镇化顺应人口流动的趋势。那么河南这样的典型传统农区就应该将推进新型城镇化的重点放在中心城市和核心都市圈。确立中原经济区核心区的概念，中原经济区核心圈就是以郑州为中心，包括“郑汴洛新焦许”6城市所围成的都市圈，其中“郑汴”“郑许”“郑新”又是都市区的核心区。为顺应要素流动的规律，避免行政辖区在规划和经济社会发展推动机制上各自为战，相互竞争，重复建设的局面进一步恶化，要以省政府为规划主体，立即启动以郑州为中心的核心都市区规划。规划重点一是应放在都市区内主中心、次中心、县城、重点镇等四级城镇体系的层次结构和空间结构，确定每个城镇聚集点的规模定位和功能定位，强化各城镇聚集点之间的功能互补和共享；二是放在大都市区内公共交通体系的统一规划和运营管理；三是放在完善和加强郑州中心城区的高端公共服务体系和公共服务功能上，切实实现周边城市对郑州功能的共享以及郑州对周边的辐射带动。所以，要强化《国务院关于支持河南省加快建设中原经济区的指导意见》（国发〔2011〕32 号）中关于“中原经济区核心区”概念的认知，尽快启动涵盖“郑汴洛新焦许”6 城市的“中原经济区核心区”都市区一体化规划，明确提出以郑州为中

心的核心都市圈规划，确立中原经济区核心区的概念，并加快其建设步伐。

四、规划和完善城镇体系建设

河南城镇化进程中，人口不仅向核心都市圈聚集势能明显，也有向河南省辖中心城市聚集的趋势，河南人口流动初步形成由外围向中心聚集的圈层结构。未来以河南省将近1亿人口总量和16.7万平方公里的空间，人口存在着由外围向核心聚集的趋势，而且越往核心人口聚集度越大。这就在空间上形成了郑州中心城区人口超密集区→郑州市域人口密集区→17省辖市中心城区人口密集区→县乡镇人口聚集区→乡村人口稀疏区等由中心向外围发散的圈层结构形态。根据人口流动的趋势与特征，河南城镇体系建设也应该体现这样的圈层结构。所以，应该从全局的视角对这些大大小小的次级城镇密集区做出规划，并实施相应的发展政策。尤其是要处理好中心城市与周边县城、相关城镇的关系，促使中心城市与周边县城和城镇的一体化发展。按照要素流动集聚理论，要尽快实施以省辖中心城市为核心的全域城镇体系规划，按照城市组团式发展的要求，将中心城市周边的县城和重点镇纳入市区一体化规划，把完善中心城市功能、构筑以中心城市为枢纽的现代交通体系和实现公共服务功能共享作为推进新型城镇化的切入点和抓手。对于远离中心城市且有较大腹地和较好经济基础的县城则作为独立的中心城市加以培育，以便未来在现有18个省辖中心城市之外再形成若干个次一级的中心城市。切实控制重点镇的数量和规模，将其职能重点放在服务周边地区居民上来。完善城镇体系建设，加快规划除核心圈以外地区的次级城市密集区。

五、按照人口流动格局重新调整市县两级政府所做的规划

按照城镇化进程中人口聚集趋势与规律重新调整市县两级规划。根据从省建设厅等有关部门得到的数据，现有规划至少存在两个问题：一

是规划目标城镇人口泡沫严重。根据我们预测，至 2020 年全省常住人口是 9433 万人，城镇人口是 5710 万人。而规划期末县城和省辖中心城市城镇人口加总是 9904.8 万人①，远超目标期预测的城镇人口，甚至超过目标期预测的常住人口总数，显然不符合实际，不可能按此规划实施。二是规划目标县城人口规模过大，不符合城镇化进程中人口向中心城市聚集的规律。根据河南人口流动的预测，至 2020 年，中心城市市区人口在城镇总人口中的占比会达到 65.48%，县乡镇城区人口占比会下降到 34.58%。而规划期末县城人口在城镇总人口中的占比却高达 44%，仅比规划期初占比低 1 个百分点（45%），远高于预测目标期的比例。规划期末中心城市市区人口占比 55.7%，远低于预测目标期的比例。规划城镇人口的规模结构与城镇化进程中城镇规模结构演化趋势相悖，显然也无法按规划真正实施。不管是城镇人口总量还是城镇人口的规模结构，都要调整到与城镇化演化规律相一致的目标上来。

六、尽快完善农村集体产权制度

经过实地调研，土地权益仍是农民离开农村进城的主要障碍，在现有的农地集体所有制条件下，往往将农民身份与土地权益挂钩。应该采取措施，将土地权益与农民身份剥离，使得离开农村进城的农民无论走到哪里，其土地权益仍有保障，无后顾之忧。消除其离开农村的心理和现实障碍。这就需要创新完善现有的农村集体产权制度。农村集体产权制度尤其是农村集体土地产权制度改革尚处于起步阶段，农村转移人口彻底“离农”还有很多法律上、体制上、政策上的障碍有待解决。目前比较典型的试点是温州，依照温州试点的《办法》，在农村产权交易所农村产权可以交易，其中有农村土地承包经营权、林地使用权、林木所有权和山林股权、水域养殖权、农村集体资产所有权及农村集体经济组

① 说明：本数据由农业厅规划处副处长聂斌从建设厅等部门搜集得到。县级规划大部分到 2030 年，市级规划大部分到 2020 年。

织股权等。党的十八届三中全会通过的《中共中央关于全面深化改革若干重大问题的决定》中关于农村土地改革的论述为传统农区指出了方向。第一，构建新型工农关系。改变过去由农业补贴工业的格局，而是以工促农、以城带乡、城乡一体发展。这就要求城市与农村基本公共服务、社会福利与基础设施这三个方面要均等。第二，给予农民更多的财产性权利。这也是农村土地流转的一个信号。其中土地承包权可以抵押的是经营权。而住房财产权国家要选择试点，将住房财产权实现流转，这也是传统农区试点的机会。第三，建立城乡统一的建设用地市场。这是解决目前城乡要素交换不平等的一个信号，这也使得土地有平等交换的条件和基础。但农村土地制度改革也有三个底线需要坚持：土地所有制、农地农用、农民的基本利益。在贯彻党的十八届三中全会《中共中央关于全面深化改革若干重大问题的决定》的基础上，加快探索建立农村与城镇统一的建设用地市场，由市场配置交易平台的资源，这样农村与城镇的土地能够得到最大效益的优化配置。一方面建立科学的土地价格机制，学习外国和发达地区成熟的土地市场运行机制，积极探索出科学的土地价格评估机制；另一方面，建立完善的中介服务机构，支持建立农村土地流转机构，形成系统的土地流转服务体系，完善从上到下的全方位的中介服务系统。

与此同时，创新土地保障机制。河南是农业大省，担负着国家粮食安全的重任，必须坚定土地红线不动摇。随着过去土地城镇化的粗放发展，土地被破坏，尤其是耕地被严重破坏，那么劳均耕地面积也减少了，而释放了更多的农业剩余劳动力。河南又是人口大省，人地矛盾严重制约了发展，制约着农业效益，农民不断从土地流出转入工业部门。河南推进新型城镇化必须改变以前这种以牺牲土地为代价的粗放型发展模式。河南推进新型城镇化必须依照环境与现有资源可持续发展的模式进行，即集约化之路。城镇用地数量严格按照城镇人口与经济的增长趋势确定。并科学规划土地功能，进而界定土地限制与可以利用地区。

七、新型城镇化与乡村振兴协调发展

基于前文对李庄村、王元庄村和水泉村三个村庄劳动力流动和村情村貌的实地调研和分析，针对新型城镇化与乡村振兴提出以下几个方面的政策建议。

（一）加快建立农村老龄人口城乡分流机制

农村年轻劳动力外出打工规模越来越大，时间也越来越长，但没有获取整个家庭在城市生活的足够收入，土地仍然是相当一部分兼业程度较深农户赖以生存的生产资料，农村留守老人从事农业经营的现象不利于实现农业生产的规模化、机械化、产业化，也增加了老年人的农业劳动负担，使留守老人的福利下降。提高进城打工农民在城市的生活能力，结束其在城乡之间的“钟摆式”流动，实现其家庭在城市的永久定居，可以很好地解决农业提质增效以及农村留守老人等问题。笔者提出以下两点建议：第一，提高农村外出务工者的收入水平，降低其生活成本，促进其家庭更好地融入城市。总体上来说，农村外出务工人员从事的工作以体力劳动为主，稳定性相对较差，收入水平相对较低，因此，应进一步提高最低工资标准，强化住房保障和供应体系建设，使进城务工人员的住房和收入能够满足整个家庭的基本生活需求。第二，国家要更多地承担失去劳动能力和就业能力的农村老龄人口的养老责任。调研中，相当多选择继续在农村居住的老年人不愿意进城的原因是“习惯了在农村的生活”，其实从根本上讲是一种能力的丧失，家庭总收入不足以弥补家庭总支出。建议政府制定专门的政策，对子女已经在城镇定居、愿意迁入城镇生活，并且愿意放弃农村宅基地和耕地的老龄人口提供基本生活和医疗保障，促其完全脱离农村。

（二）建立农村宅基地异地置换制度

目前，大量农村劳动力长期外出务工，农村宅基地闲置问题突出，调研中绝大多数被访农户宁可将宅基地长期闲置，也不愿意以相对合理的价格售出。一方面外出务工人员在工作地居住成本高、条件差，另一方面农村虽然有大量劳动力流出，但农村宅基地不减反增，由于长期在外，房屋使用效率低，外出务工农民往往不会对宅基地上的现有房屋进行投资和翻修，也导致农村目前仍然呈现萧条的面貌。建议设立农村宅基地异地置换制度，首先，建立闲置宅基地开放数据库，有宅基地置换意愿的农户均可以在数据库内登记自有宅基地情况和个人信息，并同时在数据库内登记自己希望置换的宅基地的地理区位、条件等，并可以在数据库内搜索、查阅其他可供置换宅基地情况；其次，通过数据库中海量可供置换宅基地信息以双方置换或多方置换的形式确保置换成功，当然由于地理位置、资源条件等方面的差别，置换双方或置换多方可以约定置换附加条件。由于劳动力流动的规模很大，而广大农村地区的交通条件日益改善，农村宅基地置换有很大的潜力。宅基地置换实现后，一方面可以减少目前农村宅基地的闲置、浪费，改善农村面貌，另一方面则可以提高农村外出务工人员的福利水平。

（三）乡村振兴要因地制宜、区别对待

广大农村在地理位置、资源环境甚至历史文化等方面往往存在很大差异。首先，就地理位置而言，远离城镇的农村随着劳动力和财富源源不断地流出，日渐萧条，而距离城镇较近的农村，村民通过在附近的城镇工厂务工或从事服务业，往往能够获得较为理想的收入，多数村民长期在村中固定居住，基础设施完备，生活条件良好，已经基本实现就地城镇化或易于实现就地城镇化。显然，这两类村庄中的前者需要政府更多的关注和扶持。其次，乡村振兴要以乡村的资源禀赋条件和村庄特色为抓手。一些村庄依托特殊的水土条件，适合发展特色农业，一些村庄景色秀美，或者历史文化厚重，则适合发展乡村旅游，一些村庄地广人稀，则适合发展规模化的现代农业。乡村振兴的根本在于各种资源向农村的回流，而乡村振兴的实现则要基于村庄的实际情况，因地制宜，扬

长避短，以最合理的发展路径实现“产业兴旺、生态宜居、乡风文明、治理有效、生活富裕”。

（四）重视对非城郊村庄的规划和治理

由于建房和居住成本的比较优势，城郊村庄农民的日常生活显示出更强的优越性，而交通条件的日益改善，使城郊村庄的地理范围日益扩大。长期来看，非城郊农村的劳动力源源不断地流出，伴随着代际更替，经营农业的农户数量将不断减少，这就产生一系列问题。这些村庄人口持续减少的过程中，怎样实现宅基地数量的同步减少以及户均实际持有耕地的同步增加？村庄中非农户退出后，村庄格局将会发生怎样的改变？留存农户分散居住，还是重新整合，甚至将毗邻的村庄合并？非城郊农村的规划和治理关系到农业的提质增效，也是我国实施乡村振兴战略的关键环节。

（五）引导各种资源要素向农村回流

多年来，劳动力和财富持续流出造成农村发展的缓慢和迟滞，实现农村发展必须引导各种资源要素向农村回流。首先，引导和鼓励优秀外出务工返乡人员、大学毕业生、经商创业致富能手到农村开拓事业。农村的发展需要拥有能够和大市场对接的有知识、技术、能力、视野的新生力量，通过优秀人才的带动和示范效应，最大化地发挥农村现有自然资源和人力的效用，助推农村经济社会的全面发展。其次，挖掘乡村特色，吸引资本下乡。农村不仅仅是粮食、蔬菜等普通农产品的出产地，还要依托地方特有的山川、土壤、地形、气候、文化发展特色农业、生态农业、乡村旅游、农产品加工等可以带来更高附加价值的特色产业，吸引社会资本投入农村发展，以提升农村特色经济的层次。

八、加快农民工市民化步伐，排除农民工城市融入障碍

新型城镇化是以市场为主导，政府按照要素流动规律合理调节。所

以转变政府职能，切实清除人口在区域间流动和农民工市民化的各种障碍，即清除农村劳动力进城转移就业的不合理制度障碍。根据前文农村劳动力在城市“留得下”的障碍因素，笔者提出了以下几点建议。

（一）转变政府职能，强化服务意识，拆除农民进城的“玻璃门”

调查中我们发现，虽然从政府文件的角度看，农民进城障碍已经不存在了，但不管是在政府官员的意识里还是在农民工当事人观念里，农民工与城市居民之间仍隔着一扇厚厚的“玻璃门”。在实际办事的过程中，农民工仍然求告无门，这堵“玻璃门”也确确实实存在。“玻璃门”现象有信息不对称问题，有农民工素质问题，但更多的是政府基层经办人员的服务意识不够问题。所以，应转变政府职能，强化公务员队伍，切实提高服务意识，也要在制度上做出一些规定，对故意设置障碍，拖延不办的办事人员给予必要的处罚。

（二）加大城市基本公共服务供给，加快推进基本公共服务均等化

根据在河南调研获取的信息，像郑州这样外来人口最集中的城市，吸纳农民转户进城的门槛已经很低，但是城市基本公共服务供给不足造成的农民工维权“玻璃门”以及隐性费用的问题，已经严重阻碍了外来人口融入城市的步伐。所以加大城市基本公共服务供给已经刻不容缓。其中尤其要把重点放在教育资源与住房资源的供给上，使城镇外来人口都能享受均等的城市基本公共服务。首先，政府要转变服务观念，健全普惠的公共服务体系。努力将流动人口作为社区平等元素，纳入地方经济社会发展和公共服务体系之中。其次，创新公共服务体系资金来源。积极建立以政府财政投入为主，各级财政分级分担，多元融资的资金渠道。政府加强政策引导和资源整合，督促企业和相关利益群体积极承担相应社会责任，形成政府、社会、市场三者成本分担机制，改变政府单独承担农民工就业和管理各项成本的局面。

（三）提高职工参保率，为农民工进城安居创造条件

河南城乡居民之间从政府享受的社会保障已差异不大，但居民与职工之间社会保障水平差异较大。能否充分享受职工保障实际上是农民工进城定居的最关键因素。但调查中发现，职工参保率普遍较低。尤其是从事服务业且岗位流动性比较大的领域，农民工甚至无法享受最基本的职工保障。政府相关部门应该出台具有强制性的职工保障政策措施，要求受雇企业必须为职工投保，职工本人也有义务投保。要建立职工保障个人账户，并且建立灵活的账户转移机制，使个人保障不会因职业岗位和就业地点转变而受损。要建立相应的监督机制，保证相关措施得到贯彻落实。

（四）提高农村人口的人力资本，加强对农民工的职业技能培训

根据实地调研资料显示，农村外出劳动力人力资本影响着农村外出劳动力的工资收入、务工时间与务工性质。目前河南农村外出劳动力人力资本低下，导致其工资收入偏低、工作环境恶劣、劳动强度大、就业困难、获取信息困难、维权意识差等一系列问题。所以，提高农民工人力资本是解决农民工市民化的一个基础问题之一。加大农民工职业教育，强化农民工劳动技能，全面提升农民工整体素质。要大力加强农村教育事业发展，在继续巩固农村义务教育的基础上，大力发展农村免费职业教育。要以市场需求为导向，整合现有教育资源，以政府购买等方式加大对中等职业学校和实训基地建设的投入力度，鼓励城市与农村、发达地区与落后地区合作招生办学，对未能进入中等职业的初高中毕业生提供免费职业教育，增强其职业技能，重点培育技能适用型和技术熟练型农民工，使之成为新型劳动者。

（五）重点关注新生代农民工市民化进程

“80后”“90后”新生代农民工已成为河南农民工的主力军。与老

一代农民工相比，新生代农民工有更强烈的城市融入意愿。他们的受教育程度也明显上升，他们希望在城市实现自我价值。积极引导新生代农民工市民化进程既是对这一群体内心诉求的响应，也是促进城镇化与现代化的必然要求。首先，政府应建立城乡统一的就业与维权信息平台，新生代农民工的人力资本较高，对于信息接收意愿更加强烈。平台致力于将新生代农民工的职业诉求、自身人力资本与就业岗位进行匹配，建立个人就业信息电子服务档案，与就业信息进行对接。其次，要求城市优化劳动力市场，为新生代农民工就业提供便利，从而引导与帮扶新生代农民工融入城市。

第九章

结论与展望

本书是关于传统农区人口流动与城镇化模式的研究。传统农区的人口流动出现了新的格局，而且传统农区在我国新一轮的新型城镇化中显示出了巨大的潜力。本书主要借鉴要素流动与集聚理论，劳动力作为经济要素中最为活跃的因素之一，对城镇化模式的动态选择具有重要的指导价值。从人口流动角度分析城镇化模式，一方面是尊重市场中要素流动的规律，充分考虑了市场的主导作用，另一方面在工业化有一定基础的地区，人口往往是在产业支撑下流动。因此，从人口流动的角度对城镇化模式进行选择，可以说是尊重了市场的选择与工业发展的因素。从典型农区人口流动的角度探讨区域城镇化模式，既补充和完善了我国特殊的城乡人口流动理论，也丰富了我国城镇化理论。本书通过对国内外人口流动与城镇化过程的梳理，得到城镇化的规律的启示，即人口流动是城镇化发展的"风向标"，并总结出城镇化发展的经验。总结并确立了研究的逻辑起点后，本书运用统计数据与实地调研数据分析了河南人口流动的现状，并预测了河南人口流动的趋势，揭示了河南人口流动与城镇化发展的突出问题。围绕河南人口流动与城镇化发展的突出问题，本书对影响河南人口流动的因素进行了实证分析。这些都为分析河南城镇化模式以及制定河南新型城镇化战略提供了依据。在此基础上，总结出本书的结论、政策建议、局限与未来展望。

一、研究结论

（一）河南流动人口朝着以郑州为中心的核心都市圈流动势能明显

从统计数据和实地调研分析得到的人口流动的现状都显示，未来若干年内河南省内人口变动会延续过去的趋势，即总（户籍）人口会持续增长，但常住人口基本保持不变，人口流出量持续增大。在常住人口基本不变的情况下，城镇化率持续提升，城乡结构快速调整。2020年末河南城镇化率达到了55.43%，9941万常住人口中，城镇人口5510万人，乡村人口4431万人。预测2025年城镇化率会达到65.35%，10187万常住人口中，城镇人口会增加到6657万人，乡村人口会减少到3530万人。首先，城镇人口存在着向中心城市聚集的趋势，城镇体系规模结构朝着中心城市比重日趋增大、县乡镇比重日趋缩小的方向演化。预测到2025年，6657万城镇常住人口中，将有3311万人集中于中心市区，占比会增加到49.74%。其次，空间上存在着人口向以郑州为中心的核心圈聚集的趋势。预测核心圈6城市常住人口将从2020年的1276万人增加到2025年的4155万人。核心圈6城市常住总人口在全省常住总人口中的占比也将提升到40.79%。如果单看中心城区人口，核心圈人口聚集趋势更为明显。2017—2020年，河南省18个省辖中心城市市区人口由1896万人增加到2331万人，在净增的435万人中，核心圈6城市达1296万人，核心圈市区人口在18个中心城市市区人口总量中的占比也从52.07%提升到54.73%。再次，郑州具有超强的人口聚集能力。预计至2025年，河南省10187万常住人口中，将有40.79%即4155.57万人分布在以郑州为中心的核心都市圈市域；6656.86万城镇常住人口中，将有45.12%即3003.65万人分布在核心圈城镇；3310.94万省辖中心城市市区常住人口中，将有60.08%即1989.33万人分布在核心都市圈市区。这也说明省内人口向郑州市域，郑州市域内城镇，以及郑州市域内城镇中的中心城区聚集度有梯次升高的趋势。最后，郑州及其他17个省辖市中心城区以及其辖域内县乡镇城区、乡村等三种类型地区人口聚集度有依次降低的趋势，那就意味着在城镇化演进过程中，河南省16.7万平方公里的空间内，人口存在着由外围向核心聚集的趋势，而且越往核心人口聚集度越大。这在空间上就形成了郑州中心城区人口超密集区→郑州市域人口密集区→17个省辖市中心城区人口密集区→县乡镇人口聚集区→乡村人口稀疏区等由中心向外围发散的圈层结构形态。

（二）河南新型城镇化应该优先发展省辖中心城市以上大中城市

新型城镇化应该是以规划为引领和约束、以市场机制和利益引导为基础的城镇化。根据上述研究，河南人口和资源将在很长一段时期向中心城市及核心都市圈汇聚，河南城镇化以大城市为中心的都市圈优先发展的优势显著。首先，大城市更能发挥经济的规模与集聚效应，城市规模越大承载产业的能力就越强，进而对于劳动、资本等经济要素的聚集能力就越强。其次，大城市在效率要求引领下，城市功能和公共服务体系更完善，各类主体在这里从事经济社会活动成本最低，收益最大。最后，以大城市为中心的都市圈的极化辐射作用能解决区域差异的问题。因此，河南新型城镇化模式重点应放在省辖中心城市以上大中城市。

根据上述人口流动的规模、方向和趋势，河南省内人口流动势能明显增强，省内农村转移人口向中心城市聚集的趋势将会延续。而且人口在空间上持续聚集的趋势与经济产出总量的空间聚集相对应，都是往中心城市聚集。人口、资金、技术等要素的不断聚集和资源的合理配置是中心城市功能完善的重要体现，是河南中心城市发展壮大的重要驱动力。那么推进新型城镇化的重点应该放在中心城市以上大中城市。按照这一思路，要尽快实施以省辖中心城市为核心的全域城镇体系规划，按照城市组团式发展的要求，将中心城市周边的县城和重点镇纳入市区一体化规划，把完善中心城市功能、构筑以中心城市为枢纽的现代交通体系和实现公共服务功能共享作为推进新型城镇化的切入点。将远离中心城市且有较大腹地和较好经济基础的县城作为独立的中心城市加以培育，以便未来在现有 18 个省辖中心城市之外再形成若干个次一级的中心城市。其中首先应该重视中原城市群的建设，中原城市群战略是河南在探索这一问题上的突破。

（三）重点培育河南以郑州为龙头的核心都市圈

未来河南城镇人口存在着向中心城市聚集的趋势，城镇体系规模结构朝着中心城市比重日趋增大的方向演化。在空间上存在着人口向以郑州为中心的核心都市圈聚集的趋势，城镇体系空间结构朝着核心都市圈规模和密度越来越大的方向演化。那么，河南典型的都市区无疑就是以郑州为中心，包括“郑汴洛新焦许”6城市所围成的核心都市圈，其中“郑汴”“郑许”“郑新”又是都市区的核心区。为顺应都市化发展的规律，避免以行政辖区为管辖范围的，在规划和经济社会发展推动机制上各自为战，相互竞争，重复建设的局面进一步恶化，要以省政府为规划主体，立即启动以郑州为中心的大都市区规划。以大城市为中心的都市圈优先发展，这种模式才能既兼顾效率又注重公平。都市圈利用各个已有的聚集优势，能发挥整体功能，并辐射周边区域。以郑州为中心，周边的开封、洛阳、新乡、焦作、许昌的经济发展较好而且分布密集，因此核心都市圈优先发展是城镇化非均衡发展战略的体现。以郑州为中心的核心都市圈中，郑州与洛阳是河南省的特大城市，开封、焦作、新乡属于大城市，许昌市属于中等城市，这6个城市空间距离比较近，核心区地理半径在100公里之内。规划重点一是应放在都市区内主中心、次中心、县城、重点镇等四级城镇体系的层次结构和空间结构，确定每个城镇聚集点的规模定位和功能定位，强化各城镇聚集点之间的功能互补和共享；二是纳入大都市区内公共交通体系统一规划和运营管理；三是放在完善和加强郑州中心城区的高端公共服务体系和公共服务功能上，切实实现周边城市对郑州功能的共享以及郑州对周边的辐射带动作用。

（四）解决“半城镇化”问题是河南新型城镇化的重点

通过对河南农村劳动力流动实地调研的资料分析，发现河南城镇化过程中存在严重的“半城镇化”现象，即进城外来务工人员一方面在城市务工，一方面并没有摆脱农民的身份，游离在城市与农村之间，其中绝大部分农民工没能真正地融入城市的生活。具体表现在：进城农民工就业面狭窄且收入偏低、子女受教育存在困难、农民工城市生活保障与劳动权益常被侵犯。未来一段时期，解决城镇化过程中农民工城市融入障碍是河南推进新型城镇化的重要内容。要解决这些问题，必须提高农民自身的受教育水平和就业技能，从而提高农民工的收入水平。在此基础上，消除农民工子女接受平等的城市教育的“玻璃门”，规范企业的用工管理，提高农民工的社会保障水平，让农民工能够安心地留在城市，从而消除“半城镇化”，实现真正意义上的“城镇化”。

（五）农村集体产权制度、城市基本公共服务、农村劳动力人力资本与思想意识等是河南城乡人口流动的制约因素

从河南农村劳动力流动实地调研的现状出发，总结出农村劳动力“转得出”及在城市务工“进得去”“留得下”的制约因素。经过分析得出影响河南省农村外出劳动力流动的既有农村集体产权制度，也有城市基本公共服务供给的因素，又有农村外出劳动力个人人力资本、思想观念等个人禀赋因素，还有相关政府部门的服务意识与管理水平等因素。首先，农村的土地收益严重制约着农民工市民化。虽然农村宅基地具备一定的升值空间，但是农村宅基地的转让受到农村土地集体所有制的影响不能够自由地转让，这是阻碍城镇化的最主要因素之一。其次，城市的公共服务均等化是另一因素。农民工进入城市，面临着“农村户口”带来的制约。拥有农村户口的农民没有办法享受到城市户口所对应的社会服务。尽管有些地区已经实现了制度意义上的平等，但是现实生活中的隐性差异依然存在。并且，由于政府工作人员的服务意识不够，导致“信息不对称”的存在，阻碍农民工享受均等的社会服务。最后，农民“落叶归根”的小农思想意识以及较为落后的文化意识阻碍了农民工放弃农村户口、宅基地、农村耕地，进而影响了农民工真正进入城市安家落户。

二、研究展望

我国区域之间城镇化的巨大差距说明我国城镇化存在巨大的潜力，其中传统农区在我国新一轮的城镇化中作用凸显。本书的核心论述中，

河南作为典型的传统农区在人口流动规模和方向上出现了新的格局。根据统计与调研数据，对河南人口流动的现状与趋势进行了分析，指出一方面人口向城镇聚集势能明显，另一方面城镇人口向中心城市聚集流动。其中尤为突出的是，空间上人口朝着以“郑州”为中心的“郑汴洛新焦许”核心都市圈聚集流动势能明显。河南省内人口流动初步形成由外围向中心聚集的趋势。劳动力是经济要素中最为活跃的因素之一，所以本书根据河南人口流动动态特点讨论其城镇化模式。初步判定河南城镇规模结构朝着中心城市比重日趋增大的方向演化，城镇体系空间结构朝着以郑州为中心的核心圈规模和密度越来越大的方向演化。最后建议河南新型城镇化重点应该放在省辖中心城市以上大中城市，着重培育以郑州为中心的核心都市圈，着力发挥中原城市群的极化作用。与此同时，着重解决“半城镇化”等河南城镇化的突出问题。

由于作者的研究时间与知识领域有限，本书的研究也存在一定的局限，但这也是后续研究的方向。那么，未来对于人口流动与城镇化的研究还可以从以下几点进行改进：

第一，对河南人口流动现状的分析，由于数据的缺乏，运用全国历次人口普查统计数据，对县乡两级有低估的可能。虽然重点结合了中原发展研究院开展的“百县—千村—万户”工程与“河南新型城镇化”调研资料，但目前调研只进行了两期，未形成时间序列数据，得到的横截面数据对于人口流动现状与趋势的分析具有一定的局限性。未来随着中原发展研究院关于“百县—千村—万户”工程的进一步开展，会获得传统农区农村劳动力流动重要的时间序列，用实际的人口流动的时间序列分析现状与趋势，将能更加准确地把握河南人口流动的情况。

第二，对河南省内人口流动发展的趋势预测，由于人口流动的省内数据缺乏，本书仅局限于常住人口空间与层次分布的变动来代替说明人口流动的趋势，常住人口的变动运用的也是官方统计数据，包括河南各地市统计公报、河南改革开放后历年统计年鉴。所以预测的准确性非常有限。后续研究希望能够通过建立人口流动模式进行科学预测，从而为传统农区新型城镇化的发展提供依据。

第三，对河南人口流动的影响因素的计量分析，由于本人计量功底有限，必然存在一些缺憾。一方面，指标的选取主要根据已有研究和调研方案的总结，对于八个变量的选取有待于进一步考证，可能存在缺漏的重要项目；另一方面，“百县—千村—万户”整村调研只进行了一期，只是截面数据，回归分析比较简单，结果可信度有限。后续研究在数据方面，首先考虑运用3年以上整村调研时序的微观数据，通过建立模型进而对人口流动的影响因素进行回归分析，其次，不仅要继续做农村调研，还要追踪农村外出务工人员在城镇的生存状况。这样反映人口城乡流动的影响因素更有说服力。

第四，对于城镇化模式的探索，城镇化模式的影响因素众多，仅根据要素流动集聚理论从人口流动的角度对城镇化模式进行探讨，其说服力有待于进一步证明。本书在第七章对河南区域经济结构进行分析后，说明了河南各区域工业化方面的特征在空间上与省内人口流动聚集趋势基本吻合。但从人口流动的角度分析城镇化模式仍然需要进一步证明。对于本书的中心城镇化模式的概括和最后论述仍需进一步完善。城镇化模式是本书研究的重点和落脚点，仍需要认真梳理和充实。这也是后续研究的重点。

第五，对于人口流动的分析，过于偏重流动人口整体情况，欠缺对于流动人口群体划分层次进行观测。调研中发现，流动人口正在经历新老交替，新生代流动人口已经成为流动人口的主力军。新生代流动人口进入城市不再仅仅是为了谋生挣钱，而是更注重个人的发展。流动方式也由过去的个体式迁移向家庭式迁移转化。他们更期望在城市中稳定生活。那么，新生代流动人口在流动规模、流动方向与流动格局等方面也显示了人口在迁移流动中的新的趋势与特点。所以，后续的人口流动的研究应着重对新生代流动人口进行观察和分析，找到新生代流动人口的发展需求，并寻找城镇化发展的破解之道。

综上所述，随着后续的不断探索，未来的探究之路仍然很长，需要在不断的探索中前行。这些将成为今后进一步探索人口流动与区域城镇化的方向。

参考文献

[1] Amini A, Kung K, Kang C, et al. The Impact of Social Segregation on Human Mobility in Developing and Urbanized Regions [J]. arXiv preprint arXiv, 2014: 1401-5743.

[2] Berry Brian J L. Urbanization [M]. Urban Ecology. Springer US, 2008: 25-48.

[3] Breese G W. Urbanization in newly developing countries [M]. Englewood Cliffs, NJ: Prentice-Hall, 1966.

[4] Burgess E W. Residential segregation in American cities [J]. The Annals of the American Academy of Political and Sosial Science, 1928, 4 (1): 105-115.

[5] Chan K W, Hu Y. Urbanization in China in the 1990s: New Definition, Different Series, and Revised Trends [J]. China Review: An Interdisciplinary Journal on Greater China, 2003, 3 (2) .

[6] Chan K W. Fundamentals of China's Urbanization and Policy [J]. China Review: An Interdisciplinary Journal on Greater China, 2010, 10 (1): 45-49.

[7] Cohen B. Urbanization in developing countries: Current trends, future projection, and key challenges for sustainability [J]. Technology in Society, 2006, 28 (1): 63-80.

[8] De Domenico M, Lima A, Musolesi M. Interdependence and predictability of human mobility and social interactions [J]. Pervasive and Mobile Com-

puting, 2013, 9 (6): 798-807.

[9] Doeringer P B, Piore M J. Internal labor markets and manpower analysis [M]. ME Sharpe, 1985.

[10] Ebanks G E, Cheng C, Kumari K K, et al. China: a unique urbanization model [J]. Asia-Pacific Population Journal, 1990, 5 (3): 29-50.

[11] FAN C C. Interprovincial migration, population redistribution and regional development in China: 1990 and 2000 census comparisons [J]. The Professional Geographer, 2005, 57 (2): 295-311.

[12] Friedm ann J. The world city hypothes is [J]. Development and Change, 1986, 17 (2): 69-84.

[13] Globalisation and labor mobility in China [M]. Monash Asia Inst, 2007.

[14] Goldstein S. Urbanization in China, 1982-1987: Effects of migration and reclassification [J]. Population and Development Review, 1990 (3): 673-701.

[15] Greenwood M J. Human Migration: Theory, Models, and Empirical Studies [J]. Journal of regional Science, 1985, 25 (4): 521-544.

[16] Gustav Ranis. Anthur Lewis' Contribution to Development Thinking and Policy [R]. Yale University Economic Growth Center Discussion Paper, 2004, 53 (2): 34-44.

[17] Harris C D. The Market as a Factor in the Localization of Industry in the United States [J]. Annals of the association of Amercican geographers, 1954, 44 (40): 315-348.

[18] Harvey D. The urbanization of capital [M]. Oxford: Blackwell, 1985.

[19] Hickman R. Urbanization and future mobility [J]. Moving Towards Low Carbon Mobility, 2013, 6 (1): 60-93.

[20] Hu Y. , Chen W. Z. The Settlement Intention of China's Floating Population in the Cities: Recent Changes and Multifaceted Individual-level De-

terminants [J]. Population Space and Place, 2010, 16 (4): 98-124.

[21] Jian-ling, LIU Chuan-jiang XU. A Study on the Second Generation Peasant Workers and Their Citizenization [J]. China Population Resources and Environment, 2007 (1): 001.

[22] Jianqiang Z. Study on Movement of Transferring Labor Forces in the Mountainous Region of West China [J]. Journal of Anhui Agricultural Sciences, 2008, 35 (30): 76-97.

[23] Jijun X. Population Mobility, Public Revenue and Expenditure——Analysis of the Evolution of Huji System [J]. Economic Research Journal, 2004, 3 (10): 006.

[24] Johnston R J. Some tests of a model of intra-urban population mobility: Melbourne, Australia [J]. Urban Studies, 1969, 6 (1): 34-57.

[25] Kale V S, Joshi V U. Chapter I V. Urbanization, Human Mobility and Environmental Conflicts in Mumbai and Chennai Metropolitan Regions, India [J]. SECOA FP7 Research Project, 2012, 2 (1): 129-160.

[26] Lee E S. A theory of migration [J]. Demography, 1966, 3 (1): 47-57.

[27] Lewis Arthur. Economic Development with Unlimited Supplies of Labour [J]. The Manchester School, 1954, 11 (2): 139-191.

[28] Lewis Arthur. Economic Development with Unlimited Supplies of Labour [J]. The Manchester School, 1954 (2): 139-191.

[29] LI H. Study on Balanced Development of Industrialization, Urbanization and Agricultural Modernization in Henan Province [J]. Asian Agricultural Research, 2012, 4 (2): 9-14.

[30] Li S. Population migration and urbanization in China: A comparative analysis of the 1990 population census and the 1995 national one percent sample population survey [J]. International Migration Review, 2004, 38 (2): 655-685.

[31] Liu C, Otsubo K, Wang Q, et al. Spatial and temporal changes of floating population in China between 1990 and 2000 [J]. Chinese Geographical Science, 2007, 17 (2): 99-109.

[32] Liu S, Li X, Zhang M. Scenario analysis on urbanization and rural-urban migration in China [J]. International Institute for Applied Systems Analysis, Vienna, 2003, 13 (2): 76-87.

[33] Ma T, Zhou C, Pei T, et al. Quantitative estimation of urbanization dynamics using time series of DMSP/OLS nighttime light data: A comparative case study from China's cities [J]. Remote Sensing of Environment, 2012, 12 (4): 99-107.

[34] Meng X. Rural-urban laborers-mobility and urbanization in China [J]. Chinese Geographical Science, 1994, 4 (4): 333-344.

[35] Michaels G, Rauch F, Redding S J. Urbanization and structural transformation [J]. The Quarterly Journal of Economics, 2012, 127 (2): 535-586.

[36] PirachaMatloob. FlorinVadean. Return Migration and Occupational Choice: Evidence from Albania [J]. World Development, 2010 (8): 1141-1155.

[37] Qiang L. An Analysis of Push and Pull Factors in the Migration of Rural Workers in China [J]. Social Sciences In China, 2003, 1 (3): 125-136.

[38] Ranga Rao A V P. Urbanization, Occupational Mobility and Social Integration: A Study of Scheduled Castes [M]. New Delhi: Deep and Publications, 1989.

[39] Rongjun A. Manufacturing Concentration, Labor Mobility and the Subordination of the Central Area in China [J]. Nankai Economic Studies, 2005, 1 (6): 010.

[40] Ryoshin Minami. The Turning Point in the Japanese Economy [J].

The Quarterly Journal of Economics, 1968, 82 (3): 201-215.

[41] Shahbaz M, Lean H H. Does financial development increase energy consumption? The role of industrialization and urbanization in Tunisia [J]. Energy Policy, 2012, 40: 473-479.

[42] Shen J, Feng Z, Wong K Y. Dual-track urbanization in a transitional economy: the case of Pearl River Delta in South China [J]. Habitat International, 2006, 30 (3): 690-705.

[43] Shen Jianfa . Scale, State and the City: Urban Transformation in Post Reform China [J]. Habitat International, 2007, 3 (1): 13-14.

[44] Siciliano G. Urbanization strategies, rural development and land use changes in China: A multiple-level integrated assessment [J]. Land Use Policy, 2012, 29 (1): 165-178.

[45] Simini F, González M C, Maritan A, et al. A universal model for mobility and migration patterns [J]. Nature, 2012, 48 (7): 96-100.

[46] Skeldon R. Population mobility in developing countries [M]. Belhaven Press, 1990.

[47] SUN P, SONG W, XIU C, et al. Non-coordination in China's urbanization: Assessment and affecting factors [J]. Chinese Geographical Science, 2013, 23 (6): 729-739.

[48] Taylor J, Bell M. Continuity and Change in Indigenous Australian population mobility [J]. Population mobility and Indigenous peoples in Australasia and North America, 2004, 3 (12): 13-43.

[49] The World Bank (Ed.) . Urbanization Beyond Municipal Boundaries: Nurturing Metropolitan Economies and Connecting Per-Urban Areas in India [J]. World Bank Publications, 2013, 1 (8): 27-36.

[50] Todaro Michael. A Model of Labor Migration and Urban Unem-ployment in Less Developed School [J]. The American Eco-nomic Review, 1969, 5 (1): 138-148.

[51] Todaro Michael. A Model of Labor Migration and Urban Unem-ployment in Less Developed Countries [J]. The American Eco-nomic Review, 1969, 12 (1): 138-148

[52] Tsui Y C. Study on rural labor mobility in relation to industrialization and urbanization in Taiwan [J]. 1964 (5): 32-67.

[53] Wang C G. A Study of Floating Rural People's "Semi-urbanization" [J]. Sociological Studies, 2006 (5): 107-123.

[54] Wang C, Jing C. Contribution to Economic Growth from Rural-Urban Migrant Workers and the Income Share in the Process of Urbanization: Evidence from 1995—2009 in China [J]. Actual Problems of Economics/Aktual'ni Proble-mi Ekonomìki, 2012, 135 (9): 183-189.

[55] Wang J, Mountrakis G. Developing a multi-network urbanization model: A case study of urban growth in Denver, Colorado [J]. International Journal of Geographical Information Science, 2011, 25 (2): 229-253.

[56] Wenkai S, Chongen B, Peichu X. The Effect on Rural Labor Mobility from Registration System Reform in China [J]. Economic Research Jour-nal, 2011 (1): 28-41.

[57] Williamson Jeffrey. Migration and Urbanization [A]. in Hand-book of Development Economics, Chenery. Hand T. Srinivasan, Editors. Elsevier Science Publishers. Amsterdam, 1988 (1): 425-465.

[58] Wu X, Zhang P. Research on impact Mechanism and Power System of Urbanization in West China [J]. Asian Agricultural Research, 2011, 3 (12): 56-61.

[59] Xionglang H. Specialized agglomeration factor mobility and regional industrialization: the new development of Krugman's Core-Periphery Model [J]. J Financ Econ, 2007, 33 (2): 16-26.

[60] Yao Y, Zhang G. Occupational Information Acquisition, Occupa-tional Mobility and Urbanization of New Generation Migrant Workers in China

[C]. 2013 Annual Meeting, August 4-6, 2013, Washington, DC. Agricultural and Applied Economics Association, 2013, 14 (9): 6-18.

[61] Zelinsky W, Flinn W L, Cartano D G, et al. The hypothesis of mobility transition [J]. Geographical review, 1971, 61 (2): 219-49.

[62] Zhang K H, Song S. Rural - urban migration and urbanization in China: Evidence from time-series and cross-section analyses [J]. China Economic Review, 2003, 14 (4): 386-400.

[63] Zhang Kevin Honglin, Shunfeng Song. Rural-urban Migrationand Urbanization in China: Evidence from Time-series and Cross-section Analyses [J]. China Economic Review, 2003 (4): 386-400.

[64] Zhao Simon, Roger Chan, Kelvin Sit. Globalization and the Dominance of Large Cities in Contemporary China [J]. Cities, 2003 (4): 265-278.

[65] Zhi-hao W. Rational Anticipation Model of Rural Laborers Mobility [J]. Commercial Research, 2007 (5): 049.

[66] ZHU, Chuan-geng, Zhen-bo WANG, and Fang-dao QIU. Study on Urbanization Model of Provincial Border-Regions [J]. Human Geography, 2006 (3): 1-5.

[67] Zhu, N., Luo, X., Zou, H. F. Migration, Urbanization and City Growth in China. China Economics and Management Academy [R]. Central University of Finance and Economics, 2013 (4): 535-545.

[68] Zhu, Y. China's Floating Population and Their Settlement Intention in the Cities: Beyond the Hukou Reform [J]. Habitat International, 2009, 31 (1): 56-61.

[69] 阿弗里德·马歇尔. 经济学原理 [M]. 北京: 华夏出版社, 2005.

[70] 阿瑟·刘易斯. 二元经济论 [M]. 北京: 北京经济学院出版社, 1989.

[71] 安虎森，陈明．工业化、城市化进程与我国城市推进的路径选择 [J]. 南开经济研究，2005 (1)：48-54.

[72] 白南生，李靖．城市化与中国农村劳动力流动问题研究 [J]. 中国人口科学，2008 (4)：2-10.

[73] 蔡昉，都阳．转型中的中国城镇化发展——城市级层结构、融资能力与迁移政策 [J]. 经济研究，2003 (6)：64-71.

[74] 蔡昉．城市化与农民工的贡献——后危机时期中国经济增长潜力的思考 [J]. 中国人口科学，2010 (1)：2-10.

[75] 蔡昉．人口红利终将成往事 [J]. 中国社会保障，2006 (3)：22-23.

[76] 曹飞．中国人口城市化 Logistic 模型及其应用——基于结构突变的理论分析 [J]. 西北人口，2012，33 (6)：18-22.

[77] 曹钢，何磊．第三阶段城镇化模式在中国的实践与创新 [J]. 经济学动态，2011 (2)：80-83.

[78] 曹萍．新型工业化、新型城市化与城乡统筹发展 [J]. 当代经济研究，2004 (6)：58-06.

[79] 曹宗平．三种城市化发展模式述评 [J]. 改革，2005 (5)：59-64.

[80] 曾毅．中国人口分析 [M]. 北京：北京大学出版社，2004.

[81] 陈丙欣，叶裕民．中国流动人口的主要特征及对中国城市化的影响 [J]. 城市问题，2013 (3)：2-8.

[82] 陈国成，王亮，黄辉．流动人口对社会经济发展的影响 [J]. 内蒙古农业大学学报，2009 (5)：121-123.

[83] 陈浩，郭力．"双转移"趋势与城镇化模式转型 [J]. 城市问题，2012 (2)：71-75.

[84] 陈明．中国城镇化发展质量研究评述 [J]. 规划师，2012，28 (7)：5-10.

[85] 陈晓梅．中国城镇化模式研究 [J]. 西北人口，2012 (2)：

45-48.

［86］陈雨军，景普秋．中国新型城市化道路的理论及发展目标预测［J］．经济学动态，2008（9）：4-15.

［87］程必定．区域的城市性与中国新型城市化道路［J］．浙江社会科学，2012（1）：86-92.

［88］程遥，杨博，赵民．我国中部地区城镇化发展中的若干特征与趋势——基于皖北案例的初步探讨［J］．城市规划学刊，2012（8）：67-76.

［89］仇保兴．国外模式与中国城镇化道路选择［J］．人民论坛，2005（6）：42-44.

［90］仇保兴．中国特色的城镇化模式之辨——“C模式”：超越“A模式”的诱惑和“B模式”的泥淖［J］．城市发展研究，2009（1）：1-7.

［91］崔功豪，马润潮．中国自下而上城市化的发展及其机制［J］．地理学报，1999（2）：106-115.

［92］辜胜阻，简新华．当代中国人口流动与城镇化：跨世纪的社会经济工程［M］．武汉：武汉大学出版社，1994.

［93］丁金宏．人口空间过程：胶东半岛的实证研究［M］．上海：华东师范大学出版社，1996（3）：31-33.

［94］董栓成．“工业化，城镇化，农业现代化”协调发展的定量分析——以河南省为例［J］．经济研究导刊，2011（17）：12-14.

［95］董延芳，刘传江，胡铭．新生代农民工市民化与城镇化发展［J］．人口研究，2011，35（1）：65-73.

［96］杜小敏，陈建宝．人口迁移与流动对我国各地区经济影响的实证分析［J］．人口研究，2010（5）：77-88.

［97］段成荣，马学阳．当前我国新生代农民工的“新”状况［J］．人口与经济，2011（4）：16-22.

［98］段成荣，杨舸，张斐，等．改革开放以来我国流动人口变动

的九大趋势［J］. 人口研究，2008，32（6）：30-43.

［99］段晋苑. 移民限制、人口城乡迁移与城镇化模式［D］. 广州：暨南大学，2010（7）：16-49.

［100］段敏芳. 中国人口迁移流动现状及发展趋势［J］. 中南财经政法大学学报，2004（6）：16-20.

［101］范进，赵定涛. 土地城镇化与人口城镇化协调性测定及其影响因素［J］. 经济学家，2012（5）：61-67.

［102］费孝通. 论小城镇及其他［M］. 北京：三联出版社，1986.

［103］付晓东. 中国流动人口对城市化进程的影响［J］. 中州学刊，2007（6）：89-94.

［104］高德步. 工业化与城市化的协调发展——英国经济史实例考察［J］. 社会科学战线，1994（4）：87-90.

［105］高强. 日本、美国城市化模式比较［J］. 经济纵横，2002（3）：39-46.

［106］耿明斋，李燕燕. 中原经济区现代化之路［M］. 北京：人民出版社，2012.

［107］耿明斋. 农业区工业化的一般理论分析［J］. 河南大学学报（社会科学版），2007，47（3）：1-11.

［108］耿明斋. 欠发达平原农业区工业化若干问题研究［J］. 中州学刊，2004（1）：13-16.

［109］耿明斋. 人口流动、制度壁垒与新型城镇化［M］. 北京：社会科学文献出版社，2013.

［110］辜胜阻，杨威. 反思当前城镇化发展中的五种偏向［J］. 中国人口科学，2012（3）：002.

［111］辜胜阻，易善策，李华. 中国特色城镇化道路研究［J］. 中国人口资源与环境，2009，19（1）：45-52.

［112］辜胜阻，李华，易善策. 城镇化是扩大内需实现经济可持续发展的引擎［J］. 中国人口科学，2010（3）：2-10.

[113] 辜胜阻．当代中国人口流动与城镇化［M］．武汉：武汉大学出版社，1994.

[114] 顾朝林．改革开放以来中国城市化与经济社会发展关系研究［J］．人文地理，2004，19（2）：1-5.

[115] 国际欧亚科学院中国科学中心．中国城市状态报告2012/2013［M］．北京：外文出版社，2012.

[116] 国家人口和计划生育委员会流动人口服务管理司．中国流动人口发展报告2012［M］．北京：中国人口出版社，2012.

[117] 国家人口和计划生育委员会流动人口服务管理司．中国流动人口发展报告2013［M］．北京：中国人口出版社，2013

[118] 国务院发展研究中心课题组，刘世锦等．农民工市民化对扩大内需和经济增长的影响［J］．经济研究，2010（6）：4-16.

[119] 郝寿义，王家庭，张换兆．日本工业化、城市化与农地制度演进的历史考察［J］．日本学刊，2007（1）：42-55.

[120] 何传启．中国现代化报告2012：农业现代化研究［M］．北京：北京大学出版社，2012.

[121] 何景熙．西部大都市圈的人口流动、产业聚集与充分就业——成都平原城乡一体化问题思考［N］．人口与可持续发展战略国际研讨会论文集，上海：上海社会科学出版社，2005（1）：221-228.

[122] 何宇鹏，张同升．人口流动和中国城镇化的空间分布［J］．中国劳动经济学，2007，4（2）：88-100.

[123] 洪银兴，陈雯．城市化模式的新发展：以江苏为例的分析［J］．经济研究，2000（12）：66-71.

[124] 胡锦涛．坚定不移沿着中国特色社会主义道路前进，为全面建成小康社会而奋斗［M］．北京：人民出版社，2012.

[125] 华金·阿朗戈．移民研究评析［J］．国际社会科学杂志（中文版），2001（8）：11-17.

[126] 黄荣清，王桂新，李建民等．中国区域人口城镇化讨论［J］.

人口与经济，2014（1）：3-27.

［127］简新华，黄锟．中国城镇化水平和速度的实证分析与前景预测［J］．经济研究，2010，45（3）：28-39.

［128］姜爱林．中国城镇化理论研究回顾与述评［J］．规划师，2002，18（8）：65-70.

［129］李城固，黄晓军，刘艳军．东北地区产业结构演变与城市化相互作用过程［J］．经济地理，2009，29（2）：231-236.

［130］李东．人口流动与重庆经济增长极的形成和发展［D］．成都：西南财经大学，2010（3）：15-30.

［131］李枫．国外城镇化模式及其得失——以美国为代表的自由放任式城镇化［J］．城乡建设，2005（8）：57-59.

［132］李梦白，胡欣著．流动人口对大城市发展的影响及对策［M］．北京：经济日报出版社，1991：76-79.

［133］李强，陈宇琳，刘精明．中国城镇化“推进模式”研究［J］．中国社会科学，2012，7（82）：100.

［134］李强．主动城镇化与被动城镇化［J］．西北师大学报（社会科学版），2013（6）：56-57.

［135］李圣军．城镇化模式的国际比较及其对应发展阶段［J］．改革，2013（3）：29-36.

［136］李雨停，丁四保，王荣成．跨地区农村人口城市化区域协调发展［J］．经济问题探索，2012（1）：180-184.

［137］林毅夫．李约瑟之谜、韦伯疑问和中国的奇迹——自宋以来的长期经济发展［J］．北京大学学报（哲学社会科学版），2007，44（4）：5-22.

［138］刘冰．我国人口与劳动力流动及其对区域经济增长影响的研究［J］．科学与管理，2010（3）：43-47.

［139］刘传江．新生代农民工的特点、挑战与市民化［J］．人口研究，2010（2）：34-39.

[140] 刘静玉，孙方，杨新新等．河南省城镇化质量的区际比较及区域差异研究［J］．河南大学学报（自然科学版），2013（3）：271-278.

[141] 刘培林．印度城市化的特点及经验教训［J］．城乡建设，2010（10）：98-106.

[142] 刘涛．中西部粮食主产区城镇化的思考——基于城镇化研究文献和河南城镇化数据［J］．河南大学学报（社会科学版），2014（1）：47-54.

[143] 陆大道，姚士谋，李国平等．基于我国国情的城镇化过程综合分析［J］．经济地理，2007，27（6）：883-887.

[144] 马克斯·韦伯．经济与社会［M］．北京：商务印书馆，1996.

[145] 马晓河，胡拥军．中国城镇化进程，面临问题及其总体布局［J］．改革，2010（10）：30-45.

[146] 毛蒋兴，薛德升．世界城市化模式及其对珠江三角洲的启示［J］．规划师，2006，22（5）：76-79.

[147] 彭定，陈志平．劳动力流动对我国城乡收入差距影响分析［J］．武汉理工大学学报，2009（10）：165-167.

[148] 彭红碧，杨峰．新型城镇化道路的科学内涵［J］．理论探索，2010（4）：75-78.

[149] 任远．城市流动人口的居留模式与社会融合［M］．上海：上海三联出版社，2012.

[150] 盛广耀．城市化模式研究综述［J］．城市发展研究，2011（7）：14-19.

[151] 施子海，欧阳进，曲永冠等．城镇化的国际模式及其启示［J］．宏观经济管理，2013（4）：20-24.

[152] 宋丙涛．文明演变的公共经济学分析——基于运用集体主义方法论的尝试［J］．天津财经学院学报，2011（5）：3-9.

[153] 孙波，白永秀，马晓强．日本城市化的演进及启示［J］．经济纵横，2010（12）：15-27.

［154］孙鸿志．拉美城镇化及其对我国的启示［J］．财贸经济，2007（12）：99-101.

［155］孙建国，村上直树，陈文举．中日工业化进程比较［M］．北京：社会科学文献出版社，2013.

［156］孙执中．论日本地价高涨对经济周期的影响［J］．日本学刊，1998（2）：55-59.

［157］万宇艳．国外城市化的模式、特点和趋势［J］．城市，2014（3）：67-69.

［158］汪冬梅．日本、美国城市化比较及其对我国的启示［J］．中国农村经济，2003（9）：49-52.

［159］王春光．新生代农村流动人口的社会认同与城乡融合的关系［J］．社会学研究，2001，3（1）．

［160］王发曾．中原经济区的新型城镇化之路［J］．经济地理，2011，30（12）：1972—1977.

［161］王桂新，潘泽瀚，陆燕秋．中国省际人口迁移区域模式变化及其影响因素——基于2000和2010年人口普查资料的分析［J］．中国人口科学，2012（5）：2-13.

［162］王国刚．城镇化：中国经济发展方式转变的重心所在［J］．经济研究，2010（12）：70-81.

［163］王克亚．河南省农村人口流动及其对流出地经济发展的影响研究［D］．开封：河南大学，2009（4）：25-55.

［164］王理．制度转型与传统农区工业化［M］．北京：社会科学文献出版社，2009.

［165］王西玉，崔传义，赵阳．打工与回乡：就业转变和农村发展——关于部分进城民工回乡创业的研究［J］．管理世界，2003（7）：99-109.

［166］王小鲁．优化城市规模与推动经济增长［J］．经济研究，1999（9）：22-29.

[167] 王小鲁. 中国城市化路径与城市规模的经济学分析 [J]. 经济研究，2010 (10)：20-32.

[168] 王秀玲. 对国外城镇化发展的思考 [J]. 河北师范大学学报 (哲学社会科学版)，2006，29 (4)：8-19.

[169] 吴传钧. 人地关系与经济布局 [M]. 北京：学苑出版社，1998.

[170] 吴福象，沈浩平. 新型城镇化，基础设施空间溢出与地区产业结构升级——基于长三角城市群16个核心城市的实证分析 [J]. 财经科学，2013 (7)：102.

[171] 吴国平，武小琦. 巴西城市化进程及其启示 [J]. 拉丁美洲研究，2014 (2)：30-32.

[172] 吴敬琏. 重启改革议程 [J]. 读书，2012 (12)：3-7.

[173] 肖文韬，孙细明. 托达罗人口流动行为模型的一个修正及其新解释 [J]. 财经理论与实践，2003，24 (1)：23-27.

[174] 杨波，朱道才，景治中. 城市化的阶段特征与我国城市化道路的选择 [J]. 上海经济研究，2006 (2)：19-28+34-39.

[175] 杨仪青. 新型城镇化发展的国外经验和模式及中国的路径选择 [J]. 农业现代化研究，2013 (4)：33-39.

[176] 杨云彦. 九十年代以来我国人口迁移的若干新特点 [J]. 南方人口，2004 (3)：13-20.

[177] 杨子慧，萧振禹. 流动人口与城市化 [J]. 人口与经济，1996 (5)：33-38.

[178] 叶裕民，黄壬侠. 中国流动人口特征与城市化政策研究 [J]. 中国人民大学学报，2004 (2)：75-81.

[179] 殷江滨，李郇. 中国人口流动与城镇化进程的回顾与展望 [J]. 城市问题，2012 (12)：23-29.

[180] 张炳申. 经济社会发展与改革探索 [M]. 广州：广东人民出版社，1997.

[181] 张卫良. 工业革命前英国的城镇体系及城镇化 [J]. 经济社

会史评论，2013（4）：28-38.

［182］张翼．农民工“进城落户”意愿与中国近期城镇化道路的选择［J］．中国人口科学，2011，2（11）：2.

［183］张永丽，黄祖辉．新一代流动劳动力的特征及流动趋势——来自甘肃省10个样本村的调查与分析［J］．中国人口科学，2008（2）：80-87.

［184］张占仓．河南省新型城镇化战略研究［J］．经济地理，2010，30（9）：1462-1467.

［185］赵民，陈晨，郁海文．“人口流动”视角的城镇化及政策议题［J］．城市规划学刊，2013（2）：1-9.

［186］赵瑞光．日本城市化模式与中国选择［M］．北京：中国书籍出版社，2007（1）：4-5.

［187］赵文亮，陈文峰，孟德友．中原经济区经济发展水平综合评价及时空格局演变［J］．经济地理，2011，31（10）：1585-1591.

［188］赵晓斌，陈振光，薛德敖．全球化和当代中国大城市发展趋势［J］．国外城市规划，2002（1）：7-15.

［189］郑真真，杨舸．中国人口流动现状及未来趋势［J］．人民论坛（中旬刊），2013（4）：6-9.

［190］中共中央　国务院．关于加快发展农业进一步增强农村发展活力的若干意见（2012年12月31日）［N］．人民日报，2013-02-01（第1版）．

［191］中国发展研究基金会．中国发展报告2010：促进人的发展的中国新型城市化战略［M］．北京：人民出版社，2010.

［192］中华人民共和国国家统计局．中国统计年鉴2013［M］．北京：中国统计出版社，2013.

［193］中原发展研究院课题组．改革红利论：全面深化经济体制改革的理论探索［M］．北京：人民出版社，2013.

［194］钟劲松．中原经济区核心城市综合实力评价与区域带动作用分析［J］．经济问题探索，2011（5）：57-61.

[195] 钟水映．人口流动与社会经济发展［M］．武汉：武汉大学出版社，2000.

[196] 周复多．科学发展视野下的中国城镇化之路［J］．上海城市管理，2010（3）：68-71.

[197] 周民良．中国的城镇化道路与小城镇建设［J］．经济研究参考，2006（70）：10-29.

[198] 周一星．关于明确我国城镇概念和城镇人口统计口径的建议［J］．城市规划，1983，3（2）：10-15.

[199] 周英．城市化模式选择：理论与内容［J］．生产力研究，2006（3）：59-61.

[200] 周英．城镇化模式研究［D］．西安：西北大学，2006（2）：14-33.

[201] 朱红根，翁贞林，康兰媛，邱晓平．城镇化发展的国际经验及其借鉴［J］．农村经济，2005（11）：20-22.

[202] 朱农．离土还是离乡？——中国农村劳动力地域流动和职业流动的关系分析［J］．世界经济文汇，2004（1）：53-63.

[203] 邹湘江．基于"六普"数据的我国人口流动与分布分析［J］．人口与经济，2011（6）：23-33.

[204] 卓云霞，刘涛，古维迎．多维邻近性与城—城流动人口的流入地选择——基于嵌套 Logit 模型的实证分析［J］．地理科学，2021（7）：1143-1150.

[205] 周皓，刘文博．流动人口的流入地选择机制［J］．人口研究，2022（1）：67-73.

[206] 陈晨．我国人口流动作用下主要流入地和流出地城镇体系的特征演变［J］．小城镇建设，2019（9）：37.

[207] 罗小龙等．回流城镇化：中部地区城镇化开辟新路径［J］．地理科学，2020（5）：34-39.

[208] 段成荣，谢东，吕利丹．中国人口的迁移转变［J］．人口研

究，2019（2）：12-20.

［209］程梦瑶，段成荣．迁徙中国形态得到进一步确认［J］．人口研究，2021（3）：45-48.

［210］耿明斋．城镇化引领“三化”协调发展——理论思考与实践探索［M］．北京：社会科学出版社，2011.

［211］段成荣，杨柯．中国人口迁移转变［J］．人口与经济，2020（4）：23-29.

［212］吕利丹．中国流动人口流入地分布田东特征（2000—2015）［J］．中国人口科学，2020（3）：2-10.

［213］盛广耀．城市化模式研究综述［J］．城市发展研究，2020（7）：14-19.

［214］王桂新．中国人口流动新动向考察——基于第七次人口普查公布的数据初步解读［J］．人口与经济，2021（5）：2-13.

［215］王桂新．中国人口流动与城镇化新动向的考察［J］．人口与经济，2020（5）：26-40.

［216］杨波，朱道才，景治中．城市化阶段特征与我国城市化道路的选择［J］．上海经济研究，2019（2）：34-39.

［217］陈友华，蔡正广．人口迁移流动与城镇化的再审视——来自第七次全国人口普查的启示［J］．人口与经济（5）：33-42.

［218］吴瑞君，薛琪薪，罗志华．我国人口迁移和城镇化格局的转折性变化：2000—2020年［J］．上海行政学院学报，2022（1）：7-15.

［219］张希．中国人口流动政策的演进、特点与建议［J］．宏观经济研究，2019（3）：160-168.

［220］WANG N. Changing trend of population migration in China and its spatial pattern［J］. Chinese Journal of Urban and Environmental Studies，2016，4（4）：1650032.

［221］WANG X，DING S，CAO W，et al. Research on network patterns and influencing factors of population flow and migration in the Yangtze River Delta urban agglomeration，China［J］. Sustainability，2020，12（17）：6803.

后　记

回头看进入经济学领域十年学习与研究的经历，我发现虽然这条路上大多是探索知识的艰苦，但偶尔收获的喜悦总会成为我继续前行的动力。从进入河南大学经济学科攻读博士学位到有幸留教，我学会了从经济学角度思考社会问题，同时致力于阐释与解决这些社会问题。幸运的是我一直跟随着耿明斋导师带领的经济学研究团队，我所研究的领域与相关成果都得益于研究团队的指导与合作交流。非常感谢耿明斋导师带领的研究团队对我的支持！

"人生短短几十年，要做出一些对人类对社会有益的事！"这是我的导师耿明斋先生经常对我们提起的关于生活与人生的感悟，我深深地记在心里。先生是一位智者，他的思想境界一直无形地鞭策着我。先生不仅亲手为我打开了经济学的大门，而且成为我人生的导师。十年的学习与研究工作，我不仅从导师的教诲中得到了观察世界的全新角度，更找到了人生的方向。此外，经济学院的宋丙涛教授、郑祖玄副教授、彭凯翔教授、李恒教授，中原发展研究院的高保中教授给我的学习与研究工作提供了诸多指导，在此表示衷心的感谢！

改革开放 40 余年，中国经过持续高增长，实现了经济发展的三级跳：从一个典型的低收入国家成长为中低等收入国家，再进入中高等收入国家的行列。迁移流动作为中国当前最为活跃的人口现象，与中国城镇化的快速发展交织，成为新时代长期的全局的重大战略问题。把握新形势下迁移流动人口的趋势与困境是当前人口迁移流动研究需要回答的